William Shakespeare

König Heinrich VI.

Erster, zweiter und dritter Teil

William Shakespeare: König Heinrich VI. Erster, zweiter und dritter Teil

Berliner Ausgabe, 2015, 3. Auflage
Vollständiger, durchgesehener Neusatz bearbeitet und eingerichtet von Michael Holzinger

König Heinrich VI. Erster Teil:
Erstmals ins Deutsche übersetzt von Johann Joachim Eschenburg (1776). Die vorliegende Übersetzung stammt von August Wilhelm Schlegel. Erstdruck in: Shakspeare's dramatische Werke. Übersetzt von August Wilhelm Schlegel, Bd. 7, Berlin (Johann Friedrich Unger) 1801.
König Heinrich VI. Zweiter Teil:
Erstmals ins Deutsche übersetzt von Johann Joachim Eschenburg (1776). Die vorliegende Übersetzung stammt von August Wilhelm Schlegel. Erstdruck in: Shakspeare's dramatische Werke. Übersetzt von August Wilhelm Schlegel, Bd. 8, Berlin (Johann Friedrich Unger) 1801.
König Heinrich VI. Dritter Teil:
Erstmals ins Deutsche übersetzt von Johann Joachim Eschenburg (1776). Die vorliegende Übersetzung stammt von August Wilhelm Schlegel. Erstdruck in: Shakspeare's dramatische Werke. Übersetzt von August Wilhelm Schlegel, Bd. 8, Berlin (Johann Friedrich Unger) 1801.

Textgrundlage ist die Ausgabe:
William Shakespeare: Sämtliche Werke in vier Bänden. Band 3, Herausgegeben von Anselm Schlösser. Berlin: Aufbau, 1975.

Herausgeber der Reihe: Michael Holzinger
Reihengestaltung: Viktor Harvion
Umschlaggestaltung unter Verwendung des Bildes:
Vermutetes Gemälde von William Shakespeare

Gesetzt aus Minion Pro, 10 pt

ISBN 978-1482722451

Erster Teil

Personen

König Heinrich VI.

Herzog von Gloster, Oheim des Königs und Protektor

Herzog von Bedford, Oheim des Königs und Regent von Frankreich

Thomas Beaufort, Herzog von Exeter, Großoheim des Königs

Heinrich Beaufort, Großoheim des Königs, Bischof von Winchester und nachmals Kardinal

Johann Beaufort, Graf von Somerset, nachmals Herzog

Richard Plantagenet, ältester Sohn des hingerichteten Grafen von Cambridge, nachmals Herzog von York

Graf von Warwick

Graf von Salisbury

Graf von Suffolk

Lord Talbot, nachmals Graf von Shrewsbury

Johann Talbot, sein Sohn
Edmund Mortimer, Graf von March

Mortimers Gefangenwärter

Ein Rechtsgelehrter

Sir John Fastolfe

Sir William Lucy

Sir William Glansdale

Sir Thomas Gargrave

Schultheiß von London

Woodville, Kommandant des Turmes

Vernon

Basset

Karl, Dauphin, nachmaliger König von Frankreich

Reignier, Herzog von Anjou und Titular-König von Neapel

Herzog von Burgund

Herzog von Alençon

Der Statthalter von Paris

Bastard von Orleans

Der Büchsenmeister von Orleans und sein Sohn
Der General der französischen Truppen in Bordeaux

Ein französischer Sergeant

Ein Torwärter

Ein alter Schäfer, Vater der Pucelle

Margareta, Reigniers Tochter

Gräfin von Auvergne

Jeanne d'Arc, genannt La Pucelle

Böse Geister, die der Pucelle erscheinen, Herren von Adel, Wächter des Turmes, Herolde, Offiziere, Soldaten, Boten und Gefolge sowohl der englischen als französischen Herrschaften

Die Szene ist teils in England, teils in Frankreich

Erster Aufzug

Erste Szene

Westminster-Abtei. Totenmarsch. Man sieht die Leiche Heinrichs V. auf einem Paradebette liegend, umgeben von den Herzögen von Bedford. Gloster und Exeter, dem Grafen von Warwich, dem Bischof von Winchester, Herolden u.s.w.

BEDFORD.
Beflort den Himmel, weiche Tag der Nacht!
Kometen, Zeit- und Staatenwechsel kündend,
Schwingt die krystall'nen Zöpf am Firmament
Und geißelt die empörten bösen Sterne,
Die eingestimmt zu König Heinrichs Tod,
Heinrich des Fünften, zu groß, lang' zu leben!
England verlor so würd'gen König nie.

GLOSTER.
Vor ihm hatt' England keinen König noch.
Tugend besaß er, ausersehn zum Herrschen;
Blind machend strahlte sein gezücktes Schwert,
Die Arme spannt' er weit wie Drachenflügel,
Sein funkelnd Auge, grimm'gen Feuers voll,
Betäubte mehr und trieb zurück die Feinde
Als Mittagssonn', auf ihre Stirn gewandt.
Was red' ich? Ihn erreichen Worte nicht,
Er hob die Hand nie auf, daß er nicht siegte.

EXETER.
Wir trauern schwarz: warum doch nicht in Blut?
Heinrich ist tot und lebet nimmer auf,
Und wir begleiten einen Sarg aus Holz,
Verherrlichen des Tods unedlen Sieg
Mit unsrer feierlichen Gegenwart,
Gefangnen gleich am Wagen des Triumphs.
Wie? Sollen wir Unglücks-Planeten fluchen,
Die so gestiftet unsers Ruhmes Sturz?
Oder die schlauen Franken für Beschwörer
Und Zaubrer achten, welche, bang vor ihm,
Durch mag'sche Verse seinen Tod erzielt?

WINCHESTER.
Es war ein Fürst, vom Herrn der Herrn gesegnet.
Der Tag des furchtbaren Gerichts wird nicht
Den Franken furchtbar wie sein Anblick sein.

Er focht die Schlachten für den Herrn der Scharen,
Durch das Gebet der Kirche glückt' es ihm.
GLOSTER.
Der Kirche? Hätten Pfaffen nicht gebetet,
So riß sein Lebensfaden nicht so bald:
Ihr mögt nur einzig einen weib'schen Prinzen,
Den ihr wie einen Schüler meistern könnt.
WINCHESTER.
Gloster, was ich auch mag, du bist Protektor
Und kannst dem Prinzen und dem Reich gebieten.
Dein Weib ist stolz, sie hält dich in der Scheu,
Mehr als Gott oder heil'ge Priester können.
GLOSTER.
Nenn' Heiligkeit nicht, denn du liebst das Fleisch
Und gehst zur Kirche nie im ganzen Jahr,
Als wider deine Feinde nur zu beten.
BEDFORD.
Laßt, laßt dies Hadern! Stillet die Gemüter!
Hin zum Altar! – Herolde, geht mit uns; –
Statt Goldes wollen wir die Waffen bieten;
Nun Heinrich tot ist, helfen Waffen nicht.
Nachkommenschaft, erwart' elende Jahre,
Wo an der Mutter feuchtem Aug' das Kindlein saugt,
Dies Eiland Lache salzer Tränen wird
Und Weiber nur zur Totenklage bleiben. –
Heinrich der Fünfte, deinen Geist ruf' ich:
Beglück' dies Reich, schirm' es vor Bürgerzwist,
Bekämpf im Himmel feindliche Planeten!
Ein lichter Stern wird deine Seele werden
Als Julius Cäsar oder Berenice.

Ein Bote tritt auf.

BOTE.
Euch allen Heil, ihr ehrenwerten Lords!
Aus Frankreich bring' ich böse Zeitung euch
Von Niederlage, Blutbad und Verlust.
Guienne, Champagne, Reims, Orleans,
Paris, Guisors, Poitiers sind ganz dahin.
BEDFORD.
Was sagst du, Mann, vor Heinrichs Leiche hier?
Sprich leise: beim Verlust so großer Städte
Sprengt er sein Blei sonst und ersteht vom Tod.

GLOSTER.
>Paris ist hin? Rouen ist übergeben?
>Wenn man zurück ins Leben Heinrich rief,
>Er gäb' aufs neu' den Geist auf bei der Zeitung.

EXETER.
>Was hat uns drum gebracht? Welch ein Verrat?

BOTE.
>Nein, kein Verrat, nur Geld- und Menschen-Mangel.
>Man murmelt unter den Soldaten dort,
>Ihr haltet hier verschiedene Partei'n,
>Und statt ins Feld zu rücken und zu fechten,
>Entzweiet ihr um eure Feldherrn euch.
>Der will langwier'gen Krieg mit wenig Kosten,
>Der flöge hurtig gern, doch fehlt's an Schwingen;
>Ein dritter denkt, ohn' allen Aufwand sei
>Mit glatten Worten Friede zu erlangen.
>Erwach', erwache, Englands Adelstand!
>Laß Trägheit nicht die neuen Ehren dämpfen:
>Die Lilien sind gepflückt in eurem Wappen,
>Von Englands Schild die Hälfte weggehaun.

EXETER.
>Wenn unsre Tränen dieser Leiche fehlten,
>Die Zeitung riefe ihre Flut hervor.

BEDFORD.
>Mich geht es an, ich bin Regent von Frankreich.
>Gebt mir den Panzerrock: ich fecht' um Frankreich.
>Fort mit dem schmählichen Gewand des Wehs!
>Ich will den Franken Wunden leihn, statt Augen,
>Ihr unterbrochnes Elend zu beweinen.

Ein andrer Bote tritt auf.

ZWEITER BOTE.
>Seht diese Briefe, Lords, von Unheil durch:
>Frankreich empört den Englischen sich ganz,
>Bis auf ein paar geringe Städte noch.
>Der Dauphin Karl ist schon gekrönt in Reims,
>Von Orleans der Bastard ist mit ihm,
>Reignier, Herzog von Anjou, tritt ihm bei,
>Der Herzog Alençon flieht zu ihm über.

EXETER.
>Gekrönt der Dauphin? Alle fliehn zu ihm?
>Oh, wohin fliehen wir vor dieser Schmach?

GLOSTER.
> Wir woll'n nicht fliehn, als in der Feinde Rachen.
> Bedford, wenn du erschlaffst, fecht' ich es aus.

BEDFORD.
> Gloster, was zweifelst du an meinem Eifer?
> Ich hab' ein Heer gemustert in Gedanken,
> Womit schon Frankreich überzogen ist.

Ein dritter Bote tritt auf.

DRITTER BOTE.
> Ihr gnäd'gen Lords, den Jammer zu vermehren,
> Womit ihr Heinrichs Bahre jetzt betaut,
> Muß ich ein schreckliches Gefecht berichten
> Zwischen dem rüst'gen Talbot und den Franken.

WINCHESTER.
> Was? Worin Talbot Sieger blieb? nicht wahr?

DRITTER BOTE.
> O nein, worin Lord Talbot ward besiegt;
> Den Hergang will ich Euch genauer melden.
> Am zehnten des Augusts, da dieser Held
> Von der Belag'rung Orleans' zurückzog
> Mit kaum sechstausend Mann in seiner Schar,
> Ward er von dreiundzwanzigtausend Franken
> Umzingelt überall und angegriffen.
> Er hatte keine Zeit, sein Volk zu reihn,
> Noch Piken, vor die Schützen hinzustellen,
> Statt deren sie aus Zäunen scharfe Pfähle
> Nur in den Boden steckten, wie es kam,
> Die Reiterei vom Einbruch abzuhalten.
> Mehr als drei Stunden währte das Gefecht,
> Wo Talbot, tapfer über Menschen Denken,
> Mit seinem Schwert und Lanze Wunder tat.
> Zur Hölle sandt' er hundert, keiner stand ihm,
> Da, dort und überall schlug er ergrimmt;
> Die Franken schrien, der Teufel sei in Waffen.
> Das ganze Heer entsatzte sich ob ihm.
> Da seine Krieger so beherzt ihn sahn,
> Schrien »Talbot! Talbot hoch!« sie insgemein
> Und stürzten recht sich in das Herz der Schlacht.
> Nun hätte völlig sie der Sieg besiegelt,
> Wo Sir John Fastolfe nicht die Memme spielte:
> Der, in dem Vortrab hinterwärts gestellt,

Um ihnen beizustehn und nachzufolgen,
Floh memmenhaft und tat nicht einen Streich.
Drauf ward Ruin und Blutbad allgemein,
Umzingelt waren von den Feinden sie;
Ein schändlicher Wallon' warf um die Gunst
Des Dauphins einen Speer in Talbots Rücken,
Des, dem ganz Frankreich, mit vereinter Stärke
Nicht einmal wagte ins Gesicht zu sehn.

BEDFORD.
Ist Talbot tot? So bring' ich selbst mich um,
Weil ich hier müßig lebt' in Pomp und Ruh'.
Indes ein würd'ger Feldherr, hülfsbedürftig,
Verzagten Feinden so verraten ward.

DRITTER BOTE.
O nein, er lebt, allein er ist gefangen,
Mit ihm Lord Scales und Lord Hungerford;
Der Rest auch meist erschlagen und gefangen.

BEDFORD.
Ich zahle seine Lösung, niemand sonst.
Ich will vom Thron den Dauphin häuptlings reißen,
Mit seiner Krone lös' ich meinen Freund;
Für einen Lord tausch' ich von ihren vier.
Lebt wohl, ihr Herrn! Ich will an mein Geschäft,
Lustfeuer muß ich gleich in Frankreich machen,
Zu feiern unser groß Sankt Georgen-Fest.
Zehntausend nehm' ich mit mir der Soldaten,
Europa zittre ihren blut'gen Taten.

DRITTER BOTE.
Tut das, denn man belagert Orleans,
Das Heer der Englischen ward matt und schwach,
Der Graf von Salisbury begehrt Verstärkung
Und hält sein Volk von Meuterei kaum ab,
Das solche Überzahl bewachen muß.

EXETER.
Lords, denkt der Eide, die ihr Heinrich schwurt:
Entweder ganz den Dauphin zu vernichten,
Oder ihn unter euer Joch zu beugen.

BEDFORD.
Wohl denk' ich ihrer, und hier nehm' ich Abschied,
Um gleich an meine Zurüstung zu gehn.

Ab.

GLOSTER.
Ich will zum Turm in möglichst großer Eil',
Geschütz und Kriegszeug zu beschaun, und dann
Ruf' ich den jungen Heinrich aus zum König.

Ab.

EXETER.
Nach Eltham, wo der junge König ist,
Will ich, zur nächsten Aufsicht angestellt,
Und bestens seine Sicherheit beraten.

Ab.

WINCHESTER.
Ein jeder hat sein Amt und seinen Platz,
Mich ließ man aus, für mich ist nichts geblieben;
Doch lang' will ich Hans außer Dienst nicht sein.
Den König send' ich bald von Eltham weg
Und sitz' am Steuer des gemeinen Wesens.

Ab.

Ein innerer Vorhang fällt.

Zweite Szene

Frankreich. Vor Orleans. Karl mit seinen Truppen, Alençon, Reignier und andre.

KARL.
Mars' wahrer Lauf ist, grade wie im Himmel,
Bis diesen Tag auf Erden nicht bekannt:
Jüngst schien er noch der englischen Partei,
Nun sind wir Sieger, und er lächelt uns.
Was fehlen uns für Städte von Gewicht?
Wir liegen hier zur Lust bei Orleans,
Die Englischen, verhungert, blaß wie Geister,
Belagern matt uns eine Stund' im Monat.

ALENÇON.
Sie missen ihre Brüh'n und fettes Rindfleisch;
Entweder muß man sie wie Maultier' halten,
Ihr Futter ihnen binden an das Maul,
Sonst sehn sie kläglich wie ersoffne Mäuse.

REIGNIER.

Entsetzt die Stadt: was sind wir müßig hier?
Talbot, den wir gefürchtet, ist gefangen;
Bleibt keiner als der tolle Salisbury,
Der wohl die Gall' im Ärger mag verzehren:
Er hat zum Kriege weder Volk noch Geld.
KARL.
Schlagt Lärm! Schlagt Lärm! Wir stürzen auf sie ein.
Nun für die Ehre der verlornen Franken!
Dem, der mich tötet, sei mein Tod verziehn,
Sieht er mich fußbreit weichen oder fliehn.

Alle ab. – Getümmel, Angriffe, hierauf ein Rückzug.

Karl, Alençon, Reignier und andre kommen zurück.

KARL.
Sah man je so was? Was für Volk hab' ich?
Die Hunde! Memmen! Ich wär' nie geflohn,
Wenn sie mich nicht vom Feind umringt verließen.
REIGNIER.
Salisbury mordet ganz verzweiflungsvoll,
Er ficht wie einer, der des Lebens müde.
Die andern Lords, wie Löwen voller Gier,
Bestürmen uns als ihres Hungers Raub.
ALENÇON.
Froissard, ein Landesmann von uns, bezeugt,
England trug lauter Olivers und Rolands
Zur Zeit, als Eduard der Dritte herrschte.
Wahrhafter läßt sich dies behaupten jetzt:
Denn Simsons bloß und Goliasse sendet
Es aus zum Fechten. Einer gegen zehn!
Und Schufte nur von Haut und Bein! Wer traute
Wohl solchen Mut und Kühnheit ihnen zu?
KARL.
Verlassen wir die Stadt: Tollköpfe sind's,
Und Hunger treibt sie nur zu größerm Eifer.
Von Alters kenn' ich sie: sie werden eher
Die Mauern mit den Zähnen niederreißen,
Als daß sie die Belag'rung gäben auf.
REIGNIER.
Ein seltsam Räderwerk stellt ihr Gewehr,
Glaub' ich, wie Glocken, immer anzuschlagen:
Sie hielten sonst nicht aus, so wie sie tun.
Nach meiner Meinung lassen wir sie gehn.

ALENÇON.
So sei es.

Der Bastard von Orleans tritt auf.

BASTARD.
Wo ist Prinz Dauphin? Neues bring' ich ihm.
KARL.
Bastard von Orleans, dreimal willkommen!
BASTARD.
Mich dünkt, Eu'r Blick ist trüb, und bang die Miene:
Hat Euer letzter Unfall daran Schuld?
Verzaget nicht, denn Beistand ist zur Hand;
Ich bringe eine heil'ge Jungfrau her,
Die ein Gesicht, vom Himmel ihr gesandt,
Ersehn hat, die Belag'rung aufzuheben
Und aus dem Land die Englischen zu jagen.
Sie hat der tiefen Prophezeiung Geist,
Roms alten neun Sibyllen überlegen;
Was war, was kommen wird, kann sie erspähn.
Sagt, ruf' ich sie herbei? Glaubt meinen Worten,
Denn sie sind ganz untrüglich und gewiß.
KARL.
Geht, ruft sie vor.

Bastard ab.

Doch ihre Kunst zu prüfen,
Reignier, nimm du als Dauphin meinen Platz,
Befrag' sie stolz, laß streng die Blicke sein:
So spähn wir aus, was sie für Kunst besitzt.

Er tritt zurück.

Die Pucelle, der Bastard und andre kommen.

REIGNIER.
Bist du's, die Wunder tun will, schönes Mädchen?
PUCELLE.
Reignier, bist du's, der mich zu täuschen denkt?
Wo ist der Dauphin? – Komm hervor von hinten:
Ich kenne dich, wiewohl ich nie dich sah.
Erstaune nicht, vor mir ist nichts verborgen,
Ich will allein dich sprechen im Vertraun.
Bei Seit', ihr Herrn!
Laßt uns auf eine Weil'!

REIGNIER.
Sie nimmt sich brav genug im ersten Sturm.
PUCELLE.
Dauphin, ich bin die Tochter eines Schäfers,
Mein Witz in keiner Art von Kunst geübt.
Doch Gott gefiel's und unsrer lieben Frau,
Auf meinen niedern Stand ihr Licht zu strahlen.
Sieh, da ich meine zarten Lämmer hüte
Und biete dürrem Sonnenbrand die Wangen,
Geruht mir Gottes Mutter zu erscheinen
Und heißt durch ein Gesicht voll Majestät
Mich meinen knechtischen Beruf verlassen,
Mein Vaterland vom Drangsal zu befrein.
Sie sagte Beistand und Erfolg mir zu,
In voller Glorie tat sie mir sich kund
Und, da ich schwarz war und versengt zuvor,
Goß sie auf mich mit jenen klaren Strahlen
Der Schönheit Segen, die ihr an mir seht.
Frag' mich, um was du nur ersinnen kannst,
Unvorbereitet will ich Antwort geben;
Prüf meinen Mut im Kampfe, wenn du darfst,
Und über mein Geschlecht wirst du mich finden.
Entschließe dich: soll alles Glück dir sprossen,
So nimm mich an zu deinem Kriegsgenossen.
KARL.
Ich bin erstaunt ob deinen hohen Reden.
Nur so will ich erproben deinen Mut:
Du sollst mit mir im einzlen Kampf dich messen,
Und wenn du siegst, sind deine Worte wahr;
Wo nicht, so sag' ich allem Zutraun ab.
PUCELLE.
Ich bin bereit: hier ist mein schneidend Schwert
Fünf Lilien zieren es an jeder Seite,
Das zu Touraine im Sankt Kathrinen-Kirchhof
Ich mir aus vielem alten Eisen ausersah.
KARL.
In Gottes Namen, komm, mich schreckt kein Weib
PUCELLE.
Und lebenslang flieh' ich vor keinem Mann.

Sie fechten.

KARL.
    Halt' ein die Hand! Du bist ein' Amazone,
    Und mit dem Schwert Deborahs fechtest du.
PUCELLE.
    Christs Mutter hilft mir, sonst wär' ich zu schwach.
KARL.
    Wer dir auch hilft, du, du mußt mir nun helfen.
    Ich brenne vor Verlangen ungestüm,
    Du hast mir Herz und Hand zugleich besiegt.
    Hohe Pucelle, wenn du so dich nennst,
    Laß deinen Knecht, nicht deinen Herrn mich sein!
    Der Dauphin Frankreichs bittet dich hierum.
PUCELLE.
    Ich darf der Liebe Bräuche nicht erproben
    Weil mein Beruf geheiligt ist von droben.
    Wenn ich erst alle Feinde dir verjagt,
    Dann werde die Belohnung zugesagt.
KARL.
    Indes sieh gnädig deinen Sklaven an!
REIGNIER.
    Mich dünkt, der Prinz ist lange im Gespräch.
ALENÇON.
    Er hört gewiß dem Weiberrock die Beichte,
    Sonst dehnt' er so die Unterredung nicht.
REIGNIER.
    Er kennt kein Maß: sagt, sollen wir ihn stören?
ALENÇON.
    Wohl mehr ermißt er, als wir Armen wissen,
    Der Weiber Zungen können schlau verführen.
REIGNIER.
    Mein Prinz, wo seid Ihr? Was erwägt Ihr da?
    Wird Orleans verlassen oder nicht?
PUCELLE.
    Ich sage nein, kleingläubig Heidenvolk!
    Kämpft bis zum letzten Hauch, ich will euch schirmen.
KARL.
    Wie sie sagt, stimm' ich bei: wir fechten's aus.
PUCELLE.
    Ich bin zu Englands Geißel ausersehn.
    Heut nacht will ich gewiß die Stadt entsetzen:
    Erwartet Martins Sommer, Halcyon-Tage,
    Nun ich in diese Kriege mich begeben.

Ein Zirkel nur im Wasser ist der Ruhm,
Der niemals aufhört, selbst sich zu erweitern,
Bis die Verbreitung ihn in nichts zerstreut.
Mit Heinrichs Tode endet Englands Zirkel,
Zerstreuet ist der Ruhm, den er umschloß.
Nun bin ich gleich dem stolzen, frechen Schiff,
Das Cäsarn trug zugleich mit seinem Glück.
KARL.
Ward Mahomet beseelt von einer Taube,
So hast du eines Adlers Eingebung.
Nicht Helena, die Mutter Konstantins,
Noch auch Sankt Philipps Töchter glichen dir.
Lichtstern der Venus, der zur Erde fiel,
Wie bet' ich ehrerbietig dich genugsam an?
ALENÇON.
Laßt alles Zögern und entsetzt die Stadt!
REIGNIER.
Weib, tu' das Dein' in Rettung unsrer Ehre,
Treib' sie von Orleans, du sollst unsterblich sein.
KARL.
Sogleich versuchen wir's. Kommt, gehn wir dran!
Zeigt sie sich falsch, so trau' ich nie Propheten.

Alle ab.

Dritte Szene

*London, vor dem Turm. Der Herzog von Gloster mit seinen
Bedienten in blauen Röcken tritt auf.*

GLOSTER.
Heut komm' ich zur Besichtigung des Turms:
Seit Heinrichs Tode, fürcht' ich, wird veruntreut.
Wo sind die Wächter, daß sie hier nicht stehn?
Öffnet die Tore! Gloster ist's, der ruft.

Bediente klopfen an.

ERSTER WÄCHTER *drinnen.*
Wer ist denn da, der so gebiet'risch ruft?
BEDIENTER.
Es ist der edle Herzog Gloster.
ZWEITER WÄCHTER *drinnen.*
Wer er auch sei, wir lassen euch nicht ein.
BEDIENTER.

Schelm', ihr antwortet so dem Herrn Protektor?
ERSTER WÄCHTER.
Der Herr beschütz' ihn! Wir antworten so;
Wir tun nicht anders, als man uns geheißen.
GLOSTER.
Wer hieß euch? Wes Geheiß gilt hier, als meins?
Niemand ist Reichs-Protektor als nur ich. –
Brecht auf das Tor, ich will Gewähr euch leisten.
Werd' ich von kot'gen Buben so genärrt?

Die Bedienten stürmen die Tore. Innerhalb nähert sich den Toren der Kommandant Woodville.

WOODVILLE *drinnen.*
Was für ein Lärm? Was gibt's hier für Verräter?
GLOSTER.
Seid Ihr es, Kommandant, des Stimm' ich höre?
Öffnet die Tore! Gloster will hinein.
WOODVILLE *drinnen.*
Geduld! Ich darf nicht öffnen, edler Herzog,
Der Kardinal von Winchester verbot's.
Von ihm hab' ich ausdrücklichen Befehl,
Dich und der Deinen keinen einzulassen.
GLOSTER.
Schwachherz'ger Woodville, achtest ihn vor mir?
Der stolze Winchester! Der trotzige Prälat,
Bei weiland König Heinrich nie gelitten?
Du bist noch Gottes noch des Königs Freund;
Öffne das Tor, sonst schließ' ich dich bald aus.
BEDIENTER.
Öffnet die Tore vor dem Lord Protektor,
Oder wir sprengen sie, wenn ihr nicht schleunig kommt.

Winchester tritt auf mit einem Gefolge von Bedienten in braunen Röcken.

WINCHESTER.
Wie nun, ehrsücht'ger Humphrey? sag, was soll's?
GLOSTER.
Glatzköpf'ger Priester, heißt du aus mich schließen?
WINCHESTER.
Ja, du verräterischer Usurpator,
Protektor nicht des Königs oder Reichs!
GLOSTER.

Zurück, du offenbarer Staatsverschworner!
Der unsern toten Herrn zu morden sinnt;
Der Huren Indulgenzen gibt zur Sünde;
Ich will in deinem breiten Kardinalshut
Dich sichten, wo du fortfährst in dem Trotz.
WINCHESTER.
Tritt du zurück, ich weich' und wanke nicht.
Sei dies Damaskus, du, verflucht wie Kain,
Erschlag' den Bruder Abel, wenn du willst.
GLOSTER.
Ich will dich nicht erschlagen, nur vertreiben.
Mir dient als Kindertuch dein Purpurmantel,
Dich wegzuschaffen aus der Freistatt Schutz.
WINCHESTER.
Tu', was du darfst; ich biete keck dir Trutz.
GLOSTER.
Was? Bietest du ins Angesicht mir Trutz?
Zieht, Leute! Achtet nicht der Freistatt Schutz!
Blaurock auf Braunrock! – Hüte, Pfaff', den Bart,

Gloster und seine Leute greifen den Bischof an.

Ich will ihn zausen und dich tüchtig packen,
Mit Füßen tret' ich deinen Kardinals-Hut;
Dem Papst zum Trotze und der Kirche Würden,
Schleif' ich am Halse hier dich auf und ab.
WINCHESTER.
Gloster, dafür gibt dir der Papst dein Teil.
GLOSTER.
Winchester Gans! Ich ruf': ein Seil! ein Seil!
So schlagt sie fort! Was laßt ihr hier sie bleiben?
Dich will ich fort, du Wolf im Schafskleid, treiben.
Braunröcke, fort! Fort, purpurfarbner Heuchler!

Es entsteht ein großer Tumult; während desselben tritt der Schultheiß von London mit seinen Beamten auf.

SCHULTHEISS.
Pfui, Lords! Daß ihr, als höchste Obrigkeiten,
So schmählich doch den Frieden brechen könnt!
GLOSTER.
Still. Schultheiß! Meine Kränkung weißt du nicht:
Sieh, Beaufort, der noch Gott noch König achtet,
Hat hier den Turm allein an sich gerissen.

WINCHESTER.
Sieh Gloster da, den Feind der Bürgerschaft,
Der immer dringt auf Krieg und nie auf Frieden,
Mit Steuern eure freien Beutel lastend;
Der die Religion zu stürzen sucht,
Weil er Protektor dieses Reiches ist:
Und Waffen haben will hier aus dem Turm,
Den Prinzen zu erdrücken, sich zu krönen.
GLOSTER.
Nicht Worte, Streiche geb' ich dir zur Antwort.

Sie werden wieder handgemein.

SCHULTHEISS.
Nichts bleibt mir in dem stürmischen Gezänk,
Als öffentlichen Ausruf tun zu lassen.
Gerichtsbeamter, komm! So laut du kannst!
GERICHTSBEAMTER. »Alle und jede, so gegenwärtig hier wider Gottes und des Königs Frieden in Waffen versammelt sind, werden in Seiner Hoheit Namen ermahnt und befehligt, sich männiglich nach ihrer Behausung zu verfügen und forthin keinen Degen, Gewehr oder Dolch zu tragen, zu handhaben und zu führen; alles bei Todesstrafe.«
GLOSTER.
Ich breche das Gesetz nicht, Kardinal,
Doch treff' ich dich und will den Trotz dir brechen.
WINCHESTER.
Gloster, wir treffen uns; auf deine Kosten:
Dein Herzblut will ich für dies Tagewerk.
SCHULTHEISS.
Wenn ihr nicht fort wollt, ruf' ich noch nach Stangen.
Der Kardinal ist frecher als der Teufel.
WINCHESTER.
Verhaßter Gloster! Hüte deinen Kopf,
Denn ich gedenk' in kurzem ihn zu haben.

Sie gehen ab.

SCHULTHEISS.
Den Platz gesäubert erst! Dann ziehn wir ab.
O Gott! Daß Edle so ergrimmt verfahren!
Nicht einmal fecht' ich selbst in vierzig Jahren.

Ab.

Vierte Szene

Frankreich. Vor Orleans. Der Büchsenmeister und sein Sohn treten auf den Mauern auf.

BÜCHSENMEISTER.
Du weißt, Bursch, wie man Orleans belagert,
Und wie die Englischen die Vorstadt haben.
SOHN.
Ich weiß es, Vater, und schoß oft nach ihnen,
Unglücklich nur verfehlt' ich stets mein Ziel.
BÜCHSENMEISTER.
Nun sollst du's nicht: laß du von mir dich lenken!
Haupt-Büchsenmeister bin ich dieser Stadt!
Ich muß was tun, um Gunst mir zu erwerben.
Kundschafter von dem Prinzen melden mir,
Wie, in der Vorstadt fest verschanzt, der Feind
Durch ein geheimes Eisengitter pflegt
Auf jenem Turm die Stadt zu überschaun
Und dort erspäht, wie mit dem meisten Vorteil
Sie uns mit Sturm und Schießen drängen können
Um abzustellen nun dies Ungemach,
Hab' ich ein Stück Geschütz darauf gerichtet,
Und seit drei Tagen hab' ich aufgepaßt,
Ob ich sie könnte sehn.
Nun paß du auf, ich kann nicht länger bleiben;
Erspähst du wen, so lauf' und meld' es mir,
Du wirst mich bei dem Festungshauptmann finden.

Ab.

SOHN.
Vater, ich steh' dafür, habt keine Sorge;
Ich will Euch nicht bemühn, späh' ich sie aus.

Auf dem obern Stock eines Turmes erscheinen Salisbury und Talbot, Sir William Glansdale, Sir Thomas Gargrave und andre.

SALISBURY.
Talbot, mein Heil, mein Leben wieder da?
Wie hat man dich behandelt als Gefangnen?
Und wie erlangtest du die Auslösung?
Laß uns auf dieses Turmes Zinne reden.
TALBOT.

Der Herzog Bedford hatte wen gefangen,
Der hieß der tapfre Ponton von Santrailles:
Für den bin ich getauscht und ausgelöst.
Doch wollten sie mich einst zum Hohn verhandeln
Um einen Mann, weit schlechter in den Waffen;
Ich, stolz, verschmähte das und heischte Tod,
Eh' ich so spottgering mich schätzen ließ.
Zuletzt ward ich gelöst, wie ich begehrte.
Doch oh! Der falsche Fastolfe kränkt mein Herz.
Mit bloßen Fäusten könnt' ich ihn ermorden,
Wenn ich in meine Macht ihn jetzt bekäm'.
SALISBURY.
Noch sagst du nicht, wie du gehalten wurdest.
TALBOT.
Mit Spott und Schimpf und schmählichem Verhöhnen.
Auf offnen Märkten führten sie mich vor,
Zum allgemeinen Schauspiel für die Menge.
Dies, sagten sie, ist der Franzosen Schrecken,
Die Vogelscheu, wovor den Kindern graut.
Dann riß ich mich von meinen Wächtern los,
Grub mit den Nägeln Steine aus dem Boden,
Auf meiner Schmach Zuschauer sie zu werfen.
Mein gräßlich Aussehn machte andre fliehn,
Des schleun'gen Todes Furcht ließ keinen nahn.
In Eisenmauern hielt man mich nicht sicher;
So sehr war meines Namens Furcht verbreitet,
Daß sie geglaubt, ich bräche Stangen Stahl
Und sprengt' in Stücke diamantne Pfosten.
Drum hatt' ich eine Wacht, die, scharf geladen,
In jeglicher Minute mich umging,
Und wenn ich nur aus meinem Bett mich rührte.
War sie bereit, mir in das Herz zu schießen.
SALISBURY.
Mit Schmerz hör' ich, was du erlitten hast,
Doch uns genugsam rächen wollen wir.
Jetzt ist in Orleans Abendessens-Zeit:
Hier, durch dies Gitter zähl' ich jeden Mann
Und seh', wie die Franzosen sich verschanzen.
Sieh mit herein, es wird dich sehr ergötzen.
Sir Thomas Gargrave und Sir William Glansdale,
Laßt eure Meinung mich ausdrücklich hören:
Wo nun am besten zu beschießen wär'?

GARGRAVE.
Ich denk', am Nordertor, da steht der Adel.
GLANSDALE.
Und ich hier an dem Bollwerk bei der Brücke.
TALBOT.
So viel ich sehn kann, muß man diese Stadt
Aushungern und mit leichten Treffen schwächen.

Ein Schuß von der Stadt. Salisbury und Gargrave fallen.

SALISBURY.
O Herr! Sei gnädig uns elenden Sündern!
GARGRAVE.
O Herr! Sei gnädig mir bedrängtem Mann!
TALBOT.
Was kreuzt uns für ein Zufall plötzlich hier?
Sprich, Salisbury, wofern du reden kannst:
Wie geht's dir, Spiegel aller wackern Krieger?
Ein Aug' und halb die Wange weggeschmettert!
Verfluchter Turm! Verfluchte Unglücks-Hand,
Die dieses leid'ge Trauerspiel vollführt!
In dreizehn Schlachten siegte Salisbury,
Heinrich den Fünften zog er auf zum Krieg,
Solang' Trompete blies und Trommel schlug,
Ließ nie sein Schwert im Feld zu schlagen ab. –
Du lebst noch, Salisbury? Fehlt dir schon die Rede,
Du hast *ein* Aug', um Gnad' emporzublicken,
Die Sonne schaut mit *einem* Aug' die Welt. –
Himmel, sei keinem gnädig, der da lebt,
Wenn Salisbury bei dir Erbarmen mißt! –
Tragt fort die Leiche, ich will helfen sie begraben. –
Sir Thomas Gargrave, hast du irgend Leben?
Sprich mit dem Talbot, schau doch auf zu ihm,
Erfrisch' dich, Salisbury, mit diesem Trost:
Du stirbst mir nicht, derweil –
Er winkt mit seiner Hand und lächelt mir,
Als sagt' er: »Wenn ich tot bin und dahin,
Gedenke mich zu rächen an den Franken.«
Plantagenet, ich will's; und gleich dir, Nero,
Die Laute spielend, Städte brennen sehn.

Man hört es donnern, hierauf ein Getümmel.

Was rührt sich? Was für ein Tumult im Himmel?
Woher kommt dies Getümmel und der Lärm?

Ein Bote tritt auf.

BOTE.
Herr, Herr, die Franken bieten uns die Stirn;
Vereint mit einer Jeanne la Pucelle,
Der neu erstandnen heiligen Prophetin,
Führt große Macht der Dauphin zum Entsatz.

Salisbury ächzt.

TALBOT.
Hört, hört, wie Salisbury noch sterbend ächzt!
Es nagt sein Herz, daß Rach' ihm ist versagt. –
Ich werd' ein Salisbury für euch, Franzosen! –
Pucelle oder Buhle, Delphin oder Meerhund,
Die Herzen stampf' ich mit des Pferdes Hufen
Euch aus und eu'r vermischtes Hirn zu Kot. –
Schafft mir den Salisbury in sein Gezelt,
Dann sehn wir, was die feigen Franken wagen.

Sie gehen ab und tragen die Leichen mit fort.

Fünfte Szene

Vor einem der Tore. Getümmel. Scharmützel. Talbot verfolgt den Dauphin und treibt ihn zurück; dann kommt die Pucelle, Engländer vor sich herjagend. Hierauf kommt Talbot.

TALBOT.
Wo ist mein Mut und meine Stärk' und Kraft?
Die Scharen weichen, ich kann nicht sie halten;
Sie jagt ein Weib, mit Rüstung angetan.

Die Pucelle kommt zurück.

Hier kommt sie, hier: – Ich messe mich mit dir
Beschwör' dich, Teufel oder Teufelsmutter!
Ich lasse Blut dir, du bist eine Hexe,
Und stracks gib deine Seel' dem, so du dienst.
PUCELLE.
Komm, komm! Ich bin's, die dich erniedern muß.

Sie fechten.

TALBOT.
>   Ihr Himmel, laßt ihr so die Hölle siegen?
>   Eh' soll gespannter Mut die Brust mir sprengen,
>   Die Arme sollen von den Schultern reißen,
>   Als daß ich nicht die freche Metze strafte.

PUCELLE.
>   Talbot, leb wohl! Dein Stündlein kommt noch nicht;
>   Ich muß mit Nahrung Orleans versehn.
>   Hol' mich nur ein, ich spotte deiner Stärke,
>   Geh, geh; ermuntre dein verschmachtet Volk;
>   Hilf Salisbury, sein Testament zu machen:
>   Der Tag ist unser, wie noch mancher mehr.

Die Pucelle zieht mit ihren Soldaten in die Stadt.

TALBOT.
>   Mein Kopf geht um, wie eines Töpfers Rad,
>   Ich weiß nicht, wo ich bin, noch was ich tue.
>   Durch Furcht, nicht durch Gewalt, wie Hannibal,
>   Treibt eine Hexe unser Heer zurück
>   Und siegt, wie's ihr beliebt. So treibt man wohl
>   Mit Dampf die Bienen, Tauben mit Gestank
>   Von ihren Stöcken und vom Schlage weg.
>   Man hieß der Wildheit halb uns englische Hunde,
>   Nun laufen wir wie Hündlein schreiend fort.

Ein kurzes Getümmel.

>   Hört, Landesleut'! Erneuert das Gefecht,
>   Sonst reißt die Löwen weg aus Englands Wappen,
>   Sagt eurem Land ab, setzt für Löwen Schafe;
>   Nicht halb so bang fliehn Schafe vor dem Wolf,
>   Noch Pferd' und Ochsen vor dem Leoparden,
>   Als ihr vor euren oft bezwungnen Knechten. –

Getümmel. Ein neues Scharmützel.

>   Es soll nicht sein: – Zurück, zieht in die Schanzen;
>   Ihr stimmtet alle ein in Salisburys Tod,
>   Weil keiner einen Streich tat, ihn zu rächen. –
>   In Orleans ist die Pucelle hinein
>   Trotz uns und allem, was wir konnten tun.
>   O möcht' ich sterben doch mit Salisbury!
>   Ich muß mein Haupt vor Scham hierüber bergen.

Getümmel. Rückzug. Talbot mit seinen Truppen ab.

Sechste Szene

*Ebendaselbst. Auf den Mauern erscheinen die Pucelle, Karl,
Reignier, Alençon und Soldaten.*

PUCELLE.
Pflanzt unsre weh'nden Fahnen auf die Mauern:
Den Englischen ist Orleans entrissen,
So hielt euch Jeanne la Pucelle Wort.
KARL.
Du göttlichstes Geschöpf! Asträas Tochter!
Wie soll ich ehren dich für den Erfolg?
Adonis' Gärten gleichet dein Verheißen,
Die heute blühn und morgen Früchte tragen.
Sieg prang' in deiner herrlichen Prophetin,
O Frankreich! Orleans ist wieder dein:
Nie widerfuhr dem Lande größres Heil.
REIGNIER.
Warum durchtönt nicht Glockenklang die Stadt?
Dauphin, laß Freudenfeu'r die Bürger machen
Und jubeln, schmausen in den offnen Straßen,
Das Glück zu feiern, das uns Gott verliehn.
ALENÇON.
Ganz Frankreich wird erfüllt mit Freud' und Lust,
Wenn sie erfahren, wie wir uns gehalten.
KARL.
Nicht wir, 's ist Jeanne, die den Tag gewann,
Wofür ich mit ihr teilen will die Krone,
Und alle Mönch' und Priester meines Reichs
In Prozession ihr stets lobsingen sollen.
Ich bau' ihr eine stolzre Pyramide
Als die zu Memphis oder Rhodopes;
Und wenn sie tot ist, soll, ihr zum Gedächtnis,
Die Asch' in einer köstlicheren Urne
Als das Kleinoden-Kästchen des Darius
Bei hohen Festen umgetragen werden,
Vor Frankreichs Königen und Königinnen.
Nicht länger rufen wir Sankt Dionys,
Patronin ist nun Jeanne la Pucelle.
Kommt, halten wir ein königlich Gelag
Auf diesen siegesreichen goldnen Tag!

Trompetenstoß. Alle ab.

Zweiter Aufzug

Erste Szene

Ebendaselbst. Ein französischer Sergeant und zwei Schildwachen kommen durch das Tor.

SERGEANT.
  Nehmt eure Plätze und seid wachsam, Leute;
  Bemerkt ihr Lärm, und daß Soldaten nah
  Den Mauern sind, an irgendeinem Zeichen,
  So gebt im Wachthaus Nachricht uns davon.
ERSTE SCHILDWACHE.
  Schon gut, Sergeant.

Sergeant ab.

  So müssen arme Diener,
  Wenn andre schlafen auf bequemem Bett,
  In Finsternis, in Kält' und Regen wachen.

Talbot, Bedford, Burgund und ihre Truppen mit Sturmleitern, die Trommeln schlagen einen Totenmarsch.

TALBOT.
  Mein Herr Regent, und mächtiger Burgund,
  Durch deren Ankunft das Gebiet von Artois,
  Wallon und Pikardie uns sind befreundet:
  In dieser Glücksnacht sind die Franken sorglos,
  Da sie den ganzen Tag geschmaust, gezecht.
  Ergreifen wir denn die Gelegenheit,
  Sie schickt sich zur Vergeltung ihres Trugs,
  Den Kunst ersann und arge Zauberei.
BEDFORD.
  Memme von Frankreich! Wie er sich entehrt,
  An seines Armes Tapferkeit verzweifelnd,
  Mit Hexen und der Höll' in Bund zu treten!
BURGUND.
  Verräter sind in der Gesellschaft stets.
  Doch die Pucelle, für so rein gepriesen,
  Wer ist sie?
TALBOT.
  Ein Mädchen, sagt man.
BEDFORD.
  Ein Mädchen, und so kriegerisch!

BURGUND.
>   Geb' Gott, daß sie nicht männlich bald erscheint.
>   Wenn unter dem Panier der Franken sie
>   Die Rüstung führt, wie sie begonnen hat.

TALBOT.
>   Wohl, laßt sie klügeln und mit Geistern handeln.
>   Gott unsre Burg! In seinem Siegernamen
>   Laßt uns ihr Felsen-Bollwerk kühn erklimmen.

BEDFORD.
>   Stürm', braver Talbot, und wir folgen dir.

TALBOT.
>   Nicht alle hier mit eins: weit besser dünkt mir's,
>   Hineinzudringen auf verschiednen Wegen,
>   Daß, wenn es einem unter uns mißlingt,
>   Der andre wider ihre Macht kann stehn.

BEDFORD.
>   So sei's; ich will zu jener Ecke hin.

BURGUND.
>   Und ich zu dieser.

TALBOT.
>   Und hier stürmt Talbot oder schafft sein Grab.
>   Nun, Salisbury, für dich und für das Recht
>   Heinrichs von England soll die Nacht sich zeigen,
>   Wie meine Pflicht euch beiden ist geweiht.

Die Englischen ersteigen die Mauern mit Sturmleitern, indem sie: »Sankt Georg!« und: »Talbot hoch!« rufen, und dringen alle in die Stadt.

SCHILDWACHE *drinnen.*
>   Auf, zu den Waffen, auf! Die Feinde stürmen!

Die Franzosen springen im Hemde über die Mauern. Hierauf kommen von verschiednen Seiten der Bastard, Alençon, Reignier, halb angekleidet, halb nicht.

ALENÇON.
>   Wie nun, ihr Herrn? Was? So unangekleidet?

BASTARD.
>   Unangekleidet? Ja und froh dazu,
>   Daß wir so gut davongekommen sind.

REIGNIER.
>   Traun, es war Zeit, sich aus dem Bett zu machen,
>   Der Lärm war schon an unsrer Kammertür.

ALENÇON.

Seit ich die Waffen übte, hört' ich nie
Von einem kriegerischen Unternehmen,
Das tollkühn und verzweifelt war wie dies.
BASTARD.
Der Talbot, denk' ich, ist ein Geist der Hölle.
REIGNIER.
Wo nicht die Höll', ist ihm der Himmel günstig.
ALENÇON.
Da kommt der Prinz, mich wundert, wie's ihm ging.

Karl und die Pucelle treten auf.

BASTARD.
Pah! War Sankt Jeanne doch sein Schirm und Schutz.
KARL.
Ist dieses deine List, du falsche Schöne?
Du ließest uns zuerst, um uns zu schmeicheln,
Teilnehmer sein an wenigem Gewinn,
Daß der Verlust nun zehnmal größer wär'?
PUCELLE.
Warum schilt Karl die Freundin ungeduldig?
Muß allzeit meine Macht die gleiche sein?
Schlafend und wachend, muß ich stets gewinnen,
Wenn ihr nicht schmähn und Schuld mir geben sollt?
Bei guter Wache, unvorsicht'ge Krieger,
Wär' dieser schnelle Unfall nie begegnet.
KARL.
Herzog von Alençon. Eu'r Fehler war's,
Daß, als der Wache Hauptmann, diese Nacht
Ihr besser nicht den wicht'gen Dienst versehn.
ALENÇON.
War jegliches Quartier so wohl bewahrt
Als das, worin ich den Befehl gehabt,
Wir wären nicht so schmählich überfallen.
BASTARD.
Meins war in Sicherheit.
REIGNIER.
Auch meines, Herr.
KARL.
Was mich betrifft, den größten Teil der Nacht
Hab' ich zum Auf- und Abgehn angewandt
In ihrem Viertel und durch mein Revier,
Um immerfort die Wachen abzulösen.

Wie oder wo sind sie denn eingebrochen?
PUCELLE.
Fragt, Herrn, nicht weiter über diesen Fall,
Wie oder wo; genug, sie fanden Stellen,
Nur schwach besetzt, wo sie den Einbruch taten,
Und übrig bleibt uns nun kein andrer Rat,
Als die umher versprengten Leute sammeln
Und neue Schanzen bau'n zu ihrem Schaden.

Getümmel. Ein englischer Soldat kommt und ruft: »Talbot hoch! Talbot hoch!« Sie fliehen, indem sie ihre Kleider zurücklassen.

SOLDAT.
Ich will nur dreist, was sie verlassen, nehmen.
Der Ausruf Talbot dient mir statt des Degens,
Denn ich belud mit vieler Beute mich
Und braucht' als Waffe seinen Namen bloß.

Ab.

Zweite Szene

Orleans. Innerhalb der Stadt. Talbot, Bedford, Burgund, ein Hauptmann und andre.

BEDFORD.
Der Tag bricht an, und es entflieht die Nacht,
Die um die Erde warf den Rabenmantel.
Blast nun zum Rückzug, hemmt die heiße Jagd!

Man bläst zum Rückzug.

TALBOT.
Die Leiche bringt vom alten Salisbury
Und stellet auf dem Marktplatz hier sie aus,
Dem Mittelpunkte der verfluchten Stadt. –
Nun zahlt' ich mein Gelübde seiner Seele;
Fünf Franken starben mind'stens diese Nacht
Für jeden ihm entwandten Tropfen Bluts.
Und, daß hinfort die Zeiten mögen sehn,
Was für Verheerung ihm zur Rach' erfolgt,
Bau' ich in ihrer Hauptkirch' eine Gruft,
Worin sein Körper soll bestattet werden;
Darauf soll, daß es jeder lesen kann,
Die Plünd'rung Orleans' gegraben sein,

Die falsche Weise seines traur'gen Todes,
Und welch ein Schrecken er für Frankreich war.
Doch, Herrn, bei all dem Blutbad wundert's mich,
Daß wir des Dauphins Hoheit nicht begegnet,
Der tugendsamen Heldin Jeanne d'Arc,
Noch irgendwem der falschen Bundsgenossen.
BEDFORD.
Man sagt, Lord Talbot, als der Kampf begann,
Sei'n, plötzlich aufgeschreckt vom faulen Bett,
Sie unter Haufen des Soldatenvolks
Die Mau'r hinüber in das Feld entsprungen.
BURGUND.
Ich selbst, soviel ich unterscheiden konnte
Im Rauch und Nebeldunst der Nacht, verscheuchte
Den Dauphin sicherlich und seine Trulle,
Als Arm in Arm sie hurtig laufend kamen,
So wie ein Paar verliebter Turteltauben,
Die sich nicht trennen konnten Tag und Nacht.
Wenn erst die Dinge hier in Ordnung sind,
So woll'n wir sie mit aller Macht verfolgen.

Ein Bote tritt auf.

BOTE.
Heil euch, ihr hohen Lords! Was nennet ihr
Von dieser fürstlichen Genossenschaft
Den kriegerischen Talbot, dessen Taten
Im Frankenreich so hoch gepriesen werden?
TALBOT.
Ich bin der Talbot: wer will mit ihm reden?
BOTE.
Die tugendsame Gräfin von Auvergne,
Bescheidentlich bewundernd deinen Ruhm,
Ersucht dich, großer Lord, du woll'st geruhn,
Zur armen Burg, worauf sie sitzt, zu kommen,
Damit sie rühmen mag, sie sah den Mann,
Von dessen Herrlichkeit die Welt erschallt.
BURGUND.
Im Ernst? Ei ja, dann seh' ich, unsre Kriege
Verwandeln sich in friedlich Possenspiel,
Wenn Frau'n begehren, daß wir sie bestehn. –
Ihr dürft die art'ge Bitte nicht verschmähn.
TALBOT.

Nein, glaubt mir; denn, wenn eine Welt von Männern
Mit aller Rednerkunst nichts ausgerichtet,
Hat eines Weibes Güte übermeistert. –
Und darum sagt ihr, daß ich herzlich danke
Und untertänig sie besuchen will. –
Gehn Eure Edlen zur Gesellschaft mit?
BEDFORD.
Nein, wahrlich; das ist mehr, als Sitt' erlaubt.
Ich hörte sagen, ungeladne Gäste
Sind nicht willkommner meist, als wenn sie gehn.
TALBOT.
Nun wohl, allein, weil denn kein andrer Rat.
Versuch' ich dieser Dame Höflichkeit.
Hieher kommt, Hauptmann.

Er spricht leise mit ihm.

Ihr versteht die Meinung?
HAUPTMANN.
Ja, gnäd'ger Herr, und meine dem gemäß.

Alle ab.

Dritte Szene

Auvergne. Schloßhof. Die Gräfin und ihr Torwärter treten auf.

GRÄFIN.
Torwärter, merkt Euch, was ich aufgetragen,
Und wenn Ihr es getan, bringt mir die Schlüssel.
TORWÄRTER.
Das will ich, gnäd'ge Frau.

Ab.

GRÄFIN.
Der Anschlag ist gemacht: geht alles gut,
So macht dies Abenteu'r mich so berühmt,
Als Cyrus' Tod die Scythin Tomyris.
Groß ist der Ruf von diesem furchtbar'n Ritter
Und seine Taten von nicht minderm Wert.
Gern wär' mein Auge Zeuge mit dem Ohr,
Zum Ausspruch über diese Wunderdinge.

Der Bote kommt mit Talbot.

BOTE.
  Gräfin! Wie Eure Gnaden es begehrt,
  Auf meine Botschaft kommt Lord Talbot hier.
GRÄFIN.
  Er ist willkommen. Wie? Ist dies der Mann?
BOTE.
  Ja, gnäd'ge Frau.
GRÄFIN.
  Ist dies die Geißel Frankreichs?
  Ist dies der Talbot, auswärts so gefürchtet,
  Daß man die Kinder stillt mit seinem Namen?
  Ich seh', der Ruf ist fabelhaft und falsch.
  Ich dacht', es würd' ein Herkules erscheinen,
  Ein zweiter Hektor, nach dem grimmen Ansehn
  Und der gedrungnen Glieder großem Maß.
  Ach, dies ist ja ein Kind, ein blöder Zwerg;
  Es kann der schwache eingezog'ne Knirps
  Unmöglich so die Feind' in Schrecken jagen.
TALBOT.
  Ich war so dreist, zur Last zu fallen, Gräfin;
  Doch da Eu'r Gnaden nicht bei Muße sind,
  So find' ich andre Zeit wohl zum Besuch.
GRÄFIN.
  Was hat er vor? Geh, frag', wohin er geht.
BOTE.
  Lord Talbot, haltet: meine gnäd'ge Frau
  Wünscht Eures raschen Abschieds Grund zu wissen.
TALBOT.
  Ei nun, weil sie in falschem Glauben ist,
  Geh' ich, ihr zu beweisen, Talbot sei's.
    Der Torwärter kommt zurück mit Schlüsseln.

GRÄFIN.
  Wenn du es bist, so bist du ein Gefangner.
TALBOT.
  Gefangner? Wes?
GRÄFIN.
  Blutdürst'ger Lord, der meine,
  Und aus dem Grund zog ich dich in mein Haus.
  Dein Schatte war schon längst in meinen Banden;
  Dein Bildnis hängt in meiner Galerie.
  Doch nun soll auch dein Wesen Gleiches dulden,
  Und diese Arm' und Beine feßl' ich dir,

Der du mit Tyrannei seit so viel Jahren
Das Land verheertest, unsre Bürger schlugst
Und Söhn' und Gatten zu Gefangnen machtest.
TALBOT.
Ha ha ha!
GRÄFIN.
Du lachst, Elender? Jammern wirst du bald.
TALBOT.
Ich lache über Euer Gnaden Einbildung,
Als hättet Ihr was mehr als Talbots Schatten,
Woran Ihr Eure Strenge üben mögt.
GRÄFIN.
Wie, bist du es nicht selbst?
TALBOT.
Ich bin es wirklich.
GRÄFIN.
So hab' ich auch sein Wesen.
TALBOT.
Nein, nein, ich bin mein eigner Schatte nur,
Ihr seid getäuscht, mein Wesen ist nicht hier;
Denn, was Ihr seht, ist der geringste Teil
Von meiner Menschheit und das kleinste Maß.
Ich sag' Euch, wär' mein ganz Gebilde hier,
Es ist von so gewalt'gem hohen Wuchs,
Eu'r Dach genügte nicht, es zu umfassen.
GRÄFIN.
Das ist ein Rätselkrämer, wie sich's ziemt:
Hier will er sein, und ist denn doch nicht hier;
Wie können diese Widersprüche passen?
TALBOT.
Sogleich will ich's Euch zeigen.

Er stößt in ein Hifthorn. Man hört Trommeln, hierauf eine Salve von grobem Geschütz. Die Tore werden gesprengt, und Soldaten kommen.

Was sagt Ihr, Gräfin, seid Ihr überzeugt,
Daß Talbot nur sein eigner Schatten ist?
Die sind sein Wesen, Sehnen, Arm' und Stärke,
Womit er Euch empörte Nacken beugt,
Die Städte schleift und Eure Festen stürzt
Und wüst in einem Augenblick sie macht.
GRÄFIN.

Verzeih', siegreicher Talbot, mein Vergehn!
Ich seh', du bist nicht kleiner als dein Ruf,
Und mehr, als die Gestalt erraten läßt.
Laß meine Kühnheit deinen Zorn nicht reizen,
Es ist mir leid, daß ich mit Ehrerbietung
Dich nicht so aufgenommen, wie du bist.
TALBOT.
Nicht bange, schöne Frau! Mißdeutet nicht
Den Sinn des Talbot, wie Ihr Euch geirrt
In seines Körpers äußerlichem Bau.
Was Ihr getan, das hat mich nicht beleidigt,
Auch fodr' ich zur Genugtuung nichts weiter,
Als daß, mit Eurer Gunst, wir kosten dürfen
Von Eurem Wein und sehn, wie man hier kocht;
Denn immer rüstig sind Soldatenmagen.
GRÄFIN.
Von ganzem Herzen; und es ehrt mich sehr,
Bei mir solch großen Krieger zu bewirten.

Alle ab.

Vierte Szene

London. Der Garten des Tempels. Die Grafen von Somerset, Suffolk und Warwick; Richard Plantagenet, Vernon und ein andrer Rechtsgelehrter treten auf.

PLANTAGENET.
Ihr großen Lords und Herrn, was soll dies Schweigen?
Will niemand reden in der Wahrheit Sache?
SUFFOLK.
Wir waren allzulaut im Tempel-Saal,
Der Garten hier ist schicklicher dazu.
PLANTAGENET.
So sagt mir eins, ob Wahrheit ich behauptet,
Ob nicht der Zänker Somerset geirrt?
SUFFOLK.
Traun, ich war Müßiggänger in den Rechten:
Ich konnte nie darnach den Willen fügen
Und füge drum das Recht nach meinem Willen.
SOMERSET.
So richtet Ihr, Lord Warwick, zwischen uns.
WARWICK.
Von zweien Falken, welcher höher steigt,

Von zweien Hunden, welcher tiefer bellt,
Von zweien Klingen, welche beßrer Stahl,
Von zweien Pferden, wessen Haltung besser,
Von zweien Mädchen, welche muntrer äugelt,
Hab' ich wohl einen flachen Sinn des Urteils:
Doch von des Rechts Praktik und spitzen Kniffen
Hat wahrlich eine Dohle mehr begriffen.
PLANTAGENET.
Pah, welche höfliche Zurückhaltung!
Die Wahrheit steht so nackt auf meiner Seite,
Daß selbst das blödste Aug' sie finden kann.
SOMERSET.
Auf meiner Seit' ist sie so wohl gekleidet,
So klar, so strahlend und so offenbar,
Daß sie durch eines Blinden Auge schimmert.
PLANTAGENET.
Weil Redescheu die Zungen denn euch bindet,
Erklärt in stummen Zeichen die Gedanken.
Es pflücke, wer ein echter Edelmann
Und auf der Ehre seines Bluts besteht,
Wenn er vermeint, ich bringe Wahrheit vor,
Mit mir von diesem Strauch 'ne weiße Rose.
SOMERSET.
So pflücke, wer kein Feiger ist noch Schmeichler
Und die Partei der Wahrheit halten darf,
Mit mir von diesem Dorn 'ne rote Rose.
WARWICK.
Ich liebe Schminke nicht; ohn' alle Schminke
Der kriechenden gewandten Schmeichelei
Pflück' ich die weiße Rose mit Plantagenet.
SUFFOLK.
Mit Somerset pflück' ich die rote Rose
Und sag', ich halte recht, was er behauptet.
VERNON.
Noch haltet, Lords und Herrn, und pflückt nicht mehr,
Bis ihr beschließt, daß der, auf dessen Seite
Vom Baume wen'ger Rosen sind gepflückt,
Des andern rechte Meinung soll erkennen.
SOMERSET.
Mein guter Meister Vernon, wohl bemerkt!
Still geb' ich nach, hab' ich die mindre Zahl.
PLANTAGENET.

Ich auch.
VERNON.
   Dann, für der Sache Recht und Wahrheit pflücke
   Ich die jungfräulich blasse Blüte hier,
   Den Ausspruch gebend für die weiße Rose.
SOMERSET.
   Stecht nicht den Finger, wie Ihr ab sie pflückt,
   Sonst färbt Ihr, blutend, rot die weiße Rose
   Und fallt auf meine Seite wider Willen.
VERNON.
   Mylord, wenn ich für meine Meinung blute,
   So wird die Meinung auch den Schaden heilen
   Und mich bewahren auf der jetz'gen Seite.
SOMERSET.
   Gut, gut: nur zu! Wer sonst?
RECHTSGELEHRTER *zu Somerset.*
   Wofern nicht meine Kunst und Bücher lügen,
   So habt Ihr unrecht Euren Satz geführt:
   Zum Zeichen des pflück' ich die weiße Rose.
PLANTAGENET.
   Nun, Somerset, wo ist nun Euer Satz?
SOMERSET.
   Hier in der Scheide; dies erwägen, wird
   Die weiße Rose blutig rot Euch färben.
PLANTAGENET.
   Indes äfft Eure Wange unsre Rosen,
   Denn sie ist blaß vor Furcht, als zeugte sie
   Für unsre Wahrheit.
SOMERSET.
   Nein, Plantagenet,
   's ist nicht aus Furcht, – aus Zorn, daß deine Wangen,
   Vor Scham errötend, unsre Rosen äffen
   Und deine Zunge doch dein Irren leugnet.
PLANTAGENET.
   Stach dir kein Wurm die Rose, Somerset?
SOMERSET.
   Hat deine keinen Dorn, Plantagenet?
PLANTAGENET.
   Ja, einen scharfen, wahr sich zu behaupten,
   Indes dein Wurm an seiner Falschheit nagt.
SOMERSET.
   Wohl, Freunde find' ich für mein Rosenblut,

Die da behaupten, daß ich wahr gesagt,
Wo sich Plantagenet nicht sehn darf lassen.
PLANTAGENET.
Bei dieser reinen Blüt' in meiner Hand,
Ich spotte, Knabe, dein und deiner Tracht.
SUFFOLK.
Kehr' sonst wohin den Spott, Plantagenet.
PLANTAGENET.
Nein, stolzer Poole, ich spotte sein und dein.
SUFFOLK.
Mein Teil davon werf' ich in deinen Hals.
SOMERSET.
Fort, guter William de la Poole! Wir tun
Dem Bauern zu viel Ehr', mit ihm zu reden.
WARWICK.
Bei Gott, du tust ihm Unrecht, Somerset.
Sein Urgroßvater war ja Lionel,
Herzog von Clarence, und der dritte Sohn
Des dritten Eduard, Königes von England.
Treibt solche Wurzel wappenlose Bauern?
PLANTAGENET.
Er macht des Platzes Vorrecht sich zu Nutz,
Sein zaghaft Herz ließ' ihn das sonst nicht sagen.
SOMERSET.
Bei dem, der mich erschuf, ich will mein Wort
Auf jedem Fleck der Christenheit behaupten,
Ward nicht dein Vater, Richard Graf von Cambridge,
Zur Zeit des vor'gen Königs um Verrat gerichtet?
Und hat nicht sein Verrat dich angesteckt,
Geschändet und entsetzt vom alten Adel?
In deinem Blut lebt seine Missetat,
Und, bis zur Herstellung, bist du ein Bauer.
PLANTAGENET.
Mein Vater war beklagt, nicht überwiesen;
Starb, um Verrat verdammt, doch kein Verräter:
Und das beweis' ich Höhern noch als Somerset,
Reift meinem Willen erst die Zeit heran.
Was Euren Helfer Poole und Euch betrifft,
So zeichn' ich Euch in mein Gedächtnis-Buch,
Um Euch zu züchtigen für diese Rüge.
Seht Euch denn vor und sagt, daß ich Euch warnte.
SOMERSET.

Nun wohl, du sollst bereit uns immer finden
Und uns an dieser Farb' als Feind' erkennen,
Die meine Freunde tragen dir zum Trotz.
PLANTAGENET.
Und diese bleiche und erzürnte Rose,
Als Sinnbild meines blutbedürft'gen Hasses,
Will ich, bei meiner Seele! künftig tragen,
Ich selber und mein Anhang immerdar,
Bis sie mit mir zu meinem Grabe welkt
Oder zur Höhe meines Rangs erblüht.
SUFFOLK.
Geh vorwärts, und ersticke dich dein Ehrgeiz!
Und so leb wohl, bis ich dich wieder treffe.

Ab.

SOMERSET.
Ich folge, Poole. Leb wohl, ehrgeiz'ger Richard!

Ab.

PLANTAGENET.
Wie man mir trotzt, und doch muß ich es dulden.
WARWICK.
Der Fleck, den sie an Eurem Hause rügen,
Wird ausgelöscht im nächsten Parlament,
Das Winchester und Gloster soll vergleichen;
Und wenn man dann dich nicht zum York ernennt,
So will ich länger nicht für Warwick gelten.
Indes, zum Pfand, daß ich dich vorgezogen
Dem stolzen Somerset und William Poole,
Trag' ich auf deiner Seite diese Rose
Und prophezeie hier: der heut'ge Zank,
Der zur Parteiung ward im Tempel-Garten,
Wird zwischen roter Rose und der weißen
In Tod und Todsnacht tausend Seelen reißen.
PLANTAGENET.
Euch, guter Meister Vernon, sag' ich Dank,
Daß Ihr die Blume mir zu Lieb gepflückt.
VERNON.
Beständig will ich, Euch zu Lieb, sie tragen.
RECHTSGELEHRTER.
Das will ich ebenfalls.
PLANTAGENET.

Kommt, gehn wir vier zur Mahlzeit; ich darf sagen:
Blut trinkt noch dieser Streit in andern Tagen.

Alle ab.

Fünfte Szene

Ebendaselbst. Ein Zimmer im Turm. Mortimer wird von zwei Gefangenwärtern in einem Armstuhl hereingetragen

MORTIMER.
Sorgsame Wärter meines schwachen Alters,
Laßt sterbend ausruhn hier den Mortimer.
So wie ein Mann, der Folter erst entrissen,
Fühl' ich die Länge der Gefangenschaft
In meinen Gliedern; diese grauen Locken,
Des Todes Boten, Nestor-gleich bejahrt
In Jahren voller Sorgen, zeigen an,
Es ende nun mit Edmund Mortimer.
Die Augen, Lampen, die ihr Öl verspendet,
Verdunkeln sich, zum Ausgang schon gewendet.
Die Schultern schwach, erdrückt von Grames Last,
Die Arme marklos, wie verdorrte Reben,
Saftlose Ranken auf den Boden senkend. –
Doch diese Füße von kraftlosem Stand,
Unfähig, diesen Erdenkloß zu stützen,
Sind leicht beschwingt vom Wunsch nach einem Grabe,
Wohl wissend, daß ich andern Trost nicht habe. –
Doch sagt mir, Wärter, will mein Neffe kommen?
ERSTER GEFANGENWÄRTER.
Richard Plantagenet will kommen, Herr;
Zu seinem Zimmer sandten wir im Tempel,
Und Antwort ward erteilt, er wolle kommen.
MORTIMER.
Genug! So wird noch mein Gemüt befriedigt.
Der arme Mann! Er ist gekränkt wie ich.
Seit Heinrich Monmouth erst begann zu herrschen,
Vor dessen Ruhm ich groß in Waffen war,
Lebt' ich in ekler Eingeschlossenheit;
Und auch seitdem ward Richard weggedrängt,
Beraubt der Ehr' und Erbschaft; aber nun,
Da mich, der jegliche Verzweiflung schlichtet,
Der Tod, der milde Schiedsmann alles Elends,
Mit süßer Freilassung von hinnen läßt,

Wollt' ich, auch seine Drangsal wär' vorbei,
Und das Verlorne würd' ihm hergestellt.

Richard Plantagenet tritt auf.

ERSTER GEFANGENWÄRTER.
Herr, Euer lieber Neff' ist nun gekommen.
MORTIMER.
Richard Plantagenet, mein Freund? Ist er da?
PLANTAGENET.
Ja, edler Oheim, schmählich so behandelt,
Eu'r Neffe kommt, der jüngst entehrte Richard.
MORTIMER.
Führt meine Arme, daß ich ihn umhalse,
Den letzten Hauch in seinen Busen keuche;
O sagt mir, wann mein Mund die Wang' ihm rührt,
Daß ich ihn grüße mit ohnmächt'gem Kuß.
Nun, süßer Sprößling von Yorks großem Stamm,
Erklär', warum du »jüngst entehrt« dich nanntest.
PLANTAGENET.
Erst lehn' auf meinen Arm den alten Rücken,
Und, so erleichtert, höre die Beschwer.
Heut, bei dem Streiten über einen Fall,
Kams' zwischen mir und Somerset zu Worten,
Wobei er ohne Maß die Zunge brauchte
Und rückte meines Vaters Tod mir vor.
Der Vorwurf stieß mir Riegel vor die Zunge,
Sonst hätt' ich's ihm auf gleiche Art vergolten.
Drum, bester Ohm, um meines Vaters willen,
Bei deiner Ehr' als ein Plantagenet
Und Bundes halb erklär' den Grund, warum
Mein Vater, Graf von Cambridge, ward enthauptet.
MORTIMER.
Der Grund, der mich verhaftet, holder Neffe,
Und all die blüh'nde Jugend fest mich hielt
In einem eklen Kerker, da zu schmachten,
War das verfluchte Werkzeug seines Todes.
PLANTAGENET.
Entdecke näher, welch ein Grund das war,
Denn ich bin unbelehrt und rat' es nicht.
MORTIMER.
Das will ich, wenn der Odem mir nicht schwindet
Und mich der Tod läßt enden den Bericht.

Heinrich der Vierte, Großvater dieses Königs,
Entsetzte seinen Neffen Richard, Eduards Sohn,
Des Erstgebornen und rechtmäß'gen Erben
Von König Eduard, drittem jener Reih'.
Zu seiner Herrschaft Zeit bestrebten sich
Die Percys aus dem Norden, als sie fanden,
Höchst ungerecht sei seine Anmaßung,
Statt seiner mich zu fördern auf den Thron.
Was diese kriegerischen Lords bewog,
War, daß nach Wegräumung des jungen Richard
[Der keinen Erben ließ, von ihm erzeugt]
Ich von Geburt und Sippschaft war der nächste,
Denn mütterlicher Seite stamm' ich ab
Von Lionel von Clarence, drittem Sohn
König Eduard des Dritten; mittlerweil'
Er von Johann von Gaunt den Stammbaum leitet,
Dem vierten nur in jenem Heldenhaus.
Doch merkt: als sie mit hochgemutem Anschlag
Den rechten Erben einzusetzen rangen,
Verlor die Freiheit ich, und sie das Leben.
Viel später, als Heinrich der Fünfte herrschte
Nach seinem Vater Bolingbroke, geschah's,
Daß, mitleidsvoll mit meiner harten Trübsal,
Dein Vater, Graf von Cambridge, abgestammt
Vom großen Edmund Langley, Herzog York,
Vermählt mit meiner Schwester, deiner Mutter,
Nochmals ein Heer warb, wähnend, mich zu lösen
Und zu bekleiden mit dem Diadem;
Doch wie die andern fiel der edle Graf
Und ward enthauptet. So sind die Mortimers,
Worauf der Anspruch ruhte, unterdrückt.

PLANTAGENET.
Und deren letzter, edler Lord, seid Ihr.

MORTIMER.
Ja, und du siehst, ich habe kein Geschlecht,
Und meine matten Worte melden Tod.
Du bist mein Erbe; rate selbst das andre,
Doch übe Vorsicht bei der fleiß'gen Sorge.

PLANTAGENET.
Die ernste Warnung präget sich mir ein;
Doch dünkt mich meines Vaters Hinrichtung
Geringres nicht als blut'ge Tyrannei.

MORTIMER.
Mit Schweigen, Neffe, treibe Politik:
Das Haus der Lancaster ist fest gegründet
Und, einem Felsen gleich, nicht wegzurücken.
Nun aber rückt dein Oheim weg von hier,
Wie Prinzen ihren Hof verlegen, müde
Des langen Weilens am bestimmten Platz.
PLANTAGENET.
Oh, kauft' ein Teil von meinen jungen Jahren
Die Laufbahn Eures Alters doch zurück!
MORTIMER.
Du tätest mir zu nah, dem Mörder gleich,
Der viele Wunden gibt, wo eine tötet;
Wo nicht mein Wohl dir leid ist, traure nicht,
Nur ordne du mir die Bestattung an.
Und so fahr' wohl: dir lache jede Hoffnung,
Dein Leben sei beglückt in Fried' und Krieg!

Stirbt.

PLANTAGENET.
Fried' und nicht Krieg mit deiner flieh'nden Seele!
Im Kerker schlossest du die Pilgerschaft,
Als Klausner überlebend deine Tage. –
Wohl, seinen Rat verschließ' ich in der Brust,
Und was ich sinne, sei nur mir bewußt. –
Wärter, tragt ihn hinweg! Ich sorge selbst,
Ihn besser zu bestatten, als er lebte.

Die Gefangenwärter tragen Mortimer hinaus.

Hier lischt die trübe Fackel Mortimers,
Gedämpft vom Ehrgeiz derer unter ihm;
Und für das Unrecht, für die bittre Kränkung,
Die meinem Hause Somerset getan,
Bau' ich auf ehrenvolle Herstellung.
Und deshalb eil' ich zu dem Parlament:
Man soll zurück mich geben meinem Blut,
Sonst mach' ich bald mein Übel mir zum Gut.

Ab.

Dritter Aufzug

Erste Szene

*London. Das Parlament-Haus. Trompetenstoß. König Heinrich,
Exeter, Gloster, Warwick. Somerset und Suffolk, der Bischof
von Winchester, Richard Plantagenet und andre treten auf.
Gloster will ein Memorial überreichen, Winchester reißt es ihm
weg und zerreißt es.*

WINCHESTER.
Kommst du mit tief vorausbedachten Zeilen,
Geschriebnen Blättern, künstlich ausgesonnen,
Humphrey von Gloster? Wenn du klagen kannst
Und denkst, mir irgend was zur Last zu legen,
So tu' es ohne Vorbereitung schnell,
Wie ich mit schneller Red' und aus dem Kopf
Dem, was du rügen magst, antworten will.
GLOSTER.
Hochmüt'ger Pfaff! Der Ort mahnt zur Geduld,
Sonst sollt'st du sehen, daß du mich beschimpft.
Denk' nicht, wiewohl ich schriftlich abgefaßt
Die Weise deiner schnöden Missetaten,
Daß ich deshalb verfälscht und nicht im stande wär',
Der Feder Vortrag mündlich abzuhalten.
Nein. Bischof! So verwegne Bosheit übst du
Und Ränke, frech, verpestend und entzweiend,
Daß Kinder schwatzen selbst von deinem Stolz.
Du bist ein räuberischer Wucherer,
Halsstarrig von Natur, des Friedens Feind,
Wollüstig, üppig, mehr als wohl sich ziemt
Für einen Mann von deinem Amt und Rang.
Und was liegt mehr am Tag als dein Verrat,
Da auf mein Leben Schlingen du gelegt
Sowohl beim Turm als bei der London-Brücke?
Ja, würden die Gedanken dir gesichtet,
Dein Herr, der König, fürcht' ich, ist nicht frei
Von neid'scher Tücke deines schwell'nden Herzens.
WINCHESTER.
Gloster, ich biete Trotz dir. – Lords, geruht
Gehör zu leihn dem, was ich will erwidern.
Wär' ich ehrsüchtig, geizig und verkehrt,
Wie er mich macht: wie bin ich denn so arm?

Wie kommt es, daß ich nicht mich zu erhöhn,
Zu fördern suche, dem Berufe treu?
Was das Entzwein betrifft: wer hegt den Frieden
Mehr, als ich tu', wofern man nicht mich reizt?
Nein, beste Lords, das ist nicht mein Vergehn;
Das ist's nicht, was den Herzog hat entflammt.
Es ist, daß niemand herrschen soll als er,
Niemand als er soll um den König sein,
Und das gebiert ihm Donner in der Brust
Und treibt ihn, diese Klag' heraus zu brüllen.
Doch er soll sehn, ich sei so gut. –
GLOSTER.
So gut?
Du Bastard meines Großvaters!
WINCHESTER.
Ja, großer Herr; denn was seid Ihr, ich bitte,
Als einer, herrisch auf des andern Thron?
GLOSTER.
Sag, bin ich nicht Protektor, kecker Pfaff'?
WINCHESTER.
Und bin ich ein Prälat der Kirche nicht?
GLOSTER.
Ja, wie ein Vagabund ein Schloß besetzt
Und es zum Schutze seines Diebstahls braucht.
WINCHESTER.
Unwürd'ger Spötter Gloster!
GLOSTER.
Du bist würdig
Nur durch dein geistlich Amt, nicht durch dein Leben.
WINCHESTER.
Rom soll dem steuern.
WARWICK.
So räum' dich weg nach Rom.
SOMERSET.
Mylord, Ihr solltet billig Euch enthalten.
WARWICK.
Ei, laßt den Bischof ja nicht übermeistern.
SOMERSET.
Mich dünkt, Mylord sollt' etwas frömmer sein
Und solcher Männer hohe Würde kennen.
WARWICK.
Mich dünkt, sie sollten demutsvoller sein,

Es ziemt sich nicht, daß ein Prälat so rechte.
SOMERSET.
Ja, wenn sein heil'ger Stand wird angetastet.
WARWICK.
Unheilig oder heilig, was verschlägt's?
Ist Seine Hoheit nicht des Reichs Protektor?
PLANTAGENET *beiseit.*
Plantagenet, seh' ich, muß still sich halten,
Daß man nicht sagt: »Sprecht, Ihr da, wo Ihr dürft;
Mischt Euer kühner Spruch bei Lords sich ein?«
Sonst hätt' ich einen Strauß mit Winchester.
KÖNIG HEINRICH.
Oheime Gloster und von Winchester,
Besondre Wächter über Englands Wohl!
Ich möchte gern, wenn Bitten was vermögen,
In Lieb' und Freundschaft eure Herzen binden.
Oh, welch ein Ärgernis für unsre Krone,
Daß zwei so edle Pairs, wie ihr, sich zanken!
Glaubt mir, schon wissen's meine zarten Jahre,
Ein gift'ger Wurm ist innerlicher Zwist,
Der nagt am Innern des gemeinen Wesens. –

Man hört draußen einen Lärm: »*Nieder mit den Braunröcken!*«

Welch ein Tumult?
WARWICK.
Ein Auflauf, will ich wetten,
Erregt aus Tücke von des Bischofs Leuten.

Wiederum Lärm: »*Steine! Steine!*«

Der Schultheiß von London tritt auf mit Gefolge.

SCHULTHEISS.
Oh, lieben Lords und tugendhafter Heinrich!
Erbarmt euch der Stadt London und des Volks!
Des Bischofs Leut' und Herzogs Gloster haben,
Da Wehr zu tragen jüngst verboten ward,
Die Taschen angefüllt mit Kieselsteinen,
Und, in Partei'n gerottet, schmeißen sie
So heftig einer an des andern Kopf,
Daß manchem wird sein wirblich Hirn zerschmettert;
In allen Gassen schlägt man Fenster ein,
Und unsre Laden zwingt uns Furcht zu schließen.

*Die Anhänger Glosters und Winchesters kommen unter
beständigem Handgemenge mit blutigen Köpfen.*

KÖNIG HEINRICH.
 Wir mahnen euch bei Untertanen-Pflicht,
 Daß ihr vom Totschlag laßt und Frieden haltet.
 Ich bitt' Euch, Oheim Gloster, stillt den Streit.
ERSTER BEDIENTER.
 Ja, wenn man uns die Steine
 Verwehrt, so fallen wir uns mit Zähnen an.
ZWEITER BEDIENTER.
 Tut, wie ihr Herz habt, wir sind auch entschlossen.

Von neuem Handgemenge.

GLOSTER.
 Ihr, mein Gesinde, laßt dies zänk'sche Lärmen
 Und stellt den ungewohnten Kampf beiseit.
DRITTER BEDIENTER.
 Wir kennen Eure Hoheit als gerecht
 Und redlich und an fürstlicher Geburt
 Niemandem weichend, als nur Seiner Majestät;
 Und eh' wir dulden, daß ein solcher Prinz,
 So güt'ger Vater des gemeinen Wesens,
 Von einem Tintenklecker wird beschimpft,
 Eh' wollen wir mit Weib und Kindern fechten
 Und uns von deinen Feinden morden lassen.
ERSTER BEDIENTER.
 Ja, und der Abfall unsrer Nägel schlägt
 Nach unserm Tode noch ein Lager auf.

Von neuem Handgemenge.

GLOSTER.
 Halt, halt, sag' ich!
 Und wenn ihr so mich liebt, wie ihr beteuert,
 Laßt mich zur Ruh' ein Weilchen euch bereden.
KÖNIG HEINRICH.
 Oh, wie die Zwietracht mein Gemüt betrübt!
 Könnt Ihr, Mylord von Winchester, mich seufzen
 Und weinen sehn und werdet nie erweicht?
 Wer soll mitleidig sein, wenn Ihr's nicht seid?
 Wer soll bemüht sein, Frieden zu befördern,
 Wenn Kirchendiener sich des Haders freun?
WARWICK.

Gebt nach, Protektor! Winchester, gebt nach!
Wofern ihr durch hartnäck'ge Weig'rung nicht
Wollt morden euern Herrn, das Reich zerstören.
Ihr sehet, was für Unheil, was für Mord
Verübt durch eure Feindschaft worden ist.
Seid still dann, wenn ihr nicht nach Blute dürstet.
WINCHESTER.
Er unterwerfe sich, sonst weich' ich nie.
GLOSTER.
Aus Mitleid für den König beug' ich mich,
Sonst riss' ich eh' sein Herz aus, eh' der Pfaff'
Dies Vorrecht über mich erlangen sollte.
WARWICK.
Seht an, Mylord von Winchester, der Herzog
Hat finstre, mißvergnügte Wut verbannt,
Wie seine Brau'n geschlichtet es beweisen:
Was blickt Ihr denn so starr und tragisch noch?
GLOSTER.
Hier, Winchester, ich biete dir die Hand.
KÖNIG HEINRICH.
Pfui, Oheim Beaufort! Hört' ich Euch doch pred'gen,
Daß Bosheit große, schwere Sünde sei;
Und wollt Ihr nicht das, was Ihr lehrt, vollbringen
Und selbst darin am ärgsten Euch vergehn?
WARWICK.
Holdsel'ger König! Eine milde Weisung! –
Schämt Euch, Mylord von Winchester, und weicht!
Wie! Soll ein Kind Euch lehren, was sich ziemt?
WINCHESTER.
Herzog von Gloster, wohl, ich gebe nach;
Ich biete Lieb' um Lieb' und Hand für Hand.
GLOSTER.
Ja, doch ich fürchte, nur mit hohlem Herzen. –
Seht, meine Freund' und lieben Landsgenossen!
Als Friedensfahne dienet zwischen uns
Und unserm ganzen Anhang dieses Zeichen.
So helfe Gott mir, wie ich's redlich meine!
WINCHESTER *beiseit.*
So helfe Gott mir, wie ich's nicht so meine!
KÖNIG HEINRICH.
O lieber Oheim, werter Herzog Gloster!
Wie freudig hat mich der Vergleich gemacht!

Nun fort, ihr Leute! Stört uns weiter nicht,
Vereint in Freundschaft euch, wie eure Herrn.
ERSTER BEDIENTER.
Sei's drum! Ich will zum Feldscher.
ZWEITER BEDIENTER.
Das will ich auch.
DRITTER BEDIENTER.
Ich will Arznei mir in der Schenke suchen.

Die Bedienten, der Schultheiß u.s.w. ab.

WARWICK.
Empfangt dies Blatt hier, gnädigster Monarch,
Das für das Recht Richards Plantagenet
Wir überreichen Euer Majestät.
GLOSTER.
Wohl angebracht, Lord Warwick! Denn, mein Prinz,
Wenn Eure Hoheit jeden Umstand merkt,
Habt Ihr viel Grund, sein Recht ihm zu erweisen;
Besonders auf den Anlaß, welchen ich
Zu Eltham Euer Majestät gesagt.
KÖNIG HEINRICH.
Und dieser Anlaß, Ohm, war von Gewicht;
Drum, lieben Lords, ist unser Wohlgefallen,
Daß Richard seinem Blut sei hergestellt.
WARWICK.
Sei Richard seinem Blute hergestellt,
So wird des Vaters Unrecht ihm vergütet.
WINCHESTER.
Wie alle wollen, will auch Winchester.
KÖNIG HEINRICH.
Wenn Richard treu will sein, nicht dies allein,
Das ganze Erbteil geb' ich ihm zugleich,
Das zugehörig ist dem Hause York,
Von wannen Ihr in grader Reihe stammt.
PLANTAGENET.
Dein untertän'ger Knecht gelobt Gehorsam
Und untertän'gen Dienst bis in den Tod.
KÖNIG HEINRICH.
So bück' dich, setz' dein Knie an meinen Fuß,
Und zur Vergeltung dieser Huldigung
Gürt' ich dich mit dem tapfern Schwert von York.
Steh, Richard, auf als ein Plantagenet,

Steh auf, ernannt zum hohen Herzog York!
PLANTAGENET.
Wie deiner Feinde Fall sei Richards Heil,
Und wie mein Dienst gedeiht, verderbe jeder,
Der wider Eure Majestät was denkt!
ALLE.
Heil, hoher Prinz, der mächt'ge Herzog York!
SOMERSET *beiseit.*
Stirb, schnöder Prinz, unedler Herzog York!
GLOSTER.
Nun dient es Euer Majestät am besten,
Daß Ihr die See hinübersetzt, zur Krönung
In Frankreich; eines Königs Gegenwart
Erzeuget Liebe bei den Untertanen
Und echten Freunden und entherzt die Feinde.
KÖNIG HEINRICH.
Wenn's Gloster sagt, geht König Heinrich schon,
Denn Freundes Rat vernichtet Feindes Drohn.
GLOSTER.
Es liegen Eure Schiffe schon bereit.

Alle ab außer Exeter.

EXETER.
Ja, ziehn wir nur in England oder Frankreich,
Nicht sehend, was hieraus erfolgen muß:
Die jüngst erwachsne Zwietracht dieser Pairs
Brennt unter Aschen der verstellten Liebe
Und wird zuletzt in Flammen brechen aus.
Wie erst ein eiternd Glied allmählich fault,
Bis Bein und Fleisch und Sehnen fallen ab,
So wird die tück'sche Zwietracht um sich fressen,
Und nun fürcht' ich die schlimme Weissagung,
Die in dem Munde jedes Säuglings war
In Heinrichs Tagen, zubenamt der Fünfte:
»Heinrich aus Monmouth bauet alles auf,
Heinrich aus Windsor büßet alles ein.«
Dies ist so klar, daß Exeter nur wünscht,
Sein Leben ende vor der Unglückszeit.

Ab.

Zweite Szene

Frankreich. Vor Rouen. Die Pucelle tritt verkleidet auf, mit Soldaten, wie Landleute gekleidet, mit Säcken auf den Rücken.

PUCELLE.
Dies ist das Stadttor, von Rouen das Tor,
Das unsre Schlauigkeit erbrechen muß.
Gebt Achtung, wie ihr eure Worte stellt,
Sprecht wie Marktleute von gemeinem Schlag,
Die Geld zu lösen kommen für ihr Korn.
Wenn man uns einläßt, wie ich sicher hoffe,
Und wir nur schwach die träge Wache finden,
So meld' ich's durch ein Zeichen unsern Freunden,
Daß Karl, der Dauphin, einen Angriff wage.
ERSTER SOLDAT.
Der Plunder soll die Stadt uns plündern helfen,
Uns Herrn und Meister machen in Rouen.
Drum laßt uns klopfen.

Er klopft an.

WACHE *drinnen.*
Qui est là?
PUCELLE.
Paysans, pauvres gens de France;
Marktleute, die ihr Korn verkaufen wollen.
WACHE.
Geht nur hinein, die Markt-Glock' hat geläutet.

Er öffnet das Tor.

PUCELLE.
Wohlauf, Rouen, nun stürz' ich deine Feste.

Die Pucelle und ihre Leute gehen in die Stadt.

Karl. Bastard von Orleans, Alençon und Truppen.

KARL.
Sankt Dionys, gesegne diese Kriegslist!
Wir schlafen nochmals sicher in Rouen.
BASTARD.
Hier ging Pucelle hinein mit ihren Helfern;
Doch, nun sie dort ist, wie bezeichnet sie
Den sichersten und besten Weg hinein?

ALENÇON.
Vom Turm dort steckt sie eine Fackel auf,
Die, wahrgenommen, ihre Meinung zeigt,
Der Weg, wo sie hinein kam, sei der schwächste.

Die Pucelle erscheint auf einer Zinne und hält eine brennende Fackel empor.

PUCELLE.
Schaut auf, dies ist die frohe Hochzeitsfackel,
Die ihrem Landesvolk Rouen vermählt,
Doch tödlich brennend für die Talbotisten.
BASTARD.
Sieh, edler Karl! Die Fackel, das Signal
Von unsrer Freundin, steht auf jenem Turm.
KARL.
Nun strahle sie wie ein Komet der Rache,
Wie ein Prophet von unsrer Feinde Fall!
ALENÇON.
Kein Zeitverlust! denn Zögern bringt Gefahr!
Hinein und schreit: der Dauphin! alsobald
Und räumet dann die Wachen aus dem Weg.

Sie dringen ein.

Getümmel. Talbot kommt mit einigen Englischen.

TALBOT.
Frankreich, mit Tränen sollst du mir dies büßen,
Wenn Talbot den Verrat nur überlebt.
Die Hexe, die verfluchte Zauberin,
Stellt unversehns dies Höllen-Unheil an,
Daß wir dem Stolze Frankreichs kaum entrinnen.

Sie gehen ab in die Stadt.

Getümmel, Ausfälle. Aus der Stadt kommen Bedford, der krank in einem Stuhle hereingetragen wird, mit Talbot, Burgund und, den englischen Truppen. Dann erscheinen auf den Mauern die Pucelle, Karl, der Bastard, Alençon und andre.

PUCELLE.
Guten Morgen, Brave! Braucht ihr Korn zum Brot?
Der Herzog von Burgund wird fasten, denk' ich,
Eh' er zu solchem Preise wieder kauft.
Es war voll Trespe: liebt Ihr den Geschmack?

BURGUND.
>   Ja, höhne, böser Feind! Schamlose Buhle!
>   Bald hoff' ich dich im eignen zu ersticken,
>   Daß du die Ernte dieses Korns verfluchst.

KARL.
>   Eu'r Hoheit könnte wohl zuvor verhungern.

BEDFORD.
>   Oh, nicht mit Worten, nehmt mit Taten Rache!

PUCELLE.
>   Was wollt Ihr, alter Graubart? Mit dem Tod
>   Im Lehnstuhl auf ein Lanzenbrechen rennen?

TALBOT.
>   Dämon von Frankreich, aller Greuel Hexe,
>   Von deinen üpp'gen Buhlern eingefaßt!
>   Steht es dir an, sein tapfres Alter höhnen
>   Und den halbtoten Mann mit Feigheit zwacken?
>   Ich muß noch einmal, Dirnchen, mit Euch dran,
>   Sonst komme Talbot um in seiner Schmach!

PUCELLE.
>   Seid Ihr so hitzig, Herr? Doch still, Pucelle!
>   Denn donnert Talbot nur, so folgt auch Regen.
>   *Talbot und die andern beratschlagen sich.*
>
>   Gott helf' dem Parlament! Wer soll der Sprecher sein?

TALBOT.
>   Wagt ihr euch wider uns ins Feld hinaus?

PUCELLE.
>   Es scheint, der gnäd'ge Lord hält uns für Narr'n,
>   Daß wir uns noch bequemten auszumachen,
>   Ob unser Eignes unser ist, ob nicht.

TALBOT.
>   Ich sag' es nicht der schmäh'nden Hekate,
>   Dir sag' ich's und den andern, Alençon:
>   Kommt ihr und fechtet's wie Soldaten aus?

ALENÇON.
>   Nein, Signor.

TALBOT.
>   So hängt, Signor! Ihr Maultiertreiber Frankreichs!
>   Wie Bauerknechte hüten sie die Mauern
>   Und dürfen nicht wie Edelleute fechten.

PUCELLE.
>   Hauptleute, fort! Verlassen wir die Mauern,
>   Denn Talbot meint nichts Gut's nach seinen Blicken.

Gott grüß' Euch, Lord, wir wollten Euch nur sagen,
Wir wären hier.
Die Pucelle mit den übrigen von den Mauern ab.
TALBOT.
Wir wollen auch dort sein in kurzer Zeit,
Sonst werde Schande Talbots größter Ruhm.
Schwör' mir, Burgund, bei deines Hauses Ehre,
Gereizt durch Unrecht, so dir Frankreich tat,
Du woll'st die Stadt erobern oder sterben;
Und ich, so wahr als Englands Heinrich lebt
Und als sein Vater hier Erob'rer war,
So wahr in dieser jüngst verratnen Stadt
Held Löwenherzens Herz begraben ward,
Will ich die Stadt erobern oder sterben.
BURGUND.
Mein Schwur ist deines Schwures Mitgenoß.
TALBOT.
Doch eh' wir gehn, sorgt für ein sterbend Haupt,
Den tapfern Herzog Bedford. – Kommt, Mylord,
Wir wollen einen bessern Platz Euch schaffen,
Für Krankheit schicklicher und mürbes Alter.
BEDFORD.
Lord Talbot, nein, entehret mich nicht so;
Hier will ich sitzen vor den Mauern von Rouen,
Teilnehmer Eures Wohles oder Wehs.
BURGUND.
Beherzter Bedford, laßt uns Euch bereden.
BEDFORD.
Nur nicht von hier zu gehn; ich las einmal:
Der starke Pendragon kam in der Sänfte
Krank in das Feld und überwand den Feind.
So möcht' ich der Soldaten Herz beleben,
Denn immer fand ich sie so wie mich selbst.
TALBOT.
Entschloßner Geist in der erstorbnen Brust!
So sei's denn; schütze Gott den alten Bedford!
Nun ohne weitres, wackerer Burgund,
Ziehn wir sogleich zusammen unsre Macht
Und fallen auf den prahlerischen Feind.

Burgund, Talbot und ihre Truppen ab, indem sie Bedford und andre zurücklassen.

Getümmel, Angriffe. Sir John Fastolfe und ein Hauptmann kommen.

HAUPTMANN.
So eilig, Sir John Fastolfe! Wo hinaus?
FASTOLFE.
Nun, wo hinaus? Mich durch die Flucht zu retten,
Wir werden wiederum geworfen werden.
HAUPTMANN.
Was? Flieht Ihr und verlaßt Lord Talbot?
FASTOLFE.
Ja,
Alle Talbots in der Welt, um mich zu retten.

Ab.

HAUPTMANN.
Verzagter Ritter! Unglück folge dir!

Ab.

Rückzug. Angriffe. Aus der Stadt kommen die Pucelle, Alençon, Karl u.s.w. und gehen fliehend ab.

BEDFORD.
Nun, stille Seele, scheide, wann Gott will,
Denn unsre Feinde sah ich hingestürzt.
Wo ist des Menschen Zuversicht und Kraft?
Sie, die sich jüngst erdreistet mit Gespött,
Sind gerne froh, sich durch die Flucht zu retten.

Er stirbt und wird in seinem Lehnstuhl weggetragen.

Getümmel. Talbot, Burgund und andre treten auf.

TALBOT.
In einem Tag verloren und gewonnen!
Gedoppelt ist die Ehre nun, Burgund;
Doch sei dem Himmel Preis für diesen Sieg!
BURGUND.
Sieghafter Krieger Talbot! Dein Burgund
Weiht dir sein Herz zum Schrein und baut ein Denkmal
Des Heldenmuts aus deinen Taten da.
TALBOT.
Dank, edler Herzog. Doch, wo ist Pucelle?
Ich denk', ihr alter Hausgeist fiel in Schlaf.
Wo ist des Bastards Prahlen? Karls Gespött?

Wie? Alle tot? Es hängt Rouen den Kopf
Vor Gram, daß solche tapfre Schar geflohn.
Nun laßt uns Ordnung schaffen in der Stadt
Und setzen drein erfahrne Offiziere;
Dann nach Paris, zum König; denn es liegt
Der junge Heinrich da mit seinen Großen.
BURGUND.
Was Talbot will, das hält Burgund genehm.
TALBOT.
Jedoch laßt, eh' wir gehn, uns nicht vergessen
Den jüngst verschiednen edlen Herzog Bedford,
Und sehn wir sein Begräbnis hier vollbracht.
Kein braverer Soldat schwang je die Lanze,
Kein mildres Herz regierte je am Hof.
Doch sterben müssen Kön'ge, noch so groß;
So endet sich elender Menschen Los.

Alle ab.

Dritte Szene

*Die benachbarten Ebnen bei Rouen. Karl, der Bastard, Alençon,
die Pucelle treten auf mit Truppen.*

PUCELLE.
Verzagt nicht, Prinzen, über diesen Zufall
Und grämt euch nicht, daß sie Rouen genommen;
Denn Sorge wehrt nicht, sie versehrt und zehrt
Um Dinge, die nicht abzustellen sind.
Der tolle Talbot siegpräng' eine Weil'
Und spreize wie ein Pfau sich mit dem Schweif:
Wir rupfen ihn und kürzen ihm die Schleppe,
Läßt Dauphin samt den andern nur sich raten.
KARL.
Wir folgten deiner Leitung bis hieher
Und hegten Mißtraun nicht in deine Kunst;
Ein schneller Unfall soll nie Argwohn zeugen.
BASTARD.
Such' deinen Witz durch nach geheimen Listen,
Und ruhmvoll machen wir dich aller Welt.
ALENÇON.
Wir stell'n dein Bildnis an geweihte Plätze
Und beten dich wie eine Heil'ge an.
Bemüh' dich, holde Jungfrau, denn für uns!

PUCELLE.
So sei es also, dies ist Jeannes Plan:
Durch Überredungen mit Honigworten
Verstricken wir den Herzog von Burgund,
Den Talbot zu verlassen, uns zu folgen.
KARL.
Ei ja, mein Herz! Wenn wir das könnten, wäre
Frankreich kein Platz für Heinrichs Krieger mehr,
Noch sollte die Nation so mit uns prahlen,
Vielmehr vertilgt aus unsern Landen sein.
ALENÇON.
Für immer wären sie verbannt aus Frankreich
Und führten keiner Grafschaft Titel hier.
PUCELLE.
Ihr sollt schon sehn, wie ich es machen will,
Die Sache zum gewünschten Schluß zu bringen.

Man hört Trommeln.

Horcht! An dem Trommelschlag ist abzunehmen,
Daß ihre Truppen sich Paris-wärts ziehn.

Ein englischer Marsch. In der Entfernung zieht Talbot mit seinen Truppen vorüber.

Da geht der Talbot, fliegend seine Fahnen,
Und alle Scharen Englischer nach ihm.

Ein französischer Marsch. Der Herzog von Burgund mit seinen Truppen.

Nun kommt Burgund im Nachtrab und sein Volk,
Das Glück ließ günstig ihn dahinten weilen.
Man lad' ihn ein: wir wollen mit ihm reden.

Eine Trompete bläst die Einladung zur Unterredung.

KARL.
Auf ein Gespräch mit Herzog von Burgund!
BURGUND.
Wer fodert ein Gespräch mit dem Burgund?
PUCELLE.
Dein Landsmann, Frankreichs königlicher Karl.
BURGUND.
Was sagst du, Karl? Denn ich muß weiterziehn.
KARL.

Pucelle, sprich! Bezaubre ihn mit Worten!
PUCELLE.
Du Frankreichs Hoffnung, wackerer Burgund!
Laß deine Magd in Demut mit dir reden.
BURGUND.
So sprich, doch mach's nicht übermäßig lang.
PUCELLE.
Blick' auf dein fruchtbar Vaterland, dein Frankreich,
Und sieh die Städt' und Wohnungen entstellt
Durch die Verheerung eines wilden Feinds.
So wie die Mutter auf ihr Kindlein blickt,
Wenn Tod die zartgebrochnen Augen schließt,
So sieh, sieh Frankreichs schmachtendes Erkranken;
Die Wunden schau, die Wunden, unnatürlich,
Die ihrer bangen Brust du selbst versetzt!
O kehr' dein schneidend Schwert wo anders hin,
Triff, wer verletzt, verletz' nicht den, der hilft!
Ein Tropfe Blut aus deines Landes Busen
Muß mehr dich reun als Ströme fremden Bluts;
Drum kehr' zurück mit einer Flut von Tränen
Und wasche deines Landes Flecken weg.
BURGUND.
Entweder hat sie mich behext mit Worten,
Oder mit eins erweicht mich die Natur.
PUCELLE.
Auch schreien alle Franken über dich,
Geburt und echte Herkunft dir bezweifelnd.
An wen gerietst du als ein herrisch Volk,
Daß dir nicht traun mag, als Gewinnes halb?
Wenn Talbot einmal Fuß gefaßt in Frankreich
Und zu des Übels Werkzeug dich gemodelt,
Wer außer Englands Heinrich wird dann Herr,
Und du hinausgestoßen als ein Flüchtling?
Ruf dir zurück und merk' nur dies zur Probe.
War nicht der Herzog Orleans dein Feind?
Und war er nicht in England Kriegsgefangner?
Allein, als sie gehört, er sei dein Feind,
So gaben sie ihn ohne Lösung frei,
Burgund zum Trotz und allen seinen Freunden.
So sieh dann! Wider deine Landsgenossen
Kämpfst du mit denen, die dich morden werden.
Komm, kehre heim! Kehr' heim, verirrter Fürst!

Karl und die andern werden dich umarmen.
BURGUND.
 Ich bin besiegt; dies' ihre hohen Worte
 Zermalmen mich wie brüllendes Geschütz,
 Daß ich auf meinen Knie'n mich fast ergebe. –
 Verzeiht mir, Vaterland und Landsgenossen!
 Und, Herrn, empfangt die herzliche Umarmung.
 All meine Macht und Scharen Volks sind euer;
 Talbot, leb wohl! Ich trau' dir länger nicht.
PUCELLE.
 Wie ein Franzos: gewandt und umgewandt!
KARL.
 Heil, braver Herzog! Uns belebt dein Bund.
BASTARD.
 Und zeuget neuen Mut in unsrer Brust.
ALENÇON.
 Pucelle hat ihre Rolle brav gespielt
 Und eine goldne Krone dran verdient.
KARL.
 Nun weiter, Lords; vereinen wir die Truppen
 Und sehn, wie wir dem Feinde Schaden tun!
 Alle ab.

Vierte Szene

Paris. Ein Saal im Palast. König Heinrich. Gloster und andre Lords; Vernon, Basset u.s.w. Zu ihnen Talbot und einige von seinen Offizieren.

TALBOT.
 Mein gnäd'ger Fürst und ehrenwerte Pairs,
 Von eurer Ankunft hier im Reiche hörend,
 Ließ ich ein Weilchen meine Waffen ruhn,
 Um meinem Oberherrn die Pflicht zu leisten.
 Zum Zeichen des senkt dieser Arm (der Euch
 An funfzig Festen zum Gehorsam rief,
 Zwölf Städte, sieben Mau'r-umgebne Flecken,
 Benebst fünfhundert achtbaren Gefangnen)
 Sein Schwert vor Euer Hoheit Füßen nieder;
 Und, mit des Herzens untertän'ger Treu',
 Schreib' ich den Ruhm gelungener Erob'rung
 Erst meinem Gott, dann Euer Hoheit zu.
KÖNIG HEINRICH.

Ist dieses der Lord Talbot, Oheim Gloster,
Der sich so lang' in Frankreich aufgehalten?
GLOSTER.
Zu Euer Majestät Befehl, mein Fürst.
KÖNIG HEINRICH.
Willkommen, braver Kriegshauptmann und Held!
Als ich noch jung war (zwar auch jetzt nicht alt),
Erinnr' ich mich, wie mir mein Vater sagte,
Kein beßrer Streiter führte je das Schwert.
Seit lange war uns Eure Treu' bekannt,
Eu'r redlich Dienen, Eure Kriegsbeschwer;
Doch habt Ihr nimmer unsern Lohn geschmeckt,
Noch selber Dank ist Euch erboten worden,
Weil wir bis jetzt nie Euer Antlitz sahn.
Deshalb steht auf, und für so viel Verdienst
Seid hier ernannt zum Grafen Shrewsbury
Und nehmt bei unsrer Krönung Euern Platz.

König Heinrich, Gloster, Talbot und Lords ab.

VERNON.
Nun, Herr, der Ihr so hitzig wart zur See,
Beschimpfend diese Farben, die ich trage
Zu Ehren meinem edlen Lord von York:
Darfst du die vor'gen Worte noch behaupten?
BASSET.
Ja, Herr; so wohl als Ihr verteid'gen dürft
Der unverschämten Zunge boshaft Bellen
Auf meinen Lord, den Herzog Somerset.
VERNON.
Ha, deinen Lord ehr' ich so, wie er ist.
BASSET.
Nun, und wie ist er denn? So gut wie York.
VERNON.
Hört Ihr, nicht so! Zum Zeichen nehmt Ihr das!

Schlägt ihn.

BASSET.
Du weißt es, Schurk', das Waffenrecht ist so,
Daß, wer den Degen zieht, des Todes stirbt;
Sonst zapfte dieser Schlag dein Herzblut an.
Allein ich will zu Seiner Majestät
Und bitt' um Freiheit, diese Schmach zu rächen:

Sieh zu, dann treff' ich dich zu deinem Schaden.
VERNON.
Verworfner, ich bin dort so bald wie Ihr
Und treffe dann Euch bälder, als Ihr wünscht.

Beide ab.

Vierter Aufzug

Erste Szene

Paris. Ein Audienz-Saal. König Heinrich, Gloster, Exeter, York, Suffolk, Somerset, Winchester, Warwick, Talbot, der Statthalter von Paris und andre.

GLOSTER.
Herr Bischof, setzt die Kron' ihm auf sein Haupt.
WINCHESTER.
Heil König Heinrich, sechstem dieses Namens!
GLOSTER.
Nun tut den Eid, Statthalter von Paris:

Der Statthalter kniet.

Ihr wollet keinen andern König kiesen,
Nur seine Freunde für die Euern achten,
Für Feinde nur, die auf sein Regiment
Es mit boshaften Ränken angelegt;
Dies sollt Ihr tun, so Gott Euch helfen möge!

Der Statthalter und sein Gefolge ab.

Sir John Fastolfe tritt auf.

FASTOLFE.
Mein gnädigster Monarch, als von Calais
Ich eilends her zu Eurer Krönung ritt,
Ward mir ein Brief zu Handen übergeben,
Vom Herzog von Burgund an Euch gerichtet.
TALBOT.
Schand' über Herzog von Burgund und dich!
Ich habe, schnöder Ritter, längst gelobt,
Wann ich dich wieder träf', das Hosenband
Von deinem Memmen-Bein herab zu reißen.

Reißt es ab.

Und tu' es nun, weil du unwürdiglich
Bekleidet wurdest mit dem hohen Rang. –
Verzeiht mir, hoher Heinrich, und die andern!
Der Feigling da, beim Treffen von Patai,
Da ich sechstausend stark in allem war
Und zehn beinah' die Franken gegen einen:
Eh' man sich traf, eh' noch ein Streich geschah,

Lief er davon, wie ein getreuer Knappe.
Dabei verloren wir zwölfhundert Mann;
Ich selbst und andre Edelleute wurden
Dort überfallen und zu Kriegsgefangnen.
Nun urteilt, hohe Herrn, ob ich gefehlt,
Ob solche Memmen jemals tragen sollten
Den Schmuck der Ritterschaft; ja oder nein?
GLOSTER.
Die Wahrheit zu gestehn, die Tat war schändlich
Und übel ziemend dem Gemeinsten selbst,
Vielmehr denn einem Ritter, Hauptmann, Führer.
TALBOT.
Als man den Orden erst verordnet, waren
Des Hosenbandes Ritter hochgeboren,
Tapfer und tugendhaft, voll stolzen Muts,
Die durch den Krieg zum Ansehn sich erhoben,
Den Tod nicht scheuend, noch vor Nöten zagend,
Vielmehr im Äußersten entschlossen stets.
Wer denn nicht also ausgestattet ist,
Maßt sich nur an den heil'gen Namen Ritter,
Entweihend diesen ehrenvollen Orden;
Und sollte (wär' ich würdig, da zu richten)
Durchaus verworfen werden, wie ein Bettler,
Am Zaun geboren, welcher sich erfrecht,
Mit seinem adeligen Blut zu prahlen.
KÖNIG HEINRICH.
Schimpf deines Lands! Da hörst du deinen Spruch!
Drum pack' dich weg, du, der ein Ritter war:
Wir bannen dich hinfort bei Todesstrafe. –

Fastolfe ab.

Und nun, Mylord Protektor, lest den Brief
Von unserm Oheim, Herzog von Burgund.
GLOSTER *die Überschrift betrachtend.*
Was meint er, so die Schreibart zu verändern?
Nur »an den König« schlicht und grade zu?
Hat er vergessen, wer sein Lehnsherr ist?
Wie? Oder tut die grobe Überschrift
Veränderung des guten Willens kund?
Was gibt es hier?

Liest.

»Ich bin aus eignen Gründen,
Aus Mitleid über meines Lands Ruin
Samt aller derer kläglichen Beschwerden,
Die Eure Unterdrückung ausgezehrt,
Von Eurer höchst verderblichen Partei
Zu Frankreichs echtem König Karl getreten.«
O scheußlicher Verrat! Kann es denn sein,
Daß unter Freundschaft, Bündnissen und Schwüren
So falsch verstellter Trug erfunden wird?
KÖNIG HEINRICH.
Was? Fällt mein Oheim von Burgund mir ab?
GLOSTER.
Ja, gnäd'ger Herr, und ward nun Euer Feind.
KÖNIG HEINRICH.
Ist das das Schlimmste, was sein Brief enthält?
GLOSTER.
Es ist das Schlimmste, weiter schreibt er nichts.
KÖNIG HEINRICH.
Ei nun, so soll Lord Talbot mit ihm sprechen
Und Züchtigung für sein Vergehn ihm geben.
Was sagt Ihr, Mylord? Seid Ihr es zufrieden?
TALBOT.
Zufrieden, Herr? Ihr kamt mir nur zuvor,
Sonst hätt' ich um den Auftrag Euch gebeten.
KÖNIG HEINRICH.
So sammelt Macht und zieht gleich wider ihn.
Er fühle, wie uns sein Verrat entrüstet,
Und wie gefehlt es ist, der Freunde spotten.
TALBOT.
Ich gehe, Herr, im Herzen stets begehrend,
Daß Ihr die Feinde mögt vernichtet sehn.

Ab.

Vernon und Basset treten auf.

VERNON.
Gewährt den Zweikampf mir, mein gnäd'ger Herr!
BASSET.
Und mir, mein Fürst, gewährt den Zweikampf auch!
YORK.
Dies ist mein Diener: hört ihn, edler Prinz!
SOMERSET.
Dies meiner; liebster Heinrich, sei ihm hold!

KÖNIG HEINRICH.
 Seid ruhig, Lords, laßt sie zu Worte kommen;
 Sagt, Leute: was bewegt euch, so zu rufen?
 Und warum wollt ihr Zweikampf? Und mit wem?
VERNON.
 Mit ihm, mein Fürst, denn er hat mich gekränkt.
BASSET.
 Und ich mit ihm, denn er hat mich gekränkt.
KÖNIG HEINRICH.
 Was ist die Kränkung, über die ihr klagt?
 Laßt hören, und dann geb' ich euch Bescheid.
BASSET.
 Als ich von England überfuhr nach Frankreich,
 So schmähte mich mit boshaft scharfer Zunge
 Der Mensch hier um die Rose, die ich trage,
 Und sagte, ihrer Blätter blut'ge Farbe
 Bedeute das Erröten meines Herrn,
 Als er der Wahrheit starr sich widersetzt
 Bei einer zwist'gen Frage in den Rechten,
 Worüber Herzog York und jener stritt,
 Nebst andern schimpflichen und schnöden Worten;
 Zu Widerlegung welcher groben Rüge,
 Und meines Herrn Verdienste zu verfechten,
 Des Waffenrechtes Wohltat ich begehre.
VERNON.
 Das ist auch mein Gesuch, mein edler Fürst;
 Denn mag er gleich durch schlauen, feinen Vortrag
 Der dreisten Absicht einen Firnis leihn:
 Wißt dennoch, Herr, ich ward gereizt von ihm,
 Und er nahm Anstoß erst an diesem Zeichen,
 Mit solchem Ausspruch: dieser Blume Blässe
 Verrate Schwäch' im Herzen meines Herrn.
YORK.
 Läßt diese Bosheit, Somerset, nicht nach?
SOMERSET.
 Und Euer Groll, Mylord von York, bricht aus,
 Ob Ihr ihn noch so schlau zu dämpfen sucht.
KÖNIG HEINRICH.
 O Gott, wie rast der Menschen krankes Hirn,
 Wenn aus so läppischem, geringem Grund
 So eifrige Parteiung kann entstehn!
 Ihr lieben Vettern, York und Somerset,

Beruhigt euch, ich bitt', und haltet Frieden!
YORK.
Laßt ein Gefecht erst diesen Zwist entscheiden,
Und dann gebiete Eure Hoheit Frieden.
SOMERSET.
Der Zank geht niemand an als uns allein,
So werd' er zwischen uns denn ausgemacht.
YORK.
Da ist mein Pfand; nimm, Somerset, es an.
VERNON.
Nein, laßt es da beruhn, wo es begann.
BASSET.
Bestätigt das, mein hochgeehrter Fürst!
GLOSTER.
Bestätigt das? Verflucht sei euer Streit!
Mögt ihr und euer frech Geschwätz verderben!
Schämt ihr euch nicht, anmaßende Vasallen,
Mit unbescheidnem, lautem Ungestüm
Den König und uns alle zu verstören?
Und ihr, Mylords, mich dünkt, ihr tut nicht wohl,
Wenn ihr so duldet ihr verkehrtes Trotzen,
Viel minder, wenn ihr selbst aus ihrem Mund
Zu Händeln zwischen euch den Anlaß nehmt.
Laßt mich zu beßrer Weise euch bereden!
EXETER.
Es kränkt den König: lieben Lords, seid Freunde!
KÖNIG HEINRICH.
Kommt her, ihr, die ihr Kämpfer wolltet sein.
Hinfort befehl' ich euch bei meiner Gunst,
Den Streit und seinen Grund ganz zu vergessen;
Und ihr, Mylords! Bedenket, wo ihr seid:
In Frankreich, unter wankelmüt'gem Volk.
Wenn sie in unsern Blicken Zwietracht sehn,
Und daß wir unter uns nicht einig sind,
Wie wird ihr grollendes Gemüt erregt
Zu starrem Ungehorsam und Empörung?
Was wird es überdies für Schande bringen,
Wenn fremde Prinzen unterrichtet sind,
Daß um ein Nichts, ein Ding von keinem Wert.
Des König Heinrichs Pairs und hoher Adel
Sich selbst zerstört und Frankreich eingebüßt?
O denkt an die Erob'rung meines Vaters,

An meine zarten Jahre; laßt uns nicht
Um Possen das, was Blut erkauft, verschleudern!
Laßt mich der streit'gen Sache Schiedsmann sein.
Ich seh' nicht, wenn ich diese Rose trage,

indem er eine rote Rose ansteckt

Weswegen irgendwer argwöhnen sollte,
Ich sei geneigter Somerset als York.
Sie sind verwandt mir, und ich liebe beide;
Man kann so gut an mir die Krone rügen,
Weil ja der Schotten König eine trägt.
Doch eure Weisheit kann euch mehr bereden,
Als ich zur Lehr' und Mahnung fähig bin:
Und drum, wie wir in Frieden hergekommen,
So laßt uns stets in Fried' und Freundschaft bleiben.
Mein Vetter York, in diesem Teil von Frankreich
Bestallen wir für uns Euch zum Regenten;
Und, lieber Herzog Somerset, vereint
Mit seinem Heer zu Fuß die Reiterscharen.
Wie echte Untertanen, Söhne eurer Ahnherrn,
Geht freudiglich zusammen und ergießt
Die zorn'ge Galle wider eure Feinde.
Wir selbst, Mylord Protektor, und die andern
Gehn nach Calais zurück nach ein'ger Rast;
Von da nach England, wo ich hoff', in kurzem
Durch eure Siege vorgeführt zu sehn
Karl, Alençon und die Verräterbande.

Trompetenstoß.

König Heinrich, Gloster, Somerset, Winchester, Suffolk und Basset ab.

WARWICK.
Mylord von York, der König, auf mein Wort,
Hat artig seine Rednerkunst gezeigt.
YORK.
Das tat er auch; jedoch gefällt's mir nicht,
Daß er von Somerset das Zeichen trägt.
WARWICK.
Pah! Das war nur ein Einfall, scheltet's nicht:
Der holde Prinz, ich wett', er meint kein Arges.
YORK.

Und wenn ich's wüßte, – doch das mag beruhn,
Zu führen gibt's nun andere Geschäfte.

York, Warwick und Vernon ab.

EXETER.
Gut, Richard, daß du deine Stimm' erstickt!
Denn, bräch' die Leidenschaft des Herzens aus,
So fürcht' ich, sähen wir daselbst entziffert
Mehr bittern Groll, mehr tobend wilde Wut,
Als noch sich denken und vermuten läßt.
Doch, wie es sei, der schlichteste Verstand,
Der die Mißhelligkeit des Adels sieht,
Wie einer stets den andern drängt am Hof,
Und ihrer Diener heftige Parteiung,
Muß einen übeln Ausgang prophezei'n.
Schlimm ist's, wenn Kindeshand den Szepter führt;
Doch mehr, wenn Neid erzeugt gehäss'ge Irrung:
Da kommt der Umsturz, da beginnt Verwirrung.

Ab.

Zweite Szene

Vor Bourdeaux. Talbot tritt auf mit seinen Truppen.

TALBOT.
Geh zu den Toren von Bourdeaux, Trompeter,
Lad' auf die Mauer ihren Feldhauptmann.

Eine Trompete bläst die Einladung zur Unterredung.

Auf den Mauern erscheint der Befehlshaber der französischen Truppen und andre.

Der Englische John Talbot ruft euch her,
Heinrichs von England Diener in den Waffen;
Und dieses will er: Öffnet eure Tore,
Demütigt euch, nennt meinen König euren,
Und huldigt ihm wie treue Untertanen.
So zieh' ich fort mit meiner blut'gen Macht.
Doch seht ihr sauer dem erbotnen Frieden,
So reizt zur Wut ihr meine drei Begleiter,
Vierteilend Schwert, wild Feuer, hohlen Hunger,
Die eure Türme, so den Lüften trotzen,
Im Augenblick dem Boden machen gleich,

Wenn ihr den Antrag ihrer Huld versäumt.
BEFEHLSHABER.
Du ahndungsvoller, grauser Todesvogel,
Schreck unsrer Nation und blut'ge Geißel!
Es naht das Ende deiner Tyrannei.
Du dringst zu uns nicht ein, als durch den Tod:
Denn, ich beteur' es, wir sind wohl verschanzt
Und stark genug, zu Kämpfen auszufallen;
Ziehst du zurück, so steht bereit der Dauphin,
Dich mit des Krieges Schlingen zu verstricken.
Gelagert sind Geschwader rechts und links,
Dir zu der Flucht die Freiheit zu vermauern;
Du kannst dich nirgends hin um Hülfe wenden,
Wo nicht der Tod mit Untergang dir droht
Und bleich Verderben dir die Stirne bietet.
Zehntausend Franken woll'n, und nahmen drauf
Das Sakrament, ihr tödliches Geschütz
Auf keine Christenseel' als Talbot sprengen.
Sieh! Dort noch stehst und atmest du, ein Mann
Von unbesiegbar'm, unbezwungnem Geist:
Dies ist die letzte Glorie deines Preises,
Mit welcher ich, dein Feind, dich noch begabe;
Denn eh' das Glas, das jetzt beginnt zu rinnen,
Den Fortgang seiner sand'gen Stunde schließt,
Wird dieses Aug', das wohlgefärbt dich sieht,
Dich welk erblicken, blutig, bleich und tot.

Man hört Trommeln in der Ferne.

Horch! Horch!
Des Dauphins Trommel, eine Warnungsglocke,
Spielt deiner bangen Seele Trau'rmusik,
Und meine läute dir zum grausen Abschied.

Der Befehlshaber und Gefolge ab von der Mauer.

TALBOT.
Er fabelt nicht, ich höre schon den Feind. –
Auf, leichte Reiter! Späht um unsre Flanken. –
O lässige, saumsel'ge Kriegeszucht!
Wie sind wir eingehegt und rings umzäunt,
Ein kleiner Rudel scheues Wild aus England,
Von Kuppeln fränk'scher Hunde angeklafft!
Sind wir denn englisch Wild, so seid voll Muts,

Fallt nicht auf einen Biß, Schmaltieren gleich,
Kehrt wie verzweifelnde tollkühne Hirsche
Gestählte Stirnen auf die blut'gen Hunde,
Daß aus der Fern' die Feigen bellend stehn.
Verkauft sein Leben jeglicher wie ich,
So finden sie ein teures Wild an uns.
Gott und Sankt George! Talbot und Englands Recht
Bring' unsern Fahnen Glück in dem Gefecht!

Ab.

Dritte Szene

Ebne in Gascogne. York tritt auf mit Truppen, zu ihm ein Bote.

YORK.
Sind nicht die hurt'gen Späher wieder da,
Die nachgespürt dem mächt'gen Heer des Dauphin?
BOTE.
Sie sind zurück, Mylord, und geben an,
Er sei gezogen nach Bourdeaux mit Macht,
Zum Kampf mit Talbot; wie er zog entlang,
Entdeckten Eure Späher zwei Geschwader,
Noch mächtiger als die der Dauphin führte,
Die nach Bourdeaux, vereint mit ihm, sich wandten.
YORK.
Verflucht sei doch der Schurke Somerset,
Der mein versprochnes Hülfswerk so verzögert
Von Reiterei, geworben zur Belag'rung.
Der große Talbot wartet meiner Hülfe,
Und mich betölpelt ein Verräterbube,
Daß ich nicht beistehn kann dem edlen Ritter.
Gott helf' ihm in den Nöten! Geht er unter,
Dann alle Krieg' in Frankreich, fahret wohl!
Sir William Lucy tritt auf.

LUCY.
Du fürstlich Haupt der englischen Gewalt,
Der nie so nötig war auf Frankreichs Boden,
Hin sporne zu des edlen Talbots Rettung,
Den Eisenbande jetzt umgürtet haben
Und grimmiges Verderben eingeengt.
Auf, mut'ger Herzog, nach Bourdeaux! Auf, York!
Leb wohl sonst, Talbot, Frankreich, Englands Ehre!

YORK.
O Gott! Wär' Somerset, der, stolzen Herzens,
Mir die Schwadronen hält, an Talbots Stelle:
So würd' ein tapfrer Edelmann gerettet,
Ein Feigling und Verräter dran gewagt.
Daß wir so sterben, zwingt mich Wut zu weinen,
Indes Verräter träg zu schlafen scheinen.
LUCY.
O sendet Hülfe dem bedrängten Lord!
YORK.
Er stirbt, wir fall'n; ich brach mein krieg'risch Wort:
Wir trauern, Frankreich lacht; wir fall'n, sie steigen
Durch Somersets verrät'risches Bezeigen.
LUCY.
Erbarm' sich Gott dann Talbots wackrer Seele
Und seines Sohnes John, den vor zwei Stunden
Ich auf der Reise traf zu seinem Vater!
Die sich in sieben Jahren nicht gesehn,
Sie treffen sich: da ist's um sie geschehn.
YORK.
Ach, was für Lust denkt Ihr, daß Talbot habe,
Da er den Sohn willkommen heißt zum Grabe?
Fort! Jammer würgt mich, daß die Todesstund'
Erneuern muß getrennter Freunde Bund.
Lucy, leb wohl! Ich weiß nun keinen Rat,
Als den verfluchen, der den Schaden tat.
Maine, Blois, Poitiers und Tours sind alle hin:
Des Falschen Zögern schaffte den Gewinn.

Ab.

LUCY.
So, weil der Geier der Empörung nagt
Am Busen solcher mächtigen Gebieter,
Beut schlafende Versäumnis dem Verlust
Des kaum erkalteten Erob'rers Werk,
Des Manns von ewig lebendem Gedächtnis,
Heinrich des Fünften: weil sie sich zuwider,
Stürzt Leben, Ehre, Land und alles nieder.

Ab.

Vierte Szene

Eine andre Gegend in Gascogne. Somerset mit seinen Truppen tritt auf, mit ihm ein Offizier von Talbots Heer.

SOMERSET.
Es ist zu spät, ich kann sie nun nicht senden.
Dies Unternehmen legten York und Talbot
Zu vorschnell an; mit unsrer ganzen Macht
Nahm's wohl ein Ausfall aus der Stadt allein
Genugsam auf: der zu vermeßne Talbot
Hat allen vor'gen Ruhmesglanz befleckt
Durch dies verzweifelt wilde Abenteuer.
York trieb ihn an, im Kampf mit Schmach zu sterben,
Weil er nach Talbots Tod den Ruhm will erben.
OFFIZIER.
Hier ist Sir William Lucy, der mit mir
Um Hülfe das bedrängte Heer verlassen.

Sir William Lucy tritt auf.

SOMERSET.
Wie steht's, Sir William? Wer hat Euch gesandt?
LUCY.
Wer? Der verratne und verkaufte Talbot,
Der, rings bedrängt vom kühnen Mißgeschick,
Anruft den edlen York und Somerset,
Von seinen schwachen Legionen ihm
Den Tod, der sie bestürmt, zurückzuschlagen.
Und weil der ehrenwerte Feldherr dort
Aus kampferschöpften Gliedern blutig schwitzt
Und, klug sich haltend, aus nach Rettung sieht,
So steht ihr beide, seine falsche Hoffnung,
Die Zuversicht von Englands Ehre, fern,
Bloß aus unwürd'ger Nebenbuhlerei.
Laßt euren Zwist die schon geworbne Macht
Nicht vorenthalten, die ihm helfen sollte,
Weil der berühmte edle Lord sein Leben
Dahingibt einer Welt von Übermacht:
Von Orleans der Bastard, Karl, Burgund,
Alençon, Reignier schließen rings ihn ein,
Und Talbot geht zu Grund durch eure Schuld.
SOMERSET.
York trieb ihn an, York mußt' ihm Hülfe senden.

LUCY.
> York schreit nicht minder wider Euer Gnaden
> Und schwört, Ihr haltet sein geworbnes Heer,
> Zu diesem Zug versammelt, ihm zurück.

SOMERSET.
> York lügt; er konnte schicken und die Reiter haben.
> Ich bin ihm wenig Dienst und Liebe schuldig
> Und acht' es Schimpf, sie kriechend selbst zu senden.

LUCY.
> Der englische Betrug, nicht Frankreichs Macht
> Bestrickt den edelmüt'gen Talbot jetzt.
> Er kehrt nach England lebend nie zurück,
> Er stirbt: eu'r Zwist verriet ihn bösem Glück.

SOMERSET.
> So kommt, ich sende stracks die Reiter ab,
> Und in sechs Stunden sind sie ihm zu Dienst.

LUCY.
> Zu spät! Er ward gefangen oder fiel,
> Denn fliehen konnt' er nicht, auch wenn er wollte,
> Und, konnt' er's gleich, nie wollte Talbot fliehn.

SOMERSET.
> Und ist er tot, fahr' wohl denn, wackrer Held!

LUCY.
> Euch bleibt die Schmach, sein Ruhm lebt in der Welt.

Alle ab.

Fünfte Szene

Das englische Lager bei Bourdeaux. Talbot und sein Sohn John treten auf.

TALBOT.
> O John, mein Sohn! Ich sandte nach dir aus,
> Dich in des Krieges Künsten zu belehren,
> Daß Talbots Name leben möcht' in dir,
> Wenn kraftlos Alter, unbeholfne Glieder
> Im Armstuhl deinen Vater hielten fest.
> Doch, – o mißgünst'ge, unglücksschwangre Sterne! –
> Zu einem Fest des Todes kommst du nun,
> Zu schrecklich unvermeidlicher Gefahr.
> Drum, liebes Kind, besteig' mein schnellstes Roß,
> Ich will dir zeigen, wie du kannst entkommen
> Durch rasche Flucht: komm, zaudre nicht, und fort!

JOHN.
>Heiß' ich denn Talbot? Bin ich Euer Sohn?
>Und soll ich fliehn? Oh, liebt Ihr meine Mutter,
>So schmäht nicht ihren ehrenwerten Namen,
>Indem Ihr mich zum Knecht und Bastard macht.
>Von niemand wird für Talbots Blut erkannt,
>Der schnöde floh, wo Talbot wacker stand.

TALBOT.
>Flieh', wenn ich falle, meinen Tod zu rächen.

JOHN.
>Wer so entflieht, hält nimmer sein Versprechen.

TALBOT.
>Wenn beide bleiben, sterben beide hier.

JOHN.
>So laßt mich bleiben; Vater, fliehet Ihr,
>An Euch hängt viel, so solltet Ihr Euch schätzen;
>Mein Wert ist unbekannt, leicht zu ersetzen.
>Mit meinem Tod kann nicht der Franke prahlen,
>Nach Eurem wird uns keine Hoffnung strahlen.
>Euch raubt erworbene Ehre nicht die Flucht,
>Die meine wohl, der ich noch nichts versucht.
>In Eurem Fliehn wird jeder Klugheit sehn;
>Weich' ich, so heißt's, es sei aus Furcht geschehn.
>Wer hofft wohl, daß ich jemals halte stand,
>Wenn ich die erste Stunde fortgerannt?
>Hier auf den Knie'n bitt' ich um Sterblichkeit
>Statt Leben, das durch Schande nur gedeiht.

TALBOT.
>Ein Grab soll fassen deiner Mutter Los?

JOHN.
>Ja, eh' ich schände meiner Mutter Schoß.

TALBOT.
>Bei meinem Segen heiß' ich fort dich ziehn.

JOHN.
>Zum Fechten will ich's, nicht den Feind zu fliehn.

TALBOT.
>Du schonst vom Vater einen Teil in dir.

JOHN.
>Kein Teil, der nicht zur Schande würd' in mir.

TALBOT.
>Ruhm war nie dein: du kannst ihn nicht verlieren.

JOHN.

Ja, Euer Name: soll ihn Flucht mißzieren?
TALBOT.
Des Vaters Wort macht von dem Fleck dich rein.
JOHN.
Erschlagen, könnt Ihr nicht mein Zeuge sein;
Fliehn beide wir, wenn Tod so sicher droht!
TALBOT.
Und lassen hier mein Volk zu Kampf und Tod?
Nie konnte Schmach mein Alter so beflecken.
JOHN.
Und meine Jugend soll in Schuld sich stecken?
Ich kann nicht mehr von Eurer Seite scheiden,
Als Ihr in Euch Zerteilung könnt erleiden.
Bleibt, geht, tut, was Ihr wollt, ich tu' es eben;
Denn, wenn mein Vater stirbt, will ich nicht leben.
TALBOT.
So nehm' ich hier denn Abschied, holder Sohn,
Geboren, diesen Tag zu sterben schon.
Komm! Miteinander laß uns stehn und fallen,
Und Seel' mit Seele soll gen Himmel wallen.

Beide ab.

Sechste Szene

Ein Schlachtfeld. Getümmel. Angriffe, worin Talbots Sohn umzingelt und von Talbot gerettet wird.

TALBOT.
Sankt George und Sieg! Kämpft, ihr Soldaten, kämpft!
Es brach dem Talbot der Regent sein Wort,
Uns liefernd an des Frankenschwertes Mord.
Wo ist John Talbot? Ruh' und schöpfe Odem!
Ich gab dir Leben, riß dich von den Toten.
JOHN.
Zweimal mein Vater! Zweimal ich dein Sohn!
Das erst verlieh'ne Leben war entflohn,
Als, dem Geschick zum Trotz, dein tapfres Schwert
Ein neues Zeitmaß meiner Bahn gewährt.
TALBOT.
Als du vom Helm des Dauphin Feu'r geschlagen,
Ward deines Vaters Herz emporgetragen
Von stolzer Siegsbegier. Mein träges Blut
Belebte Jugendhitz' und Kämpferwut;

Alençon, Orleans, Burgund schlug ich
Und rettete von Galliens Stolze dich.
Den grimm'gen Bastard Orleans, der dir
Blut abließ und die jüngferliche Zier
Gewann von deinen Waffen, traf ich bald,
Und, Streiche wechselnd, ich es ihm vergalt
An seinem Bastard-Blut; und solche Rede
Gab ich ihm höhnend: »Dies verworfne, schnöde
Und mißerzeugte Blut sei hier vergossen,
Für mein so reines Blut, das erst geflossen,
Das meinem wackern Jungen du geraubt.«
Hier, als ich zu vernichten ihn geglaubt,
Kam Rettung an. Des Vaters Sorge! Sprich!
Bist du nicht müde, John? Wie fühlst du dich?
Kind, willst du noch dem Treffen nicht entweichen,
Besiegelt nun mit ritterlichen Zeichen?
Flieh', meinen Tod zu rächen, wann ich tot:
Jetzt tut mir eines Hülfe wenig not.
O allzu töricht ist es, muß ich sagen,
Uns all' in einen kleinen Kahn zu wagen!
Wenn ich mich heut vor Frankenwut bewahre,
So töten morgen mich die hohen Jahre.
An mir gewinnt der Feind nicht; bleib' ich hier,
Das kürzt nur einen Tag mein Leben mir.
In dir stirbt deine Mutter, unser Same,
Die Rache, deine Jugend, Englands Name.
All dies und mehr gefährdet dein Verweilen;
Dies rettest du, willst du von hinnen eilen.

JOHN.
Das Schwert des Orleans machte nicht mir Schmerz,
Von Euren Worten blutet mir das Herz.
Um den Gewinn, erkauft um solch Erröten,
Den Leib zu retten und den Ruhm zu töten,
Eh' Talbots Sohn entflieht von Talbots Seite,
Eh' fall' das feige Roß, auf dem ich reite,
Und wie ein Bauer Frankreichs mög' ich liegen,
Der Schande Ziel, des Mißgeschicks Vergnügen!
Gewiß, bei allem Preis, den Ihr gewonnen,
Ich bin nicht Talbots Sohn, wenn ich entronnen.
Drum sagt von Flucht nicht: wozu soll es taugen?
Wenn Talbots Sohn, sterb' ich vor Talbots Augen.

TALBOT.

So folg' dem Vater, den verzweifelt Streben
Aus Kreta trieb, mein Ikarus, mein Leben!
Wenn du willst fechten, ficht an Vaters Seite,
Und dich mit mir zu stolzem Tod bereite!

Beide ab.

Siebente Szene

Ein andrer Teil des Schlachtfeldes. Getümmel, Angriffe. Talbot wird, verwundet, von einem Diener geführt.

TALBOT.
Wo ist mein andres Leben? Meines floh. –
Oh, wo ist John, mein tapfrer Talbot, wo?
Dich, Tod, stolzierend mit Gefangenschaft,
Mußt' ich belächeln bei des Sohnes Kraft.
Als er mich sah, wie knieend ich erlegen,
Schwang über mir er seinen blut'gen Degen,
Und, wie ein Löw' im Hunger, hub er an,
Was wilde Wut und Ingrimm je getan.
Doch als allein mein zorn'ger Wächter stand
Und niemand nahte, der ihn angerannt,
Riß hoher Grimm und augenroll'nde Wut
Von meiner Seit' ihn plötzlich in die Flut
Gedrängter Franken, wo er sich versenkte,
Wo in dem See von Blut mein Sohn ertränkte
Den allzukühn geflognen Geist und starb,
Mein Ikarus, so blühend rosenfarb.

Soldaten kommen mit der Leiche John Talbots.

DIENER.
O bester Herr, da bringt man Euren Sohn!
TALBOT.
Du Schalksnarr, Tod, belachst uns hier zum Hohn;
Doch bald, vereint in ew'gen Banden, frei
Von deiner übermüt'gen Tyrannei,
Entschwingen sich durch Himmelsräume weit
Zwei Talbots, dir zum Trotz, der Sterblichkeit. –
O du, des Wunden lieblich stehn bei Toten,
Sprich mit dem Vater vor dem letzten Odem!
Beut sprechend Trotz dem Tod, wie er's auch meint,
Acht' ihn als einen Franken, deinen Feind.
Der arme Knab' scheint lächelnd noch zu sagen:

Wär' Tod ein Frank', ich hätt' ihn heut erschlagen.
Kommt, kommt und legt ihn in des Vaters Arm,
Mein Geist erträgt nicht länger diesen Harm.
Lebt, Krieger, wohl! Ich habe meine Habe:
Mein alter Arm wird zu John Talbots Grabe.

Stirbt.

Getümmel.

Die Soldaten ab, indem sie die beiden Leichen zurücklassen.

Hierauf kommen Karl, Alençon, Burgund, der Bastard, die Pucelle und Truppen.

KARL.
Wär' York und Somerset zu Hülf' geeilt,
Dies wär' ein blut'ger Tag für uns geworden.
BASTARD.
Wie Talbots junger Leu in wilder Wut
Sein winzig Schwert getränkt mit Frankenblut!
PUCELLE.
Ich hab' ihn einst getroffen und gesagt:
»Du Jüngling, sei besiegt von einer Magd!«
Allein mit stolzem majetäst'schen Hohn
Erwidert' er: »Des großen Talbots Sohn
Soll nicht die Beute frecher Dirnen sein.«
Und, stürzend in der Franken dichte Reih'n,
Verließ er mich, als keines Kampfes wert.
BURGUND.
Er hätt' als Ritter sich gewiß bewährt:
Seht, wie er daliegt, eingesargt im Arm
Des blut'gen Pflegers von all seinem Harm!
BASTARD.
Haut sie in Stücken, reißt entzwei dies Paar,
Das Englands Stolz und Galliens Wunder war!
KARL.
Nein, haltet ein! Was lebend Flucht gebot,
Das laßt uns nun nicht schänden, da es tot.

Sir William Lucy tritt auf mit Gefolge, ein französischer Herold geht vor ihm her.

LUCY.
Herold,
Führ' mich zum Zelt des Dauphin, um zu wissen,

Wer dieses Tages Preis davon getragen.
KARL.
Mit welcher unterwürf'gen Botschaft kommst du?
LUCY.
Was? Unterwerfung ist ein fränkisch Wort,
Die englischen Soldaten kennen's nicht.
Ich will nur wissen, wen du nahmst gefangen,
Und dann die Zahl der Toten überschaun.
KARL.
Gefangne willst du? Sie bewahrt die Hölle.
Doch sag mir, wen du suchst?
LUCY.
Wo ist des Feldes mächtiger Alcides,
Der tapfre Talbot, Graf von Shrewsbury?
Ernannt für seine seltnen Waffentaten
Zum Graf von Wexford, Waterford und Valence,
Lord Talbot von Goodrig und Urchinfield,
Lord Strange von Blackmere, Lord Verdun von Alton,
Lord Cromwell von Wingfield, Lord Furnival von Sheffield,
Der höchst sieghafte Lord von Falconbridge,
Ritter vom edlen Orden Sankt Georgs,
Des Goldnen Vlieses und Sankt Michaels wert;
Heinrich des Sechsten Oberfeldhauptmann
Für alle seine Krieg' im Frankenreich?
PUCELLE.
Das ist ein albern präch'ger Stil, fürwahr!
Der Türk', der zweiundfünfzig Reiche hat,
Schreibt keinen so verdrießlich langen Stil.
Er, den du ausstaffierst mit all den Titeln,
Liegt stinkend und verwesend dir zu Füßen.
LUCY.
Ist Talbot tot, der Franken einz'ge Geißel,
Schreck eures Lands und schwarze Nemesis?
O würden meine Augen Büchsenkugeln,
Daß ich sie wütend euch ins Antlitz schösse!
O könnt' ich nur erwecken diese Toten,
Es wär' genug, der Franken Reich zu schrecken;
Blieb' unter euch sein Bildnis übrig nur,
Den Stolzesten von euch würd' es verwirren.
Gebt mir die Leichen, daß ich hinweg sie trage
Und sie bestatte, wie ihr Wert es heischt.
PUCELLE.

Der aufgeschoßne Fremdling, denk' ich, ist
Des alten Talbots Geist; wie spräch' er sonst
Mit so gebieterischem stolzen Sinn?
Um Gottes willen, gebt sie! Hier behalten,
Vergiften sie die Luft nur mit Gestank.
KARL.
Geht, bringt die Leichen fort!
LUCY.
Fort trag' ich sie;
Allein aus ihrer Asche wird erweckt
Ein Phönix, welcher einst ganz Frankreich schreckt.
KARL.
Sind wir nur ihrer los, macht, was Ihr wollt, damit.
Nun nach Paris, von Siegeslust getragen:
Nichts widersteht, da Talbot ist erschlagen.

Alle ab.

Fünfter Aufzug

Erste Szene

London. Ein Zimmer im Palast. König Heinrich, Gloster und Exeter treten auf.

KÖNIG HEINRICH.
Habt Ihr die Briefe durchgesehn vom Papst,
Vom Kaiser und dem Grafen von Armagnac?
GLOSTER.
Ja, gnäd'ger Fürst, und dieses ist ihr Inhalt:
Sie bitten Eure Herrlichkeit ergebenst,
Daß zwischen England und der Franken Reich
Ein frommer Frieden mag geschlossen werden.
KÖNIG HEINRICH.
Und wie bedünkt der Vorschlag Euer Gnaden?
GLOSTER.
Gut, bester Herr, und als der einz'ge Weg,
Vergießung unsers Christenbluts zu hemmen
Und Ruh' auf allen Seiten fest zu gründen.
KÖNIG HEINRICH.
Ja freilich, Oheim; denn ich dachte stets,
Es sei so frevelhaft wie unnatürlich,
Daß solche Gräßlichkeit und blut'ger Zwist
Bei den Bekennern eines Glaubens herrscht.
GLOSTER.
Um diesen Bund so eher zu bewirken
Und fester ihn zu schürzen, bietet auch
Der Graf von Armagnac, Karls naher Vetter,
Ein Mann, des Ansehn viel in Frankreich gilt,
Die einz'ge Tochter Euer Hoheit an
Zur Eh', mit großer, reicher Morgengabe.
KÖNIG HEINRICH.
Zur Eh'? Ach, Oheim, jung sind meine Jahre,
Und angemeßner sind mir Fleiß und Bücher,
Als üppig tändelnd Spiel mit einer Trauten.
Jedoch, ruft die Gesandten und erteilt
Die Antwort jedem, wie es Euch beliebt.
Ich bin die Wahl zufrieden, zielt sie nur
Auf Gottes Ehr' und meines Landes Wohl.

Ein Legat und zwei Gesandte treten auf, nebst Winchester in Kardinalstracht.

EXETER.
 Wie? Ist Mylord von Winchester erhöht
 Zum Rang des Kardinals und eingekleidet?
 Dann merk' ich wohl, bestät'gen wird sich das,
 Was oft der fünfte Heinrich prophezeit:
 »Wenn er einmal zum Kardinal gelangt,
 So macht er seinen Hut der Krone gleich.«
KÖNIG HEINRICH.
 Ihr Herrn Gesandten, euer aller Wünsche
 Sind wohl erwogen und besprochen worden.
 Gut und vernünftig scheint uns euer Zweck,
 Und darum sind wir sicherlich entschlossen,
 Bedingungen des Friedens aufzusetzen,
 Die durch Mylord von Winchester wir gleich
 Nach Frankreich wollen überbringen lassen.
GLOSTER.
 Und anbelangend eures Herrn Erbieten,
 Berichtet' ich an Seine Hoheit so,
 Daß, um des Fräuleins tugendsame Gaben,
 Um ihre Schönheit und der Mitgift Wert,
 Er sie zu Englands Königin will machen.
KÖNIG HEINRICH *zu den Gesandten.*
 Zum Zeichen und Beweise des Vertrags
 Bringt dies Juwel ihr, meiner Neigung Pfand. –
 Und so, Mylord Protektor, mit Geleit
 Besorgt nach Dover sie; dort eingeschifft,
 Vertrauet sie dem Glück des Meeres an.

König Heinrich mit Gefolge, Gloster, Exeter und Gesandten ab.

WINCHESTER.
 Bleibt, Herr Legat! Ihr müßt empfangen erst
 Die Summe Geldes, welche ich gelobt
 An Seine Heiligkeit zu überreichen
 Für die Bekleidung mit dem würd'gen Schmuck.
LEGAT.
 Ich richte mich nach Euer Hoheit Muße.
WINCHESTER.
 Nun wird sich Winchester nicht beugen, traun!
 Noch nachstehn selbst dem stolzesten der Pairs.

Humphrey von Gloster, merken sollst du wohl,
Daß weder an Geburt noch Ansehn dich
Der Bischof will erkennen über sich.
Ich will dich zwingen, nieder mir zu knien,
Wo nicht, dies Land mit Aufstand überziehn.

Beide ab.

Zweite Szene

Frankreich. Ebne in Anjou. Karl, Burgund, Alençon und die Pucelle treten auf, mit Truppen im Marsch.

KARL.
Die Zeitung, Herrn, erfrischt die matten Geister:
Man sagt, daß die Pariser sich empören
Und wieder zu den tapfern Franken wenden.
ALENÇON.
Zieht nach Paris denn, königlicher Karl,
Vertändelt nicht die Zeit mit Eurer Macht!
PUCELLE.
Wenn sie sich wenden, sei mit ihnen Friede,
Sonst brech' in ihre Schlösser der Ruin!

Ein Bote tritt auf.

BOTE.
Mit unserm tapfern Feldherrn alles Heil,
Und gutes Glück mit seinen Mitgenossen!
KARL.
Was melden unsre Späher? Bitte, sprich!
BOTE.
Die englische Armee, die erst getrennt
In zwei Parteien war, ist nun vereint
Und denkt alsbald Euch eine Schlacht zu liefern.
KARL.
Etwas zu plötzlich kommt die Warnung, Herrn,
Doch wollen wir alsbald uns auf sie rüsten.
BURGUND.
Des Talbot Geist, vertrau' ich, ist nicht dort;
Ihr dürft nicht fürchten, Herr, denn er ist fort.
PUCELLE.
Verflucht ist Furcht vor allen schnöden Trieben,
Gebeut den Sieg nur, Karl, und er ist dein,
Laß Heinrich zürnen, alle Welt es reun.

KARL.
Auf dann, ihr Lords! Und Frankreich sei beglückt!

Alle ab.

Dritte Szene

Vor Angers. Getümmel. Angriffe. Die Pucelle tritt auf.

PUCELLE.
Die Franken fliehn, und der Regent ist Sieger.
Nun helft, ihr Zaubersprüch' und Amulette,
Und ihr, die ihr mich warnt, erles'ne Geister,
Und Zeichen mir von künft'gen Dingen gebt!

Es donnert.

Ihr schleun'gen Helfer, die ihr zugeordnet
Des Nordens herrischem Monarchen seid:
Erscheint und helft mir bei dem Unternehmen!

Böse Geister erscheinen.

Dies schleunige Erscheinen gibt Gewähr
Von eurem sonst gewohnten Fleiß für mich.
Nun, ihr vertrauten Geister, ausgesucht
Aus mächt'gen unterird'schen Regionen,
Helft mir dies eine Mal, daß Frankreich siege!

Sie gehen umher und reden nicht.

O haltet mich nicht überlang' mit Schweigen!
Wie ich mit meinem Blut euch pflag zu nähren,
Hau' ich ein Glied mir ab und geb' es euch
Zum Handgeld einer ferneren Vergeltung,
Wenn ihr euch jetzt herablaßt, mir zu helfen.

Sie hängen die Köpfe.

Ist keine Hülfe mehr? Mein Leib soll euch
Belohnung zahlen, wenn ihr's mir gewährt.

Sie schütteln die Köpfe.

Kann nicht mein Leib, noch Blutes-Opferung
Zu der gewohnten Leistung euch bewegen?
Nehmt meine Seele; Leib und Seel' und alles,
Eh' England Frankreich unter sich soll bringen!

Sie verschwinden.

Seht, sie verlassen mich! Nun kommt die Zeit,
Daß Frankreich muß den stolzen Helmbusch senken
Und niederlegt sein Haupt in Englands Schoß.
Zu schwach sind meine alten Zauberei'n,
Die Hölle mir zu stark, mit ihr zu ringen.
In Staub sinkt, Frankreich, deine Herrlichkeit.

Ab.

Getümmel. Franzosen und Engländer kommen fechtend, die Pucelle und York werden handgemein. Die Pucelle wird gefangen. Die Franzosen fliehn.

YORK.
Nun, Dirne Frankreichs, denk' ich, hab' ich Euch:
Entfesselt Eure Geister nun mit Sprüchen
Und seht, ob Ihr die Freiheit könnt gewinnen!
Ein schöner Fang, der Huld des Teufels wert!
Seht, wie die garst'ge Hexe Runzeln zieht,
Als wollte sie, wie Circe, mich verwandeln.
PUCELLE.
Dich kann Verwandlung häßlicher nicht machen.
YORK.
Oh, Karl, der Dauphin, ist ein hübscher Mann,
Den zarten Augen kann nur er gefallen.
PUCELLE.
Ein folternd Unheil treffe Karl und dich!
Und werdet beide plötzlich überrascht
Von blut'ger Hand, in euren Betten schlafend!
YORK.
Still, schwarze Bannerin! Du Zaub'rin, schweig!
PUCELLE.
Ich bitt' dich, laß mich eine Weile fluchen.
YORK.
Verdammte, fluch', wenn du zum Richtplatz kömmst.

Alle ab.
Getümmel. Suffolk tritt auf, die Prinzessin Margareta an der Hand führend.

SUFFOLK.
Sei, wer du willst, du bist bei mir Gefangne.

Er betrachtet sie.

O holde Schönheit! Fürcht' und fliehe nicht;
Ich will mit ehrerbiet'ger Hand dich rühren,
Sie sanft dir auf die zarte Seite legen;
Zu ew'gem Frieden küss' ich diese Finger;

Küßt ihre Hand.

Wer bist du? Sag's, daß ich dich ehren möge.
MARGARETA.
Margareta heiß' ich, eines Königs Tochter,
Königs von Neapel; sei du, wer du seist.
SUFFOLK.
Ein Graf bin ich, und Suffolk ist mein Name;
Sei nicht beleidigt, Wunder der Natur!
Von mir gefangen werden ist dein Los.
So schützt der Schwan die flaumbedeckten Schwänlein,
Mit seinen Flügeln sie gefangen haltend;
Allein sobald dich kränkt die Sklaverei,
So geh und sei als Suffolks Freundin frei!

Sie wendet sich weg, als wollte sie gehen.

O bleib'! Mir fehlt die Kraft, sie zu entlassen,
Befrein will sie die Hand, das Herz sagt nein.
Wie auf krystallnem Strom die Sonne spielt
Und blinkt mit zweitem nachgeahmten Strahl,
So scheint die lichte Schönheit meinen Augen.
Ich würbe gern, doch wag' ich nicht zu reden;
Ich fodre Tint' und Feder, ihr zu schreiben.
Pfui, de la Poole! Entherze dich nicht selbst.
Hast keine Zung'? Ist sie nicht da?
Verzagst du vor dem Anblick eines Weibs?
Ach ja! Der Schönheit hohe Majestät
Verwirrt die Zung' und macht die Sinne wüst.
MARGARETA.
Sag, Graf von Suffolk (wenn du so dich nennst),
Was gilt's zur Lösung, eh' du mich entlässest?
Denn wie ich seh', bin ich bei dir Gefangne.
SUFFOLK *beiseit.*
Wie weißt du, ob sie deine Bitte weigert,
Eh' du um ihre Liebe dich versucht?
MARGARETA.
Du sprichst nicht: was für Lösung muß ich zahlen?
SUFFOLK *beiseit.*
Ja, sie ist schön: drum muß man um sie werben;

Sie ist ein Weib: drum kann man sie gewinnen.
MARGARETA.
Nun, nimmst du Lösung an, ja oder nein?
SUFFOLK *beiseit.*
O Tor! Erinn're dich, du hast ein Weib;
Wie kann denn diese deine Traute sein?
MARGARETA.
Er hört nicht, ihn verlassen wär' das beste.
SUFFOLK.
Das ist die Karte, die mein Spiel verdirbt.
MARGARETA.
Er spricht ins Wilde, sicher ist er toll.
SUFFOLK.
Und doch ist Dispensation zu haben.
MARGARETA.
Und doch wollt' ich, Ihr wolltet Antwort geben.
SUFFOLK.
Ich will dies Fräulein hier gewinnen. Wem?
Ei, meinem König. Pah! Das wäre hölzern.
MARGARETA.
Er spricht von Holz; 's ist wohl ein Zimmermann.
SUFFOLK *beiseit.*
Doch kann ich meiner Neigung so genügen
Und Friede stiften zwischen diesen Reichen.
Allein auch dabei bleibt ein Zweifel noch:
Denn, ist ihr Vater gleich von Napel König,
Herzog von Maine und Anjou, er ist arm,
Und unser Adel wird die Heirat schelten.
MARGARETA.
Hört Ihr, Hauptmann? Habt Ihr itzt keine Zeit?
SUFFOLK.
So soll es sein, wie sie es auch verachten;
Heinrich ist jung und gibt sich bald darein. –
Ich hab' Euch etwas zu entdecken, Fräulein.
MARGARETA *beiseit.*
Bin ich in Banden gleich, er scheint ein Ritter
Und wird auf keine Weise mich entehren.
SUFFOLK.
Geruhet, Fräulein, mir Gehör zu leihn.
MARGARETA *beiseit.*
Vielleicht erretten mich die Franken noch,
Dann brauch' ich seine Gunst nicht zu begehren.

SUFFOLK.
Mein Fräulein, hört mich an in einer Sache –
MARGARETA *beiseit.*
Ei, Frauen sind wohl mehr gefangen worden.
SUFFOLK.
Fräulein, weswegen sprecht Ihr so?
MARGARETA.
Verzeiht mir, es ist nur ein Quidproquo.
SUFFOLK.
Prinzessin, sagt: pries't Ihr die Banden nicht
Für glücklich, die zur Königin Euch machten?
MARGARETA.
In Banden Königin zu sein, ist schnöder,
Als Knecht zu sein in niedrer Dienstbarkeit;
Denn Fürsten sollten frei sein.
SUFFOLK.
Und das sollt Ihr,
Ist nur des reichen Englands König frei.
MARGARETA.
Nun, was geht seine Freiheit mich wohl an?
SUFFOLK.
Ich mache dich zu Heinrichs Eh'gemahl,
Geb' in die Hand ein goldnes Szepter dir
Und setz' aufs Haupt dir eine reiche Krone,
Wenn du herab dich läßt zu meiner –
MARGARETA.
Was?
SUFFOLK.
Zu seiner Trauten.
MARGARETA.
Ich bin unwürdig, Heinrichs Weib zu sein.
SUFFOLK.
Nein, edles Fräulein; ich bin nur nicht würdig,
Für ihn zu frein um solche holde Schöne –
Und selbst nicht Anteil an der Wahl zu haben.
Was sagt Ihr, Fräulein? Seid Ihr es zufrieden?
MARGARETA.
Ich bin's zufrieden, wenn mein Vater will.
SUFFOLK.
Ruft unsre Führer dann und Fahnen vor;
Und, gnäd'ge Frau, vor Eures Vaters Burg
Werd' er von uns geladen zum Gespräch.

Truppen kommen vorwärts.
Eine Einladung zur Unterredung wird geblasen.
Reignier erscheint auf den Mauern.

SUFFOLK.
Sieh, Reignier, sieh gefangen deine Tochter.
REIGNIER.
Bei wem?
SUFFOLK.
Bei mir.
REIGNIER.
Suffolk, wie steht zu helfen?
Ich bin ein Krieger, nicht geneigt zum Weinen,
Noch über Wankelmut des Glücks zu schrein.
SUFFOLK.
Ja, Herr, zu helfen steht dabei genug.
Gewähre (tu's um deiner Ehre willen)
Zu meines Herrn Gemahlin deine Tochter,
Den ich mit Müh' dazu gewonnen habe;
Und diese flüchtige Gefangenschaft
Hat königliche Freiheit ihr erworben.
REIGNIER.
Spricht Suffolk, wie er denkt?
SUFFOLK.
Die schöne Margareta weiß, daß Suffolk
Zu schmeicheln und zu heucheln nicht versteht.
REIGNIER.
Ich steige auf dein fürstlich Wort hinab,
Zur Antwort auf dein billiges Begehren.
Oben von der Mauer ab.

SUFFOLK.
Und hier erwart' ich deine Ankunft.

Trompeten. Reignier tritt unten ein.

REIGNIER.
Willkommen, wackrer Graf, in unsern Landen!
Befehlt in Anjou, was Euch nur beliebt.
SUFFOLK.
Dank, Reignier, den solch süßes Kind beglückt,
Geschaffen zur Genossin eines Königs.
Was für Bescheid gibt Eure Hoheit mir?
REIGNIER.

Weil ihren kleinen Wert du würdig achtest
Um sie zu frein, als Braut für solchen Herrn:
Wofern ich nur mich ruhig meines Eignen,
Der Grafschaft Maine und Anjou, mag erfreun,
Von Unterdrückung frei und Kriegsgewalt,
Vermähl' ich sie mit Heinrich, wenn er will.
SUFFOLK.
Das ist ihr Lösegeld; nehmt sie zurück!
Auch nehm' ich es auf mich, daß Eure Hoheit
Die beiden Länder ruhig soll genießen.
REIGNIER.
Und ich hinwieder geb', in Heinrichs Namen,
Dir, als Vertreter dieses hohen Herrn,
Der Tochter Hand, zum Pfand gelobter Treu'.
SUFFOLK.
Reignier, empfange königlichen Dank,
Weil dies der Handel eines Königs ist.

Beiseit.

Und dennoch, dünkt mich, möcht' ich lieber noch
Mein eigner Anwalt sein in diesem Fall. –
Ich will nach England mit der Neuigkeit
Und der Vermählung Feier dort betreiben.
Reignier, leb wohl! Faß diesen Diamant
In goldene Paläste, wie sich's ziemt.
REIGNIER.
Laß dich umarmen, wie ich König Heinrich,
Dein christlich Haupt, umarmte, wär' er hier.
MARGARETA.
Lebt wohl, Herr! Gute Wünsche, Lob, Gebete
Wird Margareta stets für Suffolk haben.

Will gehen.

SUFFOLK.
Lebt wohl, mein Fräulein! Doch, Margareta, hört:
Kein fürstlicher Empfehl an meinen Herrn?
MARGARETA.
Sagt ihm Empfehle, wie sie einer Magd
Und Jungfrau, seiner Dienerin, geziemen.
SUFFOLK.
Bescheidne Wort', und anmutsvoll gestellt!
Doch, Fräulein, nochmals muß ich Euch beschweren:

Kein Liebespfand für Seine Majestät?
MARGARETA.
Ja, bester Herr: ein unbeflecktes Herz,
Von Liebe nie gerührt, send' ich dem König.
SUFFOLK.
Und dies zugleich.

Küßt sie.

MARGARETA.
Das für dich selbst; ich will mich nicht erdreisten
Solch kindisch Pfand zu senden einem König.

Reignier und Margareta ab.

SUFFOLK.
Oh, wärst du für mich selbst! – Doch, Suffolk, halt!
Du darfst nicht irren in dem Labyrinth,
Da lauern Minotaur' und arge Ränke.
Nimm Heinrich ein mit ihrem Wunderlob,
Denk' ihren unerreichten Gaben nach,
Den wilden Reizen, so die Kunst verdunkeln;
Erneu' ihr Bildnis oft dir auf der See,
Damit, wenn du zu Heinrichs Füßen kniest,
Du seiner Sinne ihn beraubst vor Staunen.

Ab.

Vierte Szene

Lager des Herzogs von York in Anjou. York, Warwick und andre treten auf.

YORK.
Führt vor die Zauberin, verdammt zum Feuer!

Die Pucelle kommt, von Wache umgeben, mit ihr ein Schäfer.

SCHÄFER.
Ach, Jeanne! Dies bricht deines Vaters Herz,
Hab' ich die Lande nah und fern durchsucht,
Und, nun sich's trifft, daß ich dich ausgefunden,
Komm' ich zu deinem frühen bittern Tode?
Ach, liebste Tochter, ich will mit dir sterben!
PUCELLE.
Elender Bettler! Abgelebter Knecht!
Von edlerm Blute bin ich abgestammt:

Du bist mein Vater noch mein Blutsfreund nicht.
SCHÄFER.
Pfui, pfui! – Ihr Herrn, erlaubt, dem ist nicht so;
Das ganze Kirchspiel weiß, ich zeugte sie;
Die Mutter, noch am Leben, kann's bezeugen,
Daß sie der Erstling meines Eh'stands war.
WARWICK.
Ruchlose! Willst du deine Sippschaft leugnen?
YORK.
Dies zeigt, was für ein Leben sie geführt,
Verderbt und bös, und so beschließt sie's auch.
SCHÄFER.
O pfui doch, Jeanne, so verstockt zu sein!
Gott weiß, du bist von meinem Fleisch und Blut,
Und deinethalb vergoß ich manche Träne;
Verleugne doch mich nicht, mein liebstes Kind!
PUCELLE.
Pack' dich, du Bauer! Ihr habt den Mann bestellt,
Um meines Adels Krone zu verdunkeln.
SCHÄFER.
's ist wahr, ich gab dem Priester eine Krone,
Den Morgen, als ich ihre Mutter freite. –
Knie' hin und laß dich segnen, gutes Mädchen!
Du weigerst dich? Verflucht sei denn die Zeit,
Wo du zur Welt kamst! Wollt' ich doch, die Milch,
Die du an deiner Mutter Brüsten sogst,
Wär' deinetwillen Rattengift gewesen!
Und, wenn du meine Lämmer triebst zur Weide,
Wollt' ich, dich hätt' ein gier'ger Wolf verzehrt!
Verleugnest du den Vater, garst'ge Dirne?
Verbrennt, verbrennt sie! Hängen ist zu gut.

Ab.

YORK.
Schafft sie hinweg! Sie hat zu lang' gelebt,
Die Welt mit ihren Lastern zu erfüllen.
PUCELLE.
Laßt mich euch sagen erst, wen ihr verdammt.
Nicht mich, erzeugt von Hirten auf der Flur,
Nein, aus der Könige Geschlecht entsprossen;
Heilig und tugendsam; erwählt von droben,
(Durch himmlische Begeist'rung reich begnadigt,)

Auf Erden hohe Wunder zu bewirken.
Mit bösen Geistern hatt' ich nie zu tun;
Doch ihr, befleckt von euren eignen Lüsten,
Besudelt mit der Unschuld reinem Blut,
Verderbt und angesteckt von tausend Lastern:
Weil euch die Gnade fehlt, die andre haben,
So achtet ihr's für ein unmöglich Ding,
Ein Wunder wirken, ohne Macht der Teufel.
Nein, Mißbelehrte! Wißt, daß Jeanne d'Arc
Seit ihrer zarten Kindheit Jungfrau blieb,
Selbst in Gedanken keusch und unbefleckt;
Daß ihr jungfräulich Blut, so streng vergossen,
Um Rache schrein wird an des Himmels Toren.
YORK.
Ja, ja, nur fort mit ihr zur Hinrichtung!
WARWICK.
Und, Leute, hört: weil sie ein Mädchen ist,
So spart das Reisig nicht, gebt ihr genug,
Stellt Tonnen Pech noch um den Todespfahl,
Damit ihr so die Marter ihr verkürzt.
PUCELLE.
Kann eure starren Herzen nichts erweitern?
So gib denn, Jeanne, deine Schwachheit kund,
Die, dem Gesetz gemäß, ein Vorrecht dir gewährt. –
[Hört, schwanger bin ich, blut'ge Schlächter ihr!]
Drum mordet nicht die Frucht in meinem Schoß,
Schleppt ihr auch mich zum Tod gewaltsam hin.
YORK.
Verhüt' es Gott! Die heil'ge Jungfrau schwanger?
WARWICK.
Das größte Wunder, das Ihr je vollbracht!
Kam's dahin mit der strengen Züchtigkeit?
YORK.
Sie und der Dauphin hielten's mit einander;
Ich dacht' es, was die Ausflucht würde sein.
WARWICK.
Schon gut! Wir lassen keinen Bastard leben,
Wenn Karl der Vater sein muß, noch dazu.
PUCELLE.
Ihr irret Euch, mein Kind ist nicht von ihm;
Alençon war's, der meine Lieb' genoß.
YORK.

Alençon, der verrufne Machiavell!
Es stirbt, und wenn es tausend Leben hätte!
PUCELLE.
Nicht doch, verzeiht! Ich täuscht' Euch: weder Karl,
Noch der genannte Herzog, sondern Reignier,
König von Napel, war's, der mich gewann.
WARWICK.
Ein Mann im Eh'stand! Das ist noch das Ärgste.
YORK.
Ei, das ist mir ein Mädchen! die nicht weiß –
So viele waren's –, wen sie soll verklagen.
WARWICK.
Ein Zeichen, daß sie frei und willig war.
YORK.
Und doch, wahrhaftig, eine reine Jungfrau! –
Dein Wort verdammt dich, Metze, samt der Brut:
Versuch' kein Bitten, denn es ist umsonst.
PUCELLE.
So führt mich fort. – Euch lass' ich meinen Fluch.
Die lichte Sonne werfe ihre Strahlen
Nie auf das Land, das euch zum Sitze dient!
Umgeb' euch Nacht und düstrer Todesschatten,
Bis Unheil und Verzweifelung euch drängt,
Den Hals zu brechen oder euch zu hängen!

Sie wird von der Wache abgeführt.

YORK.
Brich du in Stücke und zerfall' in Asche,
Verfluchte schwarze Dienerin der Hölle!

Kardinal Beaufort tritt auf mit Gefolge.

KARDINAL.
Mit einem Brief der Vollmacht, Lord Regent,
Begrüß' ich Eure Herrlichkeit vom König.
Denn wißt, Mylord, es haben sich die Staaten
Der Christenheit, bewogen von Erbarmen
Um diesen wüsten Streit, mit Ernst verwandt
Zum allgemeinen Frieden zwischen uns
Und der Franzosen hochgemutem Volk;
Und seht, schon naht der Dauphin und sein Zug
Um über diese Sache zu verhandeln.
YORK.

Ist dieses unsrer Arbeit ganze Frucht?
Nachdem so mancher Pair erschlagen worden,
So mancher Hauptmann, Edelmann, Soldat,
Die überwunden sind in diesem Streit
Und ihren Leib zum Wohl des Lands verkauft:
Soll man zuletzt so weibisch Frieden schließen?
Verloren wir den größten Teil der Städte
Durch Ränke nicht, durch Falschheit und Verrat,
Die unsre großen Ahnherrn all' erobert? –
O Warwick! Warwick! Trauernd seh' ich schon
Den gänzlichen Verlust des Frankenreichs.

WARWICK.
Sei ruhig, York: wenn wir den Frieden schließen,
Wird's mit so strengen Foderungen sein,
Daß die Franzosen wenig dran gewinnen.

Karl mit Gefolge, Alençon, der Bastard, Reignier und andre treten auf.

KARL.
Ihr Herrn von England, da genehmigt ist,
Daß Fried' im Land soll ausgerufen werden,
So kommen wir, um von euch selbst zu hören,
Was für Bedingungen der Bund erheischt.

YORK.
Sprich, Winchester; denn Gall' erstickt mir kochend
Den hohlen Ausweg meiner gift'gen Stimme
Beim Anblick der gehäss'gen Feinde da.

KARDINAL.
Karl und ihr andern, so ist's vorgeschrieben:
Daß ihr, inmaßen König Heinrich drein
Aus bloßem Mitleid und aus Milde willigt,
Eu'r Land vom harten Kriege zu befrein
Und süßen Frieden atmen euch zu lassen,
Lehnsleute seiner Krone werden sollt:
Und, Karl, auf die Bedingung, daß du schwörst,
Tribut zu zahlen, dich zu unterwerfen,
Sollst du als Vizekönig unter ihm
Die königliche Würde fortgenießen.

ALENÇON.
So muß er denn sein eigner Schatte sein?
Mit einer Krone seine Schläfe zieren
Und doch, dem Ansehn und dem Wesen nach,

Die Rechte des Privatmanns nur behalten?
Verkehrt und ungereimt ist dies Erbieten.
KARL.
Es ist bekannt, daß ich bereits besitze
Mehr als das halbe gallische Gebiet
Und werde drin geehrt als echter König.
Um den Gewinn des unbezwungnen Rests
Soll ich dies Vorrecht mir um so viel schmälern,
Des Ganzen Vizekönig nur zu heißen?
Nein, Herr Gesandter, ich behalte lieber
Das, was ich hab', als daß ich, mehr begehrend,
Mich um die Möglichkeit von allem bringe.
YORK.
Hochmüt'ger Karl! Hast du dir insgeheim
Vermittlung ausgewirkt zu einem Bund,
Und, nun die Sache zum Vertrag soll kommen,
Hältst du dich mit Vergleichungen entfernt?
Entweder nimm den angemaßten Titel
Als nur von unserm König kommend an
Und nicht von einem Anspruch des Verdienstes,
Sonst plagen wir mit Krieg ohn' Ende dich.
REIGNIER.
Mein Prinz, Ihr tut nicht wohl, aus Eigenwillen
Zu mäkeln bei dem Fortgang des Vergleichs;
Versäumen wir ihn jetzt, zehn gegen eins,
Wir finden die Gelegenheit nicht wieder.
ALENÇON *leise.*
Es ist, in Wahrheit, Politik für Euch,
Eu'r Volk von solchem Blutbad zu erretten
Und grimmigem Gemetzel, als man täglich
Bei fortgesetzten Feindlichkeiten sieht:
Geht also den Vertrag des Friedens ein,
Brecht Ihr ihn schon, sobald es Euch beliebt.
WARWICK.
Was sagst du, Karl? Soll die Bedingung gelten?
KARL.
Sie soll's;
Nur vorbehalten, daß ihr keinen Teil
An der Besatzung unsrer Städte fodert.
YORK.
So schwöre Lehnspflicht Seiner Majestät,
So wahr du Ritter bist, stets zu gehorchen

Der Krone Englands, nie dich aufzulehnen
Der Krone Englands, du samt deinem Adel!

Karl und die übrigen machen die Zeichen des Huldigungseides.

So, nun entlaßt Eu'r Heer, wann's Euch beliebt,
Hängt auf die Fahnen, laßt die Trommeln schweigen,
Denn feierlicher Fried' ist hier geschlossen.
Alle ab.

Fünfte Szene

London. Ein Zimmer im Palast. König Heinrich kommt, im Gespräch mit Suffolk begriffen; Gloster und Exeter folgen.

KÖNIG HEINRICH.
Ich bin erstaunt bei Eurer seltnen Schild'rung
Der schönen Margareta, edler Graf;
Die Tugenden, geziert mit äußern Gaben,
Erregen mir der Liebe Trieb im Herzen;
Und wie die Strenge tobender Orkane
Den stärksten Kiel der Flut entgegen drängt,
So treibt auch mich der Hauch von ihrem Ruf,
Schiffbruch zu leiden oder anzulanden,
Wo ich mich ihrer Liebe mag erfreun.
SUFFOLK.
Still, bester Fürst! Der flüchtige Bericht
Ist nur der Eingang ihres würd'gen Lobs.
All die Vollkommenheit des holden Fräuleins,
Hätt' ich Geschick genug, sie auszusprechen,
Ein Buch wär's, voll verführerischer Zeilen,
Das auch den dumpfsten Sinn entzücken könnte.
Und, was noch mehr, sie ist so göttlich nicht,
Noch so erfüllt mit aller Freuden Wahl,
Daß sie, mit gleicher Demut des Gemüts,
Nicht willig wär', Euch zu Befehl zu sein, –
Befehl, mein' ich, von tugendsamer Art, –
Euch als Gemahl zu lieben und zu ehren.
KÖNIG HEINRICH.
Auch wird es Heinrich anders nie verlangen.
Darum, Mylord Protektor, willigt ein,
Daß Margareta Englands Fürstin werde.
GLOSTER.
So willigt' ich darein, der Sünd' zu schmeicheln.

Ihr wißt, mein Fürst, daß Ihr versprochen seid
Mit einem andern angeseh'nen Fräulein:
Wie können wir uns dem Vertrag entziehn,
Ohn' Eure Ehre Rügen bloßzustellen?
SUFFOLK.
Wie Herrscher tun bei unrechtmäß'gen Schwüren.
Wie einer, der gelobt hat, beim Turnier
Sich zu versuchen, doch verläßt die Schranken
Weil unter ihm zu tief sein Gegner steht.
Zu tief steht eines armen Grafen Tochter:
Drum, wenn man mit ihr bricht, ist nichts versehn.
GLOSTER.
Ich bitt' Euch, was ist Margareta mehr?
Ihr Vater ist nichts besser als ein Graf,
Hat er erhabne Titel schon voraus.
SUFFOLK.
Ja, bester Herr, ihr Vater ist ein König
König von Napel und Jerusalem;
Und ist in Frankreich von so großem Ansehn,
Daß seine Freundschaft unsern Frieden sichern
Und in der Treu' die Franken halten wird.
GLOSTER.
Das kann der Graf von Armagnac nicht minder,
Weil er des Dauphins naher Vetter ist.
EXETER.
Auch läßt sein Reichtum großen Brautschatz hoffen,
Da Reignier eher nehmen wird als geben.
SUFFOLK.
Ein Brautschatz, Lords! Entehrt nicht so den König,
Daß er so arm und niedrig sollte sein,
Nach Geld zu gehn, nicht nach vollkommner Liebe.
Heinrich kann seine Königin bereichern
Und sucht nicht eine, die ihn reich soll machen.
So feilschen niedre Bauern ihre Weiber,
Wie auf dem Markt die Ochsen, Schafe, Pferde.
Die Eh' ist eine Sache von mehr Wert,
Als daß man sie durch Anwaltschaft betriebe;
Nicht die ihr wollt, – die Seiner Hoheit lieb,
Muß die Genossin seines Eh'betts sein.
Und da sie, Lords, ihm nun die Liebste ist,
So bindet dies vor allen Gründen uns,
In unsrer Meinung auch sie vorzuziehn.

Was ist gezwungne Eh', als eine Hölle,
Ein Leben voll von Zwist und stetem Hader?
Indes das Gegenteil nur Segen bringt
Und Vorbild von des Himmels Frieden ist.
Wen nähme Heinrich zum Gemahl, als König,
Als Margareten, Tochter eines Königs?
Nebst der Geburt, die Bildung ohnegleichen
Bestimmt für niemand sie als einen König;
Ihr tapfrer Mut und unerschrockner Geist,
Mehr als gewöhnlich man an Weibern sieht,
Entspricht der Hoffnung des Geschlechts vom König:
Denn Heinrich, da sein Vater ein Erob'rer,
Hat Aussicht, mehr Erob'rer zu erzeugen,
Gesellt er sich in Liebe einer Frau,
Gemutet wie die schöne Margareta.
Gebt nach denn, Lords, und seid von meinem Sinn:
Nur Margareta werde Königin.
KÖNIG HEINRICH.
Ob es die Macht von Eurer Schild'rung ist,
Mein edler Lord von Suffolk, oder daß
Noch meine zarte Jugend nie gerührt
Von einem Trieb entflammter Liebe war,
Kann ich nicht sagen; doch ich weiß gewiß,
So heft'ge Spaltung fühl' ich in der Brust,
Von Furcht und Hoffnung ein so wild Getümmel,
Daß der Gedanken Drängen krank mich macht.
Drum geht zu Schiff, Mylord; nach Frankreich eilt;
Stimmt ein in jeglichen Vertrag und sorgt,
Daß Fräulein Margareta bald geruhe,
Die Überfahrt nach England vorzunehmen,
Und hier sich krönen lass' als König Heinrichs
Getreue und gesalbte Königin;
Für Euren Aufwand und Betrag der Kosten
Nehmt einen Zehnten auf von unserm Volk.
Geht, sag' ich Euch; denn bis Ihr wiederkehrt,
Bleib' ich zurück, verstrickt in tausend Sorgen. –
Ihr, guter Oheim, bannet allen Unmut:
Wenn Ihr nach dem mich richtet, was Ihr wart,
Nicht, was Ihr seid, so weiß ich, Ihr entschuldigt
Die rasche Ausführung von meinem Willen.
Und so geleitet mich, wo einsam ich
Nachhängen kann und sinnen meinem Kummer.

Ab mit Exeter.

GLOSTER.
Ja, Kummer, fürcht' ich, jetzt und immerfort.

Ab.

SUFFOLK.
So siegte Suffolk, und so geht er hin,
Wie einst nach Griechenland der junge Paris,
Mit Hoffnung ähnlichen Erfolgs im Lieben,
Doch bessern Ausgangs, als der Trojer hatte.
Margareta soll den König nun beherrschen,
Ich aber sie, den König und das Reich.

Ab.

Zweiter Teil

Personen

König Heinrich VI.

Humphrey, Herzog von Gloster, sein Oheim

Kardinal Beaufort, Bischof von Winchester, Großoheim des Königs

Richard Plantagenet, Herzog von York

Eduard und Richard, seine Söhne

Herzog von Somerset,
Herzog von Suffolk,
Herzog von Buckingham,
Lord Clifford
Der junge Clifford, sein Sohn, von der königlichen Partei

Graf von Salisbury,
Graf von Warwick, von der Yorkschen Partei

Lord Scales, Befehlshaber des Turmes

Lord Say

Sir Humphrey Stafford und sein Bruder

Sir John Stanley

Ein Schiffshauptmann, der Patron und sein Gehülfe, und Seyfart Wittmer

Zwei Edelleute, nebst Suffolk gefangen

Ein Herold

Vaux

Hume und Southwell, zwei Pfaffen

Bolingbroke, ein Beschwörer. Ein von ihm aufgerufner Geist

Thomas Horner, ein Waffenschmied

Peter, sein Geselle

Der Schreiber von Chatham

Der Schulz von Sankt-Albans

Simpcox, ein Betrüger

Zwei Mörder

Hans Cade, ein Rebell

Georg Bevis, Johann Holland, Märten der Metzger, Smith der Leinweber, Michel u.a., seine Anhänger

Alexander Iden, ein kentischer Edelmann

Margareta, König Heinrichs Gemahlin

Leonora, Herzogin von Gloster

Grete Jordan, eine Hexe

Simpcoxens Frau

Herren und Frauen von Adel und sonstiges Gefolge; Supplikanten, Aldermänner, ein Büttel, Sheriff und Beamte; Bürger, Lehrbursche, Falkeniere, Wachen, Soldaten, Boten usw.

Die Szene ist abwechselnd in verschiednen Gegenden Englands

Erster Aufzug

Erste Szene

London. Ein Staatszimmer im Palast. Trompetenstoß, hierauf Hoboen. Von der einen Seite kommen König Heinrich, Herzog von Gloster, Salisbury, Warwick und Kardinal Beaufort; von der andern wird Königin Margareta von Suffolk hereingeführt; York, Somerset, Buckingham und andre folgen.

SUFFOLK.
Wie mir von Eurer höchsten Majestät,
Da ich nach Frankreich ging, der Auftrag ward,
Als Stellvertreter Eurer Herrlichkeit
Zu eh'lichen Prinzessin Margareta:
So, in der alten Reichsstadt Tours, im Beisein
Der Könige von Frankreich und Sizilien,
Der Herzöge von Orleans, Kalabrien,
Bretagne und Alençon, nebst zwölf Baronen,
Sieben Grafen, zwanzig würdigen Prälaten,
Vollbracht' ich mein Geschäft und ward vermählt.
Und untertänig nun auf meinen Knie'n.
In Englands Angesicht und seiner Pairs,
Liefr' ich mein Anrecht an die Königin
In Eure gnäd'ge Hand, als die das Wesen ist
Des großen Schattens, den ich vorgestellt;
Das reichste Pfand, das je ein Markgraf bot,
Die schönste Braut, die je ein Fürst empfing.
KÖNIG HEINRICH.
Suffolk, steh auf. – Willkommen, Königin!
Ich weiß kein inn'ger Zeichen meiner Liebe
Als diesen inn'gen Kuß. Herr meines Lebens,
Leih' mir ein Herz, von Dankbarkeit erfüllt!
Denn in dem schönen Antlitz gabst du mir
Eine Welt von ird'schem Heil für meine Seele,
Wenn Liebes-Eintracht unsern Sinn verknüpft.
MARGARETA.
Mein gnäd'ger Gatte, großer König Englands!
Der trauliche Verkehr, den mein Gemüt
Bei Tag und Nacht, im Wachen und in Träumen,
Im Hofkreis und bei meinen Betkorallen
Mit Euch gehabt, mein allerliebster Herr,
Macht um so dreister mich, Euch zu begrüßen

Mit schlichten Worten, wie mein Witz sie lehrt
Und Übermaß der Freude bieten kann.
KÖNIG HEINRICH.
Ihr Anblick schon entzückte; doch nun bringt
Die Anmut ihrer Reden, ihre Worte,
Mit Majestät der Weisheit angetan,
Vom Staunen mich zur Freude, welche weint:
So ist die Fülle meiner Herzenswonne. –
Lords, heißt mit einer Stimme sie willkommen!
ALLE.
Lang' lebe Margareta, Englands Heil!

Trompetenstoß.

MARGARETA.
Euch allen danken wir.
SUFFOLK.
Mylord Protektor, wenn es Euch beliebt,
Hier sind die Punkte des verglichnen Friedens,
Den unser Herr und König Karl von Frankreich
Auf achtzehn Monat eingegangen sind.
GLOSTER *liest.* »Zum ersten sind der König von Frankreich, Karl, und William de la Poole, Markgraf von Suffolk, Abgesandter König Heinrichs von England, übereingekommen: daß besagter Heinrich Fräulein Margareten, leibliche Tochter Reigniers, Königs von Neapel, Sizilien und Jerusalem, eh'lichen, und selbige vor dem dreißigsten nächsten Maimonats als Königin von England krönen soll. Ferner, daß das Herzogtum Anjou und die Grafschaft Maine frei gelassen und dem Könige, ihrem Vater, übergeben werden sollen« –
KÖNIG HEINRICH.
Was habt Ihr, Oheim?
GLOSTER.
Gnäd'ger Herr, verzeiht!
Ein plötzlich Übelsein fällt mir aufs Herz
Und trübt die Augen mir zum Weiterlesen.
KÖNIG HEINRICH.
Ich bitt' Euch, Ohm von Winchester, lest weiter!
KARDINAL *liest.* »Ferner sind selbige übereingekommen, daß die Herzogtümer Anjou und Maine frei gelassen und dem Könige, ihrem Vater, übergeben werden sollen: auch daß sie auf des Königs eigne Kosten hinübergeschafft werden soll, ohne Mitgift zu erhalten.«

KÖNIG HEINRICH.
Sie stehn uns an. – Lord Markgraf, kniee nieder,
Sei hier ernannt zum ersten Herzog Suffolk
Und mit dem Schwert umgürtet! –
Vetter von York, Ihr seid hiemit entlassen
Von der Regentschaft in den fränk'schen Landen,
Bis achtzehn Monden Zeit verstrichen sind. –
Dank, Oheim Winchester, Gloster, York und Buckingham,
Somerset, Salisbury und Warwick:
Wir danken sämtlich euch für eure Gunst
Bei meines fürstlichen Gemahls Empfang.
Kommt! Machen wir uns auf und sorgen schleunig,
Daß ihre Krönung werde wohl vollbracht.

König. Königin und Suffolk ab.

GLOSTER.
Des Staates Pfeiler, wackre Pairs von England!
Euch schüttet Herzog Humphrey aus sein Leid
Und eures und des Lands gemeines Leid.
Wie! Gab mein Bruder Heinrich seine Jugend
Und Mut und Geld und Volk dem Kriege hin?
Behalf er sich so oft in offnem Feld,
In Winterkält' und dürrer Sommerhitze,
Sein wahres Erbteil, Frankreich, zu erobern?
Und mühte Bruder Bedford seinen Witz,
Heinrichs Erwerb mit Staatskunst zu behaupten?
Empfingt ihr selbst, Somerset, Buckingham,
York, Salisbury und der sieghafte Warwick,
In Normandie und Frankreich tiefe Narben?
Oder hat mein Oheim Beaufort und ich selbst,
Samt dem gelehrten Rate dieses Reichs,
So lang' studiert, im Rathaus aufgesessen
Von früh bis nachts, erwägend hin und her,
Wie man in Ehrfurcht die Franzosen hielte?
Und wurde Seine Hoheit zu Paris
Als Kind gekrönt, den Feinden zum Verdruß?
Und sollen diese Müh'n und Ehren sterben?
Heinrichs Erob'rung, Bedfords Wachsamkeit,
Eu'r Waffenglück und unser aller Rat?
O Pairs von England! Schmählich ist dies Bündnis,
Die Eh' verderblich; euren Ruhm vertilgt sie,
Streicht eure Namen im Gedenkbuch aus,

Verlöscht die Züge eures Preises, stürzt
Des überwundnen Frankreichs Monumente,
Vernichtet alles, als wär's nie gewesen.
KARDINAL.
Neffe, was soll die ungestüme Rede?
Das Wortgepränge dieser Vorstellung?
Frankreich ist unser, wir behaupten's ferner.
GLOSTER.
Ja, Oheim, wir behaupten's, wenn wir können,
Doch ist's unmöglich nun, daß es geschehe.
Suffolk, der neue Herzog, der da schaltet,
Hat weggeschenkt die Leh'n Anjou und Maine
Dem armen König Reignier, dessen Titel
Mit seinem magern Beutel übel stimmt.
SALISBURY.
Nun, bei des Tode, der für alle starb!
Zur Normandie die Schlüssel waren sie.
Doch warum weint Warwick, mein tapfrer Sohn?
WARWICK.
Vor Gram, daß sie dahin sind ohne Rettung:
Denn, wenn noch Hoffnung wäre, so vergösse
Mein Schwert heiß Blut, mein Auge keine Tränen.
Anjou und Maine! Ich selbst gewann sie beide,
Erobert' sie mit diesem meinem Arm;
Und gibt man nun die Städte, die mit Wunden
Ich erst erwarb, zurück mit Friedensworten?
Mort Dieu!
YORK.
Der Suffolk stick' an seinem Herzogtum,
Der dieses Helden-Eilands Ehre schwächt!
Frankreich hätt' eh' mein Herz mir ausgerissen,
Als ich zu diesem Bündnis mich bequemt.
Nie las ich anders, als daß Englands Kön'ge
Mit ihren Weibern Summen Golds erhielten:
Und unser Heinrich gibt sein eignes weg,
Um die zu frein, die keinen Vorteil bringt.
GLOSTER.
Ein schöner Spaß, und nie erhört zuvor,
Daß Suffolk wen'ger nicht als den Fünfzehnten
Für Kosten ihrer Überfahrt begehrt.
Sie mocht' in Frankreich bleiben und verhungern,
Bevor –

KARDINAL.
Mylord von Gloster, Ihr seid allzu hitzig:
Dem König, unserm Herrn, gefiel es so.
GLOSTER.
Mylord von Winchester, ich kenn' Euch wohl;
Nicht meine Reden sind's, die Euch mißfallen,
Nur meine Gegenwart steht Euch im Weg.
Groll muß heraus: hochmütiger Prälat,
Ich seh' die Wut dir an; verweil' ich länger,
So fängt das alte Raufen wieder an. –
Lebt wohl, ihr Lords, und sagt nach meinem Scheiden,
Daß ich geweissagt, bald sei Frankreich hin.

Ab.

KARDINAL.
Da geht im Grimme der Protektor fort.
Es ist euch wohl bekannt, er ist mein Feind,
Ja, was noch mehr, uns allen feindgesinnt,
Und, furcht' ich, nicht des Königs großer Freund.
Denkt, Lords, er ist der Nächste von Geblüt,
An den vermutlich Englands Krone fällt;
Wenn Heinrichs Eh' ein Kaisertum ihm brächte
Und all die reichen Königreich' im West,
Er hätte Grund zum Mißvergnügen dran.
Lords, seht euch vor, daß nicht sein glattes Reden
Eu'r Herz betört; seid weise und behutsam.
Begünstigt schon ihn das gemeine Volk,
Nennt »Humphrey« ihn, »den guten Herzog Gloster«,
Klatscht in die Händ' und ruft mit lauter Stimme:
»Jesus erhalt' Eu'r königliche Gnaden!«
Nebst: »Gott beschirm' den guten Herzog Humphrey!«
Doch fürcht' ich, Lords, bei all dem Schmeichelglanz,
Er wird uns ein gefährlicher Protektor.
BUCKINGHAM.
Und warum muß er's sein bei unserm Herrn.
Der selbst das Alter zum Regieren hat?
Vetter von Somerset, eint Euch mit mir,
Ihr all' zusammen mit dem Herzog Suffolk:
Wir heben bald den Herzog aus dem Sitz.
KARDINAL.
Es leidet keinen Aufschub dies Geschäft.
Ich will zum Herzog-Suffolk alsobald.

Ab.

SOMERSET.
Vetter von Buckingham, ob Humphreys Stolz
Und Größ' im Amte schon uns kränkend ist,
Laßt uns den trotz'gen Kardinal bewachen.
Sein Übermut ist unerträglicher
Als aller Prinzen in dem Lande sonst;
Setzt man den Gloster ab, wird er Protektor.
BUCKINGHAM.
Ich oder du, Somerset, wird Protektor,
Zum Trotz dem Herzog und dem Kardinal.

Buckingham und Somerset ab.

SALISBURY.
Stolz ging voran, der Ehrgeiz folgt ihm nach.
Weil diese streben, um sich selbst zu fördern,
Geziemt es uns, zu streben für das Reich.
Nie sah ich anders, als daß Herzog Humphrey
Sich wie ein echter Edelmann betrug.
Oft sah ich's, daß der trotz'ge Kardinal
Wie ein Soldat mehr als ein Mann der Kirche,
So keck und stolz, als wär' er Herr von allem,
Geflucht wie ein Bandit und sich gebärdet
Unähnlich dem Regenten eines Staats. –
Warwick, mein Sohn, du meines Alters Trost!
Dein Ruhm, dein schlichtes Wesen, deine Wirtschaft
Gewann die größte Gunst bei den Gemeinen,
Den guten Herzog Humphrey ausgenommen. –
Und Bruder York, in Irland deine Taten,
Da du zur Bürgerzucht sie hast gebracht,
Auch deine Kriegeszüg' in Frankreichs Herzen,
Als du Regent für unsern Fürsten warst:
Sie machten dich beim Volk geehrt, gefürchtet.
Verbinden wir uns fürs gemeine Wohl,
Mit aller Macht zu zügeln und zu hemmen
Den Hochmut Suffolks und des Kardinals,
Samt Buckinghams und Somersets Ehrbegier;
Und unterstützen bestens Glosters Taten,
Solang' sie zielen auf des Lands Gewinn.
WARWICK.
Gott helf' dem Warwick, wie sein Volk er liebt
Und seines Vaterlands gemeines Wohl!

YORK.
Das sagt auch York, er hat am meisten Grund.
SALISBURY.
Nun zeig' den Eifer, Sohn, wie ich dich mahne.
WARWICK.
Ja, mahne, Vater, mahne! Hin ist Maine,
Das Maine, welches Warwicks Arm errang,
Der stets des Frankenreiches flüchtig Roß
An dieser Mähne festzuhalten hoffte.
Ihr mahnt mich, Vater; mich gemahnt nur Maine,
Das, fall' ich nicht, bald mein zu sehn ich wähne.

Warwick und Salisbury ab.

YORK.
Anjou und Maine gab man den Franzosen:
Paris ist fort; der Strand der Normandie,
Da jene hin sind, hängt an einem Haar.
Suffolk schloß die Artikel des Vergleichs,
Die Pairs genehmigten, und Heinrich war
Es gern zufrieden, für zwei Herzogtümer
Zu tauschen eines Herzogs schöne Tochter.
Nicht tadeln kann ich sie: was gilt es ihnen?
Dein Gut, und nicht ihr eignes, geben sie.
Seeräuber können leicht spottwohlfeil handeln
Und Freund' erkaufen und an Dirnen schenken,
Hoch lebend so wie Herrn, bis alles fort:
Indes des Gutes blöder Eigentümer
Darüber weint, die bangen Hände ringt
Und schüttelt seinen Kopf und steht von fern,
Weil alles ausgeteilt wird und verstreut,
Und darf verhungernd nicht, was sein, berühren.
So sitzt nun York und knirscht und beißt die Zunge,
Weil um sein eignes Land gefeilschet wird.
Mich dünkt, die Reiche England, Frankreich, Irland
Sind so verwebt mit meinem Fleisch und Blut,
Als der verhängnisvolle Brand Altheens
Mit jenes Prinzen Herz von Kalydon.
Anjou und Maine an Frankreich abgegeben!
Ein Schlag für mich, der ich auf Frankreich Hoffnung
So wie auf Englands fruchtbar'n Boden hatte.
Es kommt ein Tag, wo York das Seine heischt;
Drum will ich die Partei der Nevils nehmen

Und Liebes tun dem stolzen Herzog Humphrey
Und, wenn ich Zeit erseh', die Krone fodern,
Denn nach der goldnen Scheibe ziel' ich nur.
Mein Recht soll Lancaster mir nicht entreißen,
Nicht in der kind'schen Faust das Szepter halten,
Das Diadem nicht tragen um sein Haupt,
Des Pfaffenlaunen nicht zur Krone passen.
Drum, York, sei still, bis dich die Zeit begünstigt,
Paß auf und wache du, wenn andre schlafen,
Geheimnisse des Staates zu erspähn;
Bis Heinrich, schwelgend in der Liebe Freuden
Mit Englands teu'r erkauften Königin
Und Humphrey mit den Pairs in Zwist geraten.
Dann heb' ich die milchweiße Rose hoch,
Sie soll mit süßem Duft die Luft durchdringen;
Dann führ' ich im Panier das Wappen Yorks,
Um mit dem Hause Lancaster zu ringen,
Und nehme dem durchaus die Krone wieder,
Des Bücherherrschaft England riß danieder.

Ab.

Zweite Szene

*Ebendaselbst. Ein Zimmer im Hause des Herzogs von Gloster.
Gloster und die Herzogin treten auf.*

HERZOGIN.
Warum senkt mein Gemahl das Haupt, wie Korn,
Beschwert von Ceres' überreifer Last?
Was zieht die Brau'n der große Herzog Humphrey,
Als säh' er finster auf der Welt Gesichter?
Was haftet nur dein Aug' am dumpfen Boden
Und starrt das an, was dein Gesicht bewölkt?
Was siehst du? König Heinrichs Diadem,
Verbrämt mit allen Ehren dieser Welt?
Ist das, so starr' und kriech' auf deinem Antlitz,
Bis dir das Haupt davon umzirkelt ist.
Streck' aus den Arm nach dem glorreichen Gold!
Ist er zu kurz? Verlängern soll ihn meiner;
Und wenn wir zwei zusammen es gefaßt,
So heben wir das Haupt vereint zum Himmel
Und wollen unser Aug' nie so erniedern,
Noch eines Blicks den Bodenwert zu halten.

GLOSTER.
  Oh, Herzens-Lene, liebst du deinen Gatten,
  So bann' ehrgeiziger Gedanken Wurm!
  Sei der Gedanke, wann ich meinem König,
  Dem tugendhaften Heinrich, Arges sinne,
  Mein letzter Hauch in dieser ird'schen Welt!
  Mich macht mein ängst'ger Traum von nachts betrübt.
HERZOGIN.
  Was träumte mein Gemahl? Sagt mir, ich lohn' es
  Mit süßer Meldung meines Morgentraums.
GLOSTER.
  Mir schien's, der Stab hier, meines Amtes Zeichen,
  Ward mir zerbrochen; ich vergaß, durch wen,
  Doch, wie ich denke, war's der Kardinal;
  Und auf den Stücken ward dann aufgesteckt
  Der Kopf von Edmund, Herzog Somerset,
  Und de la Poole, dem ersten Herzog Suffolk.
  Dies war mein Traum: Gott weiß, was er bedeutet.
HERZOGIN.
  Ei, das war nichts als ein Beweis, daß der,
  Der nur ein Reis in Glosters Lustwald bricht,
  Den Kopf für seine Kühnheit soll verlieren.
  Doch horch auf mich, mein Humphrey, liebster Herzog!
  Mir war, ich säß' auf majestät'schem Sitz,
  Im Dom zu Westminster, und auf dem Stuhl,
  Wo Kön'ge man und Königinnen krönt,
  Wo Heinrich und Margreta vor mir knieten
  Und setzten auf mein Haupt das Diadem.
GLOSTER.
  O nein, dann muß ich gradezu dich schelten,
  Hochmüt'ge Frau, verzogne Leonore!
  Bist du die zweite Frau im Reiche nicht
  Und des Protektors Weib, geliebt von ihm?
  Steht weltliches Vergnügen dir nicht frei,
  Mehr als dein Sinn erreichet und ermißt?
  Und mußt du immer schmieden am Verrat,
  Um deinen Gatten und dich selbst zu stürzen
  Vom Ehrengipfel bis zum Fuß der Schmach?
  Hinweg von mir, und laß mich nichts mehr hören!
HERZOGIN.
  Wie, mein Gemahl? Seid Ihr mit Leonoren
  So heftig, weil sie ihren Traum erzählt?

Ich will für mich die Träume schon behalten
Und nicht gescholten sein.
GLOSTER.
Nun, sei nicht zornig, ich bin wieder gut.

Ein Bote tritt auf.

BOTE.
Mylord Protektor, Seine Hoheit wünscht,
Daß Ihr zum Ritt Euch anschickt nach Sankt-Albans
Zur Falkenjagd mit Ihro Majestäten.
GLOSTER.
Ich geh'. – Komm, Lene, willst du mit uns reiten?
HERZOGIN.
Ja, bester Herr, ich folge gleich Euch nach.

Gloster und der Bote ab.

Vorangehn kann ich nicht, ich muß wohl folgen,
Solange Gloster klein und niedrig denkt.
Wär' ich ein Mann, ein Herzog, von Geblüt
Der Nächste: diese läst'gen Strauchelblöcke
Räumt' ich hinweg und ebnete mir bald
Auf den kopflosen Nacken meinen Weg;
Und selbst als Weib will ich nicht lässig sein,
Auch meine Roll' im Zug des Glücks zu spielen.
Wo seid Ihr denn, Sir John? Nicht bange, Freund!
Wir sind allein, nur du und ich sind hier.

Hume kommt hervor

HUME.
Jesus erhalte Eure Majestät!
HERZOGIN.
Was sagst du, Majestät? Ich bin nur Gnaden.
HUME.
Allein mit Gottes Gnad' und Humes Rat
Vervielfacht Euer Gnaden Titel sich
HERZOGIN.
Was bringst du, Mann? Hast du dich schon besprochen
Mit Grete Jordan, der verschlagnen Hexe,
Und dem Beschwörer, Roger Bolingbroke?
Und unternehmen sie's, mir Dienst zu leisten?
HUME.
Dies haben sie gelobt, Euch einen Geist

Heraufzuholen aus der Tiefe drunten,
Der Antwort geben soll auf alle Fragen.
Die Euer Gnaden vorzulegen wünscht.
HERZOGIN.
Genug; ich will auf Fragen mich bedenken.
Sobald wir von Sankt-Albans heimgekehrt
Soll alles dieses in Erfüllung gehn.
Nimm diesen Lohn hier; mach' dich lustig, Mann,
Mit den Genossen bei der wicht'gen Sache.

Ab.

HUME.
Hume soll sich lustig machen mit dem Gold
Der Herzogin, ei ja, und wird es auch.
Doch wie nun, Sir John Hume? Versiegelt nur
Den Mund und gebt kein Wort von Euch, als: mum!
Die Sache heischt die stillste Heimlichkeit
Frau Leonore gibt mir Gold dafür,
Daß ich die Hexe zu ihr bringen soll;
Wär' sie ein Teufel, Gold kömmt immer recht.
Doch hab' ich Gold, das fliegt noch sonst wo her:
Ich darf nicht sagen, von dem reichen Kardinal
Und von dem großen neuen Herzog Suffolk,
Doch find' ich's so; denn, grad' heraus, die zwei,
Frau Leonorens hohes Trachten kennend
Erkauften mich, um sie zu untergraben
Und die Beschwörungen ihr einzublasen.
Man sagt, ein schlauer Schelm braucht keinen Mäkler,
Doch mäkl' ich Suffolk und dem Kardinal.
Hume, wenn du dich nicht hütest, fehlt nicht viel,
Du nenntest sie ein Paar von schlauen Schelmen.
Nun wohl, so steht's: und so, befürcht ich, stürzt
Humes Schelmerei zuletzt die Herzogin;
Und überweist man sie, muß Humphrey fallen.
Sei's, wie es sei, ich ziehe Gold von allen.

Ab.

Dritte Szene

Ein Zimmer im Palast. Peter und andre Supplikanten kommen mit Bittschriften.

ERSTER SUPPLIKANT. Meisters, tretet dicht heran; Mylord Protektor wird hier gleich vorbeikommen, und dann können wir unsre Gesuche schriftlich überreichen.

ZWEITER SUPPLIKANT. Ei, Gott beschütz' ihn, denn er ist ein guter Mann. Der Herr Christus segne ihn!

Suffolk und Königin Margareta treten auf.

PETER. Da kommt er, denk' ich, und die Königin mit ihm: ich will gewiß der erste sein.

ZWEITER SUPPLIKANT. Zurück, du Narr! Das ist ja der Herzog von Suffolk und nicht Mylord Protektor.

SUFFOLK. Nun, Geselle? Wolltest du etwas von mir?

ERSTER SUPPLIKANT.
Ich bitte, Mylord, verzeiht mir; ich hielt
Euch für den Lord Protektor.

KÖNIGIN *liest die Überschriften.* »An Mylord Protektor.« Sind eure Bittschriften an Seine Herrlichkeit gerichtet? Laßt mich sie sehen! Was betrifft deine?

ERSTER SUPPLIKANT. Meine, mit Euer Gnaden Erlaubnis, ist gegen John Goodman, des Mylord Kardinal seinen Diener, weil er mir mein Haus und Ländereien und Frau und alles vorenthält.

SUFFOLK. Deine Frau auch? Da geschieht dir in der Tat zu nahe. – Was habt Ihr für eine? – Sieh da! *Liest.* »Wider den Herzog von Suffolk, wegen Einhegung der gemeinen Hut und Weide von Melford.« – Was soll das, Herr Schurke?

ZWEITER SUPPLIKANT. Ach, Herr, ich bin nur ein armer Supplikant für unsre ganze Bürgerschaft.

PETER *überreicht seine Bittschrift.* Gegen meinen Meister, Thomas Horner, weil er gesagt hat, daß der Herzog von York rechtmäßiger Erbe der Krone wäre.

KÖNIGIN. Was sagst du? Sagte der Herzog von York, er wäre rechtmäßiger Erbe der Krone?

PETER. Mein Meister wäre es? Nein, wahrhaftig; mein Meister sagte, er wäre es, und der König wäre ein Usurpator.

SUFFOLK. Ist jemand da?

Bediente kommen.

Nehmt den Burschen mit herein und schickt sogleich mit einem
Gerichtsboten nach seinem Meister. – Wir wollen von Eurer
Sache mehr vor dem Könige hören.

Bedienter mit Peter ab.

KÖNIGIN.
Was euch betrifft, die ihr Protektion
Von des Protektors Gnadenflügeln liebt,
Erneuert die Gesuche! Geht an ihn!

Sie zerreißt die Bittschriften.

Fort, ihr Halunken! – Suffolk, laßt sie gehn.
ALLE.
Kommt! Laßt uns gehn!

Supplikanten ab.

KÖNIGIN.
Mylord von Suffolk, sagt, ist das die Art,
Ist das die Sitte so an Englands Hof?
Ist dies das Regiment der Briten-Insel
Und dies das Königtum von Albions Herrn?
Wie? Soll denn König Heinrich immer Mündel
Unter des mürr'schen Glosters Aufsicht sein?
Bin ich im Rang und Titel Königin,
Um einem Herzog untertan zu werden?
Ich sag' dir, Poole, als du in der Stadt Tours
Zu Ehren meiner Lieb' ein Rennen hieltest
Und stahlst die Herzen weg den fränk'schen Frauen:
Da dacht' ich, König Heinrich gliche dir
An Mut, an feiner Sitt' und Leibsgestalt.
Doch all sein Sinn steht nur auf Frömmigkeit,
Ave Marie am Rosenkranz zu zählen;
Ihm sind Propheten und Apostel Kämpfer,
Und seine Waffen heil'ge Bibelsprüche,
Sein Zimmer seine Rennbahn, seine Liebsten
Kanonisierter Heil'gen eh'rne Bilder.
Daß doch das Kardinal-Kollegium
Zum Papst ihn wählt' und brächte ihn nach Rom
Und setzt' ihm die dreifache Kron' aufs Haupt:
Das wär' ein Stand für seine Frömmigkeit.
SUFFOLK.
Seid ruhig, gnäd'ge Frau: wie ich gemacht,

Daß Eure Hoheit kam nach England, will ich
In England völlig Euch zufriedenstellen.
KÖNIGIN.
Nächst dem Protektor haben wir noch Beaufort,
Den herrischen Pfaffen; Somerset, Buckingham,
Den murr'nden York: und der geringste dieser
Kann mehr in England als der König tun.
SUFFOLK.
Und der darunter, der am meisten kann,
Kann nicht mehr tun in England als die Nevils:
Salisbury und Warwick sind nicht bloße Pairs.
KÖNIGIN.
Mich kränken halb so sehr nicht all die Lords
Als des Protektors Weib, die stolze Dame.
Sie fährt herum am Hof mit Scharen Frau'n,
Wie eines Kaisers mehr als Herzogs Weib.
Ein Fremder hält sie für die Königin,
Sie trägt am Leib die Einkünft' eines Herzogs,
Und unsrer Armut spottet sie im Herzen.
Soll ich nicht Rache noch an ihr erleben?
Ein schlechtgebornes Nickel, wie sie ist,
Hat sie bei ihrem Schätzchen jüngst geprahlt,
Der Schlepp von ihrem schlechtsten Rocke sei
Mehr wert als meines Vaters Land, eh' Suffolk
Zwei Herzogtümer gab für seine Tochter.
SUFFOLK.
Ich hab' ihr eine Schlinge selbst gelegt
Und eine Schar Lockvögel ausgestellt,
Daß sie sich niederläßt, dem Lied zu horchen,
Und nie mehr aufsteigt und Euch Unruh' macht.
Drum laßt sie ruhn und hört mich, gnäd'ge Frau,
Ich bin so dreist, Euch hierin Rat zu geben:
Ist schon der Kardinal uns nicht gemütlich,
Verbinden wir mit ihm uns und den Lords,
Bis Herzog Humphrey wir in Schmach gebracht.
Was Herzog York betrifft, die neue Klage
Wird nicht gar viel zu seinem Vorteil tun,
So reuten wir sie nach einander aus,
Und Ihr sollt das beglückte Steuer führen.

*König Heinrich, York und Somerset im Gespräch mit ihm;
Herzog und Herzogin von Gloster, Kardinal Beaufort,
Buckingham, Salisbury und Warwick treten auf.*

KÖNIG HEINRICH.
  Für mein Teil, edle Lords, ich weigr' es keinem.
  Sei's Somerset, sei's York, mir gilt es gleich.
YORK.
  Wenn York in Frankreich übel sich benommen,
  So schlagt ihm immer die Regentschaft ab.
SOMERSET.
  Wenn Somerset der Stell' unwürdig ist,
  Mag York Regent sein, und ich geb' ihm nach.
WARWICK.
  Ob Euer Gnaden würdig ist, ob nicht,
  Wird nicht gefragt: York ist der würdigste.
KARDINAL.
  Ehrgeiz'ger Warwick, laß die Obern reden.
WARWICK.
  Der Kardinal ist nicht im Feld mein Obrer.
BUCKINGHAM.
  Hier sind sie alle deine Obern, Warwick.
WARWICK.
  Warwick kann Oberster von allen werden.
SALISBURY.
  Still, Sohn! – Und gib uns Gründe, Buckingham,
  Daß Somerset hiebei sei vorzuziehn.
KÖNIGIN.
  Ei, weil der König es so haben will.
GLOSTER.
  Der König, gnäd'ge Frau, ist alt genug,
  Um selbst zu stimmen; dies sind nicht Fraun-Geschäfte.
KÖNIGIN.
  Ist er schon alt genug, was braucht Eu'r Gnaden
  Protektor Seiner Herrlichkeit zu sein?
GLOSTER.
  Ich bin des Reichs Protektor, gnäd'ge Frau;
  Wenn's ihm beliebt, entsag' ich meinem Platz.
SUFFOLK.
  Entsag' ihm denn und laß den Übermut!
  Seitdem du König warst (wer ist's, als du?),
  Ging täglich das gemeine Wesen unter;
  Jenseit des Meers gewann der Dauphin Feld,
  Und alle Pairs im Reich und Edle sind
  Wie Sklaven deiner Herrschaft hier gewesen.
KARDINAL.

Das Volk hast du geplagt; der Klerisei
Hast du die Säckel leicht und leer gepreßt.
SOMERSET.
Dein prächtig Bau'n und deiner Frauen Schmuck
Hat große Haufen aus dem Schatz gekostet.
BUCKINGHAM.
Dein grausames Gericht, an Missetätern
Geübt, ging über das Gesetz hinaus
Und gibt dich in die Willkür des Gesetzes.
KÖNIGIN.
Dein Ämter-Handel, und mit Städten Frankreichs,
Wär' er bekannt, wie er verdächtig ist,
Du sprängest bald wohl ohne Kopf herum.

Gloster ab. Die Königin läßt ihren Fächer fallen.

Hebt meinen Fächer auf. Ei, Schätzchen, könnt Ihr nicht?

Sie gibt der Herzogin eine Ohrfeige.

Wart Ihr es? Ja, da bitt' ich um Verzeihung.
HERZOGIN.
War ich's? Ja wohl, hochmütige Französin.
Könnt' ich an Euer schön Gesicht nur kommen,
Ich setzte meine zehn Gebote drein.
KÖNIG HEINRICH.
Still, liebste Tante; es geschah nicht gern.
HERZOGIN.
Nicht gern? Tu' bald ein Einsehn, guter König,
Sie närrt dich sonst und tänzelt dich wie ein Kind.
Man soll, gibt's hier gleich Männer ohne Hosen,
Nicht ungerächt Frau Leonoren schlagen.

Herzogin ab.

BUCKINGHAM.
Lord Kardinal, ich folge Leonoren
Und geb' auf Humphrey acht, wie er sich nimmt.
Sie ist gereizt, ihr Mut braucht keinen Sporn,
Sie rennt schon wild genug in ihr Verderben.

Buckingham ab.

Gloster kommt zurück.

GLOSTER.
Nun, Lords, da meine Galle sich gekühlt

Durch einen Gang um dieses Viereck her,
Komm' ich, von Staatsgeschäften hier zu reden.
Anlangend eure häm'schen falschen Rügen,
Beweist sie, und ich stehe dem Gesetz.
Doch Gott soll meiner Seele gnädig sein,
Wie ich mein Land und meinen König liebe!
Jedoch zur Sache, welche vor uns liegt.
Mein Fürst, ich sage, York schickt sich am besten,
Regent für Euch im Frankenreich zu sein.
SUFFOLK.
Erlaubt mir, eh' zur Wahl geschritten wird,
Mit Gründen von nicht kleiner Kraft zu zeigen,
Daß York am schlechtesten sich von allen schickt.
YORK.
Hör', Suffolk, denn, warum ich schlecht mich schicke:
Erst, weil ich deinem Stolz nicht schmeicheln kann;
Dann, wenn ich zu der Stelle werd' ernannt,
Wird hier Mylord von Somerset mich halten
Ohn' Abschluß, ohne Geld und Ausrüstung,
Bis Frankreich in des Dauphins Hand gefallen.
Mußt' ich doch letzthin ihm zu Willen tanzen,
Bis man Paris berannt und ausgehungert.
WARWICK.
Das zeug' ich mit, und einen schnödern Streich
Beging im Lande kein Verräter je.
SUFFOLK.
Unbänd'ger Warwick, still!
WARWICK.
Du Bild des Stolzes, warum sollt' ich schweigen?

Bediente Suffolks führen Horner und Peter vor.

SUFFOLK.
Weil hier ein Mann ist, des Verrats beklagt.
Gott gebe, daß sich Herzog York entschuldigt!
YORK.
Klagt irgendwer York als Verräter an?
KÖNIG HEINRICH.
Was meinst du, Suffolk? Sag mir: wer sind diese?
SUFFOLK.
Beliebt's Eu'r Majestät, dies ist der Mann,
Der seinen Meister Hochverrats beklagt.
Er hat gesagt, daß Richard Herzog York

Rechtmäß'ger Erbe sei von Englands Krone
Und Eure Majestät ein Usurpator.
KÖNIG HEINRICH.
Sag, Mann, waren das deine Worte?
HORNER. Mit Euer Majestät Erlaubnis, ich habe niemals etwas dergleichen gesagt oder gedacht. Gott ist mein Zeuge, daß ich von dem Bösewicht fälschlich angeklagt werde.
PETER *hält die Finger in die Höhe.* Bei diesen zehn Gebeinen, gnädige Herren, er sagte es mir eines Abends auf der Dachkammer, als wir Mylords von York Rüstung abputzten.
YORK.
Gemeiner kot'ger Schurk' und Tagelöhner,
Mir zahlt dein Kopf für die Verräter-Rede.
Ich bitt' Eu'r königliche Majestät,
Laßt ihn die Strenge des Gesetzes fühlen.
HORNER. Ach, ich will gehängt sein, Mylord, wenn ich die Worte jemals gesagt habe. Mein Ankläger ist mein Lehrbursche, und da ich ihn letzthin für ein Vergehen züchtigte, gelobte er auf seinen Knieen, er wollte es mir vergelten: dafür habe ich gute Zeugnisse. Ich bitte Eure Majestät also, werft einen ehrlichen Mann nicht weg auf die Anklage eines Bösewichts.
KÖNIG HEINRICH.
Oheim, was sagen wir hiezu nach Rechten?
GLOSTER.
Dies Urteil, wenn ich sprechen darf, mein Fürst:
Laßt Somerset Regent in Frankreich sein,
Weil dieses Argwohn wider York erzeugt;
Und diesen da beraumet einen Tag
Zum Zweikampf an, auf angemeßnem Platz:
Denn er hat Zeugen für des Knechtes Bosheit.
Dies ist das Recht und Herzogs Humphreys Spruch.
KÖNIG HEINRICH.
So sei es denn, Mylord von Somerset,
Wir machen zum Regenten Euch in Frankreich.
SOMERSET.
Ich dank' ergebenst Eurer Majestät.
HORNER.
Und ich bin zu dem Zweikampf gern bereit.
PETER. Ach, gnädiger Herr, ich kann nicht fechten; um Gottes willen, habt Erbarmen! Die Bosheit der Menschen ist mächtig wider mich. O Herr, sei mir gnädig! Ich bin nicht im stande, einen einzigen Streich zu tun. Ach Gott, mein Herz!

GLOSTER.
Ei, Bursch, du mußt nun fechten oder hängen.
KÖNIG HEINRICH.
Fort, schafft sie ins Gefängnis, und der Tag
Zum Zweikampf sei der letzte nächsten Monats. –
Komm, Somerset, damit wir weg dich senden.

Alle ab.

Vierte Szene

Garten des Herzogs von Gloster. Grete Jordan, Hume, Southwell und Bolingbroke kommen.

HUME. Kommt, Leute: die Herzogin, sag' ich euch, erwartet die Erfüllung eurer Versprechungen.
BOLINGBROKE. Meister Hume, wir sind darauf geschickt. Will Ihro Gnaden unsre Beschwörungen ansehen und hören?
HUME. Ja wohl; was weiter? Seid wegen ihres Mutes nicht besorgt.
BOLINGBROKE. Ich habe sagen hören, sei sie eine Frau von unüberwindlichem Geist. Aber es wird dienlich sein. Meister Hume, daß Ihr droben bei ihr seid, derweil wir unten beschäftigt sind, und so bitte ich Euch, geht in Gottes Namen und verlaßt uns.

Hume ab.

Mutter Jordan, streckt Euch nieder und kriecht an der Erde; –
Johann Southwell, lest Ihr; und laßt uns an unsre Arbeit gehn.

Die Herzogin erscheint auf einem Balkon.

HERZOGIN. Das macht ihr gut, Leute, und seid alle willkommen. Ans Werk! Je eher, je lieber.
BOLINGBROKE.
Geduld nur: Zaubrer wissen ihre Zeit.
Die tiefe, finstre Nacht, das Grau'n der Nacht;
Die Zeit, da Troja ward in Brand gesteckt;
Die Zeit, wo Eulen schrein und Hunde heulen,
Wo Geister gehn, ihr Grab Gespenster sprengen:
Die ziemt sich für das Werk, womit wir umgehn.
Sitzt, gnäd'ge Frau, und bangt nicht: wen wir rufen.
Den binden wir in dem geweihten Kreis.

Hier verrichten sie die gehörigen Zeremonien und machen den Kreis; Bolingbroke oder Southwell liest: Conjuro te etc. Es donnert und blitzt entsetzlich dann steigt der Geist auf.

GEIST.
Adsum.
GRETE JORDAN.
Asmath,
Beim ew'gen Gott, des Namen und Gewalt
Du zitternd hörst, antworte, wie ich frage!
Denn bis du sprichst, sollst du von hinnen nicht.
GEIST.
Frag', wie du willst. – Hätt' ich doch erst gesprochen!
BOLINGBROKE *liest von einem Zettel ab.*
»Zuerst vom König. Was geschieht mit ihm?«
GEIST.
Der Herzog lebt, so Heinrich einst entsetzt.
Jedoch ihn überlebt und stirbt gewaltsam.

So wie der Geist spricht, schreibt Southwell die Antwort auf.

BOLINGBROKE.
»Welch ein Geschick erwartet Herzog Suffolk?«
GEIST.
Durch Seefahrt kommt er um und nimmt sein Ende.
BOLINGBROKE.
»Was wird dem Herzog Somerset begegnen?«
GEIST.
Er meide Burgen;
Viel sichrer wird er sein auf sand'ger Ebne.
Als wo Burgen stehn getürmt.
Mach' nun ein Ende: mehr ertrag' ich kaum.
BOLINGBROKE.
Steig' nieder in die Nacht zum feur'gen Sumpf:
Verworfner, heb' dich weg!

Donner und Blitz. Der Geist versinkt.

York und Buckingham treten eilig mit Wachen und andern auf.

YORK.
Packt die Verräter fest und ihren Plunder!
Altmutter, Euch belau'rten wir aufs Haar! –
Wie, gnäd'ge Frau? Ihr dort? Der König und das Land
Sind Euch für dies Teil Mühe höchst verpflichtet.
Mylord Protektor wird, ich zweifle nicht,
Euch wohl belohnen für so gute Dienste.
HERZOGIN.

Nicht halb so schlimm wie deine für den König,
Verwegner Herzog, der ohn' Ursach' droht.
BUCKINGHAM.
Recht, gnäd'ge Frau, ohn' Ursach'. Kennt Ihr dies?

Er zeigt ihr die Papiere.

Fort mit dem Volk! Sperrt eng sie ein und haltet
Sie auseinander. – Ihr, gnäd'ge Frau, mit uns;
Stafford, nimm sie zu dir! –

Die Herzogin von oben ab.

Eu'r Spielzeug soll nun alles an den Tag. –
Mit allen fort!

Wachen ab mit Southwell, Bolingbroke u.s.w.

YORK.
Lord Buckingham, Ihr habt sie gut belauert.
Ein hübscher Anschlag, um darauf zu baun!
Nun, bitte, laßt des Teufels Handschrift sehn.
Was gibt es hier?

Liest.

»Der Herzog lebt, so Heinrich einst entsetzt,
Jedoch ihn überlebt und stirbt gewaltsam.«
Ja, das ist richtig:
Aio te, Aeacida, Romanos vincere posse.
Gut, weiter nun!
»Sag, welch Geschick erwartet Herzog Suffolk?
Durch Seefahrt kommt er um und nimmt sein Ende.
Was wird dem Herzog Somerset begegnen?
Er meide Burgen.
Viel sichrer wird er sein auf sand'ger Ebne,
Als wo Burgen stehn getürmt.«
Kommt, kommt, ihr Herrn!
Zu den Orakeln kommt man mit Beschwer,
Und schwer versteht man sie.
Der König ist im Zug nun nach Sankt-Albans,
Mit ihm der Gatte dieser werten Dame.
Dahin geht dies nun, so schnell ein Pferd es tragen kann;
Ein traurig Frühstück für Mylord Protektor.
BUCKINGHAM.
Mylord von York, erlaubet mir, daß ich
Der Bote sei, in Hoffnung seines Lohns.

YORK.
Nach Eurem Belieben, bester Lord. – He, ist niemand da?

Ein Bedienter kommt.

Die Lords von Salisbury und Warwick ladet
Mit mir zu speisen morgen abend. – Fort!

Ab.

Zweiter Aufzug

Erste Szene

Sankt-Albans. König Heinrich, Königin Margareta, Gloster, der Kardinal und Suffolk treten auf, mit Falkenieren, die ein Jagdgeschrei machen.

KÖNIGIN.
 Ja, glaubt mir, Lords, zu einem Wasserflug
 Gab's keine beßre Jagd seit langen Jahren.
 Allein, verzeiht, der Wind war ziemlich stark,
 Und zehn war's gegen eins, ob Hans nur stiege.
KÖNIG HEINRICH.
 Doch welchen Schuß, Mylord, Eu'r Falke tat,
 Und wie er über alle flog hinaus!
 Wie Gott doch wirkt in seinen Kreaturen!
 Ja, Mensch und Vogelschwingen gern sich hoch.
SUFFOLK.
 Kein Wunder, mit Eu'r Majestät Erlaubnis,
 Daß des Protektors Falken trefflich steigen:
 Sie wissen wohl, Ihr Herr ist gern hoch oben
 Und denkt hinaus weit über ihren Flug.
GLOSTER.
 Mylord, ein niedrig schlecht Gemüt nur strebt
 Nicht höher an, als sich ein Vogel schwingt.
KARDINAL.
 Ich dacht' es wohl, er will bis in die Wolken.
GLOSTER.
 Ja, Mylord Kardinal! Was meint Ihr? Wär's nicht gut,
 Eu'r Gnaden könnte in den Himmel fliegen?
KÖNIG HEINRICH.
 Den reichen Schoß der ew'gen Herrlichkeit!
KARDINAL.
 Dein Himmel ist auf Erden; Aug' und Sinn
 Gehn auf die Krone, deines Herzens Schatz.
 Gefährlicher Protektor! Schlimmer Pair,
 Der Land und König gleisnerisch berückt!
GLOSTER.
 Wie, Kardinal? Vermißt sich Euer Priestertum?
 Tantaene animis caelestibus irae?
 Ein Pfaff so hitzig? Bergt den Groll, mein Ohm!
 Bei der Frömmigkeit, wie könnt Ihr?

SUFFOLK.
Kein Groll da, Herr; nicht mehr, als wohl sich ziemt
Für solchen guten Streit und schlechten Pair.
GLOSTER.
Als wer, Mylord?
SUFFOLK.
Nun, als Ihr, Mylord;
Mit Euer Lord-Protektorschaft Erlaubnis.
GLOSTER.
Ja, Suffolk, England kennt schon deinen Trotz.
KÖNIGIN.
Und deinen Ehrgeiz, Gloster.
KÖNIG HEINRICH.
Bitte, Liebste,
Sei still und reiz' nicht diese heft'gen Pairs;
Gesegnet, die auf Erden Frieden stiften.
KARDINAL.
Mein sei der Segen, wenn ich Frieden stifte
Mit meinem Schwert hier wider den Protektor!
GLOSTER *beiseit zum Kardinal.*
Traun, frommer Ohm, ich wollt', es käm' dahin!
KARDINAL *beiseit.*
Hast du das Herz, nun gut!
GLOSTER *beiseit.*
Versammle keine Rotten für die Sache,
Dein eigner Leib steh' für den Unglimpf ein.
KARDINAL *beiseit.*
Ja, wo du dich nicht blicken läßt; und wagst du's,
Heut abend, an des Wäldchens Morgenseite.
KÖNIG HEINRICH.
Was gibt's, ihr Herrn?
KARDINAL.
Glaubt mir, mein Vetter Gloster,
Barg Euer Knecht den Vogel nicht so schnell,
So gab's mehr Jagd noch. –

Beiseit.

Du bringst dein doppelt Schwert?
GLOSTER.
Gut, Oheim.
KARDINAL *beiseit.*
Ihr wißt Bescheid? Des Wäldchens Morgenseite?

GLOSTER *beiseit.*
 Kardinal, ich treff' Euch an.
KÖNIG HEINRICH.
 Nun, Oheim Gloster?
GLOSTER.
 Vom Beizen ein Gespräch; sonst nichts, mein Fürst. –

Beiseit.

 Bei der Mutter Gottes, Pfaff', ich schere dir die Platte,
 Sonst gilt mein Fechten nichts.
KARDINAL *beiseit.*
 Medice, te ipsum!
 Protektor, sieh dich vor! Beschütz' dich selbst!
KÖNIG HEINRICH.
 Der Wind wird stürmisch, Lords, wie euer Mut.
 Wie widert meinem Herzen die Musik!
 Wie wäre Harmonie zu hoffen da,
 Wo solche Saiten einen Mißlaut machen?
 Ich bitte, Lords, laßt diesen Zwist mich schlichten.

Ein Einwohner von Sankt-Albans kommt und schreit: »Ein Wunder!«

GLOSTER.
 Was soll der Lärm?
 Gesell, was für ein Wunder rufst du aus?
EINWOHNER.
 Ein Wunder! Ein Wunder!
SUFFOLK.
 Komm vor den König und erzähl' das Wunder.
EINWOHNER.
 Ein Blinder, denkt, hat vor Sankt-Albans Schrein
 In dieser Stunde sein Gesicht erlangt;
 Ein Mann, der lebenslang nicht konnte sehn.
KÖNIG HEINRICH.
 Gott sei gelobt, der gläub'gen Seelen Licht
 Im Finstern gibt und in Verzweiflung Trost!

Der Schulz von Sankt-Albans und seine Bruder kommen; Simpcox wird von zwei Personen auf einem Sessel getragen, seine Frau und ein großer Haufe Volks folgt ihnen nach.

KARDINAL.
 Da kommt die Bürgerschaft in Prozession,

Den Mann bei Eurer Hoheit vorzustellen.
KÖNIG HEINRICH.
Groß ist sein Trost in diesem Erdental,
Vervielfacht sein Gesicht schon seine Sünden.
GLOSTER.
Zurück, ihr Leute! Bringt ihn vor den König,
Seine Majestät geruht mit ihm zu reden.
KÖNIG HEINRICH.
Erzähl' uns hier den Hergang, guter Mensch,
Daß Gott für dich von uns verherrlicht werde.
Sag, warst du lange blind und bist geheilt?
SIMPCOX.
Blind geboren, verzeihn Euer Gnaden.
FRAU.
Ja, fürwahr, das ist er.
SUFFOLK.
Was ist dies für ein Weib?
FRAU.
Seine Frau, mit Euer Hochedlen Erlaubnis.
GLOSTER.
Wärst du seine Mutter, du könntest besser zeugen.
KÖNIG HEINRICH.
Was ist denn dein Geburtsort?
SIMPCOX.
Berwick im Norden Herr, mit Eurer Gunst.
KÖNIG HEINRICH.
Viel Güt' erwies dir Gott, du arme Seele!
Laß Tag und Nacht fortan geheiligt sein,
Und stets bedenke, was der Herr getan.
KÖNIGIN.
Sag, guter Mensch, kamst du durch Zufall her
Oder aus Andacht zu dem heil'gen Schrein?
SIMPCOX.
Gott weiß, aus bloßer Andacht; denn mich rief
Der gute Sankt Albanus hundertmal
Im Schlaf und öfter; »Simpcox«, sagt' er, »komm!
Komm, bet' an meinem Schrein! Ich will dir helfen.«
FRAU.
Wahrhaftig wahr, und manches liebe Mal
Hört' ich von solcher Stimme selbst ihn rufen.
KARDINAL.
Wie, bist du lahm?

SIMPCOX.
Ja, helf' mir der allmächt'ge Gott!
SUFFOLK.
Wie wurdest du's?
SIMPCOX.
Ein Fall von einem Baum.
FRAU.
Ein Pflaumenbaum war's, Herr.
GLOSTER.
Wie lange bist du blind?
SIMPCOX.
Oh, so geboren, Herr.
GLOSTER.
Was, und du klettertest auf einen Baum?
SIMPCOX.
Mein Lebtag' nur auf den, als ein junger Mensch.
FRAU.
Ja wohl, und mußte schwer sein Klettern zahlen.
GLOSTER.
Traun, mochtest Pflaumen gern, dich so zu wagen.
SIMPCOX.
Ach, Herr, mein Weib verlangte ein paar Zwetschen
Und ließ mich klettern mit Gefahr des Lebens.
GLOSTER.
Ein feiner Schelm! Doch soll es ihm nichts helfen.
Laß mich deine Augen sehn: drück' zu, – mach' auf, –
Nach meiner Meinung siehst du noch nicht recht.
SIMPCOX.
Ja, Herr, klar wie der Tag; ich dank's Gott und Sankt Alban!
GLOSTER.
Ei so! Von welcher Farb' ist dieser Mantel?
SIMPCOX.
Rot, Herre, rot wie Blut.
GLOSTER.
Ganz recht. Von welcher Farbe ist mein Rock?
SIMPCOX.
Schwarz, mein' Treu; kohlschwarz wie Ebenholz.
KÖNIG HEINRICH.
Du weißt also, wie Ebenholz gefärbt ist?
SUFFOLK.
Doch, denk' ich, sah er nie kein Ebenholz.
GLOSTER.

Doch Röck' und Mäntel schon vor heut in Menge.
FRAU.
Niemals vor heute, all sein Lebenlang.
GLOSTER.
Sag mir, Kerl, wie ist mein Name?
SIMPCOX.
Ach, Herr, ich weiß nicht.
GLOSTER.
Wie ist sein Name?
SIMPCOX.
Ich weiß nicht.
GLOSTER.
Auch seinen nicht?
SIMPCOX.
Nein, fürwahr, Herr.
GLOSTER.
Wie ist dein eigner Name?
SIMPCOX.
Sander Simpcox, zu Eurem Befehle, Herr.
GLOSTER.
So sitz' da, Sander, der verlogenste Schelm
Der Christenheit. Denn wärst du blind geboren,
Du hätt'st all unsre Namen wissen können
So gut, als so die Farben nennen, die
Wir tragen. Das Gesicht kann Farben unterscheiden,
Doch alle zu benennen auf einmal,
Das ist unmöglich.
Mylords, Sankt Alban hat ein Wunder hier getan;
Und hieltet ihr's nicht für eine große Kunst,
Die diesem Krüppel wieder auf die Beine hülf?
SIMPCOX.
O Herr, wenn Ihr das könntet!
GLOSTER. Ihr Leute von Sankt Albans, habt ihr nicht Büttel in eurer Stadt und Dinger, die man Peitschen heißt?
SCHULZ. Ja, Mylord, zu Euer Gnaden Befehl.
GLOSTER. So laßt unverzüglich einen holen.
SCHULZ. He, Bursch! Geh, hol' sogleich den Büttel her!

Einer aus dem Gefolge ab.

GLOSTER. Nun holt mir geschwind einen Schemel hieher.

Es wird ein Schemel gebracht.

Nun, Kerl, wenn Ihr ohne Peitschen davonkommen wollt, so springt mir über den Schemel und lauft davon.

SIMPCOX. Ach, Herr, ich bin nicht imstande, allein zu stehen: Ihr geht damit um, mich vergeblich zu plagen.

Der Abgeschickte kommt zurück mit dem Büttel.

GLOSTER. Nun, wir müssen Euch an Eure Beine helfen. He, Büttel, peitsch' ihn, bis er über den Schemel springt.

BÜTTEL. Das will ich, gnädiger Herr. – Komm, Kerl, geschwind mit deinem Wams herunter!

SIMPCOX. Ach, Herr, was soll ich tun? Ich bin nicht imstande zu stehen. *Nachdem ihn der Büttel einmal geschlagen hat, springt er über den Schemel und läuft davon; und das Volk läuft nach und schreit: »Ein Wunder!«*

KÖNIG HEINRICH. O Gott, du siehst dies und erträgst so lange?

KÖNIGIN. Ich mußte lachen, wie der Bube lief.

GLOSTER. Dem Schelm setzt nach und nehmt die Metze fort!

FRAU. Ach, Herr, wir taten's aus bloßer Not.

GLOSTER. Laßt sie durch alle Marktplätze peitschen, bis sie nach Berwick kommen, wo sie her sind.

Der Schulz, Büttel, Frau usw. ab.

KARDINAL.
Ein Wunder ist Herzog Humphrey heut gelungen.

SUFFOLK.
Ja wohl, der Lahme läuft und ist entsprungen.

GLOSTER.
Wohl größre Wunder tatet Ihr als dies,
Der ganze Städt' auf einmal springen ließ.

Buckingham tritt auf.

KÖNIG HEINRICH.
Was bringt uns Neues Vetter Buckingham?

BUCKINGHAM.
Was Euch mein Herz zu offenbaren bebt.
Ein Haufe Menschen von verworfnem Wandel
Hat unterm Schutze und im Einverständnis
Frau Leonorens, des Protektors Gattin,
Der Rädelsführerin der ganzen Rotte,
Gefährlich wider Euch es angelegt,
Zu Hexen und zu Zauberern sich haltend.
Wir haben sie ergriffen auf der Tat,
Da sie von drunten böse Geister riefen,

Nach König Heinrichs Tod und Leben fragend,
So wie nach andern vom geheimen Rat,
Wie Eure Hoheit soll des weitern wissen.
KARDINAL *beiseit zu Gloster.*
Und auf die Art, Mylord Protektor, muß
Sich die Gemahlin jetzt in London stellen.
Dies, denk' ich, wendet Eures Degens Spitze;
Vermutlich haltet Ihr die Stunde nicht.
GLOSTER.
Ehrgeiz'ger Pfaff! Laß ab, mein Herz zu kränken:
All meine Kraft hat Gram und Leid bewältigt;
Und wie ich bin bewältigt, weich' ich dir
Und dem geringsten Knecht.
KÖNIG HEINRICH.
O Gott, welch Unheil stiften doch die Bösen
Und häufen so Verwirrung auf ihr eignes Haupt!
KÖNIGIN.
Gloster, da schau den Flecken deines Nestes;
Sieh, ob du rein bist, sorge für dein Bestes.
GLOSTER.
Ich weiß, daß mir der Himmel Zeugnis gibt,
Wie ich den König und den Staat geliebt.
Mit meinem Weib, ich weiß nicht, wie's da steht;
Es tut mir leid zu hören, was ich hörte:
Sie ist von edlem Sinn, doch wenn sie Ehre
Vergaß und Tugend und mit Volk verkehrte,
Das, so wie Pech, befleckt ein adlig Haus,
So stoß' ich sie von Bett und Umgang aus,
Und sei sie dem Gesetz, der Schmach verpfändet,
Die Glosters reinen Namen so geschändet.
KÖNIG HEINRICH.
Nun gut, wir wollen diese Nacht hier ruhn,
Nach London morgen wiederum zurück,
Um dieser Sache auf den Grund zu sehn
Und Rechenschaft den Frevlern abzufodern;
Daß Recht den Fall in gleichen Schalen wäge,
So nimmer wankt und sieget allewege.

Trompetenstoß. Alle ab.

Zweite Szene

*London. Garten des Herzogs von York. York, Salisbury und
Warwick treten auf.*

YORK.
Nun, werte Lords von Salisbury und Warwick,
Nach unserm schlichten Mahl erlaubet mir,
In diesem Laubengang mir g'nugzutun,
Euch fragend, was ihr meint von meinem Anspruch
An Englands Krone, der untrüglich ist.
SALISBURY.
Mylord, ich wünsch' ausführlich es zu hören.
WARWICK.
Sprich, lieber York; und ist dein Anspruch gut,
So kannst du schalten mit der Nevils Dienst.
YORK.
Dann so:
Eduard der Dritte hatte sieben Söhne;
Erst Eduard Prinz von Wales, der Schwarze Prinz;
Der zweite, William Hatfield; und der dritte,
Lionel, Herzog Clarence; dem zunächst
Kam John von Gaunt, der Herzog Lancaster;
Der fünfte, Edmund Langley, Herzog York;
Der sechste, Thomas von Woodstock, Herzog Gloster;
William von Windsor war der siebt' und letzte.
Eduard, der Schwarze Prinz, starb vor dem Vater
Und ließ als einz'gen Sohn den Richard nach,
Der nach Eduard des Dritten Tod regierte;
Bis Heinrich Bolingbroke, Herzog Lancaster,
Der älteste Sohn und Erbe Johns von Gaunt,
Der als der vierte Heinrich ward gekrönt,
Das Reich bewältigt, den rechtmäß'gen König
Entsetzt und seine arme Königin
Nach Frankreich fortgesandt, woher sie kam,
Und ihn nach Pomfret: wo der gute Richard,
Wie jeder weiß, verrät'risch ward ermordet.
WARWICK.
Vater, der Herzog redet wahr;
So kam das Haus von Lancaster zur Krone.
YORK.
Die nun sie durch Gewalt, nicht Recht, behaupten:
Nach Richards Tod, des ersten Sohnes Erben,

War an der Reih' des nächsten Sohns Geschlecht.
SALISBURY.
Doch William Hatfield starb ohn' einen Erben.
YORK.
Der dritte, Herzog Clarence, von des Stamm
Entsprossen ich die Krone heische, hatte
Nachkommenschaft: Philippa, eine Tochter,
Vermählt mit Edmund Mortimer, Graf von March.
Edmund erzeugte Roger, Graf von March,
Roger erzeugte Edmund, Anna und Lenore.
SALISBURY.
Der Edmund machte, unter Bolingbroke,
Wie ich gelesen, Anspruch an die Krone;
Und wo's nicht Owen Glendower getan,
So wär' er König worden: denn der hielt
Ihn in Gefangenschaft bis an den Tod.
Doch weiter!
YORK.
Seine älteste Schwester Anna
Und meine Mutter, als der Krone Erbin,
Heiratete Richard, Graf von Cambridge, Sohn
Von Edmund Langley, fünftem Sohn Eduard des Dritten.
Auf sie bau' ich den Anspruch: sie war Erbin
Von Roger, Graf von March; der war der Sohn
Von Edmund Mortimer, der Philippen hatte,
Die einz'ge Tochter Lionels von Clarence.
So, wenn des ältern Sohns Nachkommenschaft
Vor der des jüngern vorgeht, bin ich König.
WARWICK.
Das Klarste kann nicht klarer sein als dies.
Heinrich besitzt den Thron von John von Gaunt,
Dem vierten Sohn; York heischt ihn von dem dritten
Bis Lionels Geschlecht erloschen, sollte
Seins nicht regieren; es erlosch noch nicht,
Es blüht vielmehr in dir und deinen Söhnen,
Den schönen Sprößlingen von solchem Stamm.
Drum, Vater Salisbury, laß beid' uns knien
Und hier am stillen Ort die ersten sein,
Die unsern echten Oberherrn begrüßen
Mit Ehren des Geburtsrechts an den Thron.
BEIDE.
Lang' lebe König Richard, unser Herr!

YORK.
Wir danken euch. Doch, Lords, ich bin nicht König,
Bis ich gekrönt bin und mein Schwert sich färbte
Mit Herzblut von dem Hause Lancaster;
Und das ist übereilt nicht auszuführen,
Mit Klugheit nur und stiller Heimlichkeit.
Tut ihr wie ich in diesen schlimmen Tagen:
Seid blind für Herzog Suffolks Übermut,
Für Beauforts Stolz, die Ehrsucht Somersets,
Für Buckingham und ihre ganze Schar;
Bis sie der Herde Schäfer erst verstrickt,
Den tugendhaften Prinzen, Herzog Humphrey.
Das suchen sie und finden, dieses suchend,
Den eignen Tod, weiß York zu prophezein.
SALISBURY.
Mylord, genug! Wir sind nun unterrichtet.
WARWICK.
Mein Herz beteuert mir, der Graf von Warwick
Macht Herzog York zum König eines Tags.
YORK.
Und, Nevil, dies beteur' ich selber mir:
Richard erlebt's und macht den Graf von Warwick
Zum größten Mann in England, nach dem König.

Alle ab.

Dritte Szene

*Ebendaselbst. Ein Gerichtssaal. Trompeten. König Heinrich,
Königin Margareta, Gloster, York, Suffolk und Salisbury treten
auf; die Herzogin von Gloster, Grete Jordan, Southwell, Hume
und Bolingbroke werden von der Wache herein geführt.*

KÖNIG HEINRICH.
Kommt vor, Frau Leonore Cobham, Glosters Weib.
Vor Gott und uns ist Eu'r Vergehen groß:
Empfanget des Gesetzes Spruch für Sünden,
Die Gottes Schrift zum Tod verurteilt hat. –
Ihr vier von hier zurück in das Gefängnis,
Von dannen an den Platz der Hinrichtung.
Die Hexe brenn' in Smithfield man zu Asche,
Und ihr drei sollt erwürgt am Galgen werden. –
Ihr, Herzogin, als edler von Geburt,
Sollt, Eurer Ehre lebenslang beraubt,

Nach dreien Tagen öffentlicher Buße
Im Banne hier in Eurem Lande leben,
Mit Sir John Stanley in der Insel Man.
HERZOGIN.
Willkommen Bann, willkommen wäre Tod.
GLOSTER.
Das Recht hat, Leonore, dich gerichtet;
Rechtfert'gen kann ich nicht, wen es verdammt.

Die Herzogin und die übrigen Gefangnen werden mit Wache abgeführt.

Mein Auge schwimmt, mein Herz ist voller Gram.
Ach, Humphrey, diese Schand' in deinem Alter
Bringt noch dein Haupt mit Jammer in die Grube! –
Ich bitt' Eu'r Majestät, weggehn zu dürfen:
Das Leid will Tröstung, und mein Alter Ruh'.
KÖNIG HEINRICH.
Halt, Humphrey, Herzog Gloster! Eh' du gehst,
Gib deinen Stab mir: Heinrich will sich selbst
Protektor sein; und Gott sei meine Hoffnung,
Mein Schutz, mein Hort und meiner Füße Leuchte!
Und geh in Frieden, Humphrey: noch so wert,
Als da du warst Protektor deinem König.
KÖNIGIN.
Ich sehe nicht, warum ein münd'ger König
Beschützt zu werden brauchte wie ein Kind.
Mit Gott soll Heinrich Englands Steuer führen:
Herr, gebt den Stab und laßt ihn selbst regieren.
GLOSTER.
Den Stab? Hier, edler Heinrich, ist mein Stab.
So willig mag ich selbigem entsagen,
Als mich dein Vater Heinrich hieß ihn tragen;
So willig lass' ich ihn zu deinen Füßen,
Als andre dran den Ehrgeiz würden büßen.
Leb wohl, mein König! Wenn ich hingeschieden,
Umgebe deinen Thron ruhmvoller Frieden!

Ab.

KÖNIGIN.
Ja, nun ist Heinrich Herr, Margreta Königin,
Und Humphrey, Herzog Gloster, kaum er selbst;
So arg verstümmelt, auf einmal zwei Stöße,

Sein Weib verbannt, und abgehaun ein Glied,
Der überreichte Stab: – hier sei sein Stand,
Wo er sich hingeziemt, in Heinrichs Hand.
SUFFOLK.
So hängt der hohe Fichtenbaum die Zweige,
So geht Lenorens Stolz, noch jung, zur Neige.
YORK.
Lords, laßt ihn ziehn. – Beliebt's Eu'r Majestät,
Dies ist der Tag, zum Zweikampf anberaumt,
Und Kläger und Beklagter stehn bereit,
Der Waffenschmied und sein Lehrbursch' an den Schranken
Geruht Eu'r Hoheit das Gefecht zu sehn.
KÖNIGIN.
Ja, mein Gemahl; denn dazu eben kam ich
Vom Hof, um ausgemacht den Streit zu sehn.
KÖNIG HEINRICH.
In Gottes Namen, richtet alles ein:
Hier laßt sie's enden, und schütze Gott das Recht!
YORK.
Nie sah ich schlechter einen Kerl gemutet,
Noch mehr in Angst zu fechten, als den Kläger,
Den Burschen dieses Waffenschmieds, Mylords.

Von der einen Seite kommt Horner mit seinen Nachbarn, die ihm so viel zutrinken, daß er betrunken ist; er trägt eine Stange mit einem daran befestigten Sandbeutel, und eine Trommel geht vor ihm her; von der andern Seite Peter mit einer Trommel und eben solcher Stange, begleitet von Lehrburschen, die ihm zutrinken.

ERSTER NACHBAR. Hier, Nachbar Horner, trinke ich Euch zu mit einem Glase Sekt; und seid nicht bange, Nachbar, es wird schon gut gehen.
ZWEITER NACHBAR. Und hier, Nachbar, habt Ihr ein Glas Scharneco.
DRITTER NACHBAR. Und hier ist eine Kanne gutes Doppelbier, Nachbar: trinkt, und fürchtet Euch nicht vor Eurem Burschen.
HORNER. Nur her damit, meiner Treu, und ich will euch allen Bescheid tun, und ich frage den Kuckuck nach Peter.
ERSTER LEHRBURSCHE. Hier, Peter, ich trinke dir zu, und sei nicht bange.

ZWEITER LEHRBURSCHE. Lustig, Peter, und fürchte dich nicht vor deinem Meister; schlage dich für die Reputation von uns Lehrburschen.

PETER. Ich danke euch allen; trinkt und betet für mich, ich bitte euch: denn ich denke, ich habe meinen letzten Trunk in dieser Welt zu mir genommen. – Da, Ruprecht, wenn ich sterbe, so gebe ich dir mein Schurzfell, und Fritz, du sollst meinen Hammer haben; und da, Thoms, nimm alles Geld, das ich habe. – O Herr, sei mir gnädig und barmherzig! Ich kann es nimmermehr mit meinem Meister aufnehmen, er hat schon so viel Fechten gelernt.

SALISBURY. Kommt, laßt das Trinken sein und kommt zu den Streichen. Wie ist dein Name, Bursch?

PETER. Je nun, Peter.

SALISBURY. Peter! Wie weiter?

PETER. Puff.

SALISBURY. Puff! Nun, so sieh zu, daß du deinen Meister tüchtig puffst.

HORNER. Leute, ich bin so zu sagen auf Verlangen meines Gesellen hergekommen, um zu beweisen, daß er ein Hundsfott ist und ich ein ehrlicher Mann; und was den Herzog von York anbetrifft, so will ich darauf sterben, daß ich niemals was wider ihn im Sinne gehabt habe, und gegen den König und die Königin auch nicht. Und also sieh dich vor, Peter, ich will tüchtig ausholen.

YORK.
Macht fort, schon lallt die Zunge diesem Schelm.
Trompeten blast, den Kämpfern zum Signal!

Signal von Trompeten. Sie fechten, und Peter schlägt seinen Meister zu Boden.

HORNER. Halt, Peter, halt! Ich bekenne, ich bekenne meine Verräterei. *Stirbt.*

YORK. Nehmt seine Waffe weg. – Danke Gott, Gesell, und dem guten Wein in deines Meisters Kopf.

PETER. O Gott! Habe ich meinen Feinden in dieser hohen Versammlung obgesiegt? O Peter, du hast deine gute Sache behauptet!

KÖNIG HEINRICH.
Schafft den Verräter weg aus unsern Augen,
Denn seine Schuld beweiset uns sein Tod,
Und offenbart hat der gerechte Gott

Die Treu' und Unschuld dieses armen Menschen,
Den widerrechtlich er zu morden dachte. –
Komm mit, Gesell, empfange deinen Lohn!

Alle ab.

Vierte Szene

Ebendaselbst. Eine Straße. Gloster tritt auf, von Bedienten begleitet; sämtlich in Trauermänteln.

GLOSTER.
So hat der hellste Tag manchmal Gewölk,
Dem Sommer folgt der kahle Winter stets
Mit seinem grimm'gen, bitterlichen Frost:
So strömet Freud' und Leid, wie Zeiten wandeln. –
Was ist die Glocke, Leute?
BEDIENTER.
Zehn, Mylord.
GLOSTER.
Zehn ist die Stunde, die man mir bestimmt,
Zu warten auf mein büßendes Gemahl.
Fast schwer mag sie die stein'gen Straßen dulden,
Mit zartgefühl'gem Fuß sie zu betreten.
Herz-Lene! Schlecht erträgt dein edler Mut
Verworfnes Volk, das ins Gesicht dir gafft,
Mit häm'schen Blicken lachend deiner Schmach,
Das sonst den stolzen Wagenrädern folgte,
Wenn im Triumph du durch die Straßen fuhrst.
Doch still! Da kommt sie, denk' ich, und nun soll
Mein tränbeschwemmtes Aug' ihr Elend sehn.

Die Herzogin von Gloster kommt in einem weißen Hemde, Papiere auf dem Rücken geheftet, barfuß, und mit einer brennenden Kerze in der Hand; Sir John Stanley, ein Sheriff und Beamte.

BEDIENTER.
Geruhn Eu'r Gnaden, und wir machen sie
Von Sheriffs Händen los.
GLOSTER.
Nein, rührt euch nicht,
Bei Leib und Leben, laßt vorbei sie ziehn.
HERZOGIN.
Kommt Ihr, Gemahl, um meine Schmach zu sehn?

Nun tust du Buße mit. Sieh, wie sie gaffen!
Sieh, wie die trunkne Schar mit Fingern weist,
Mit Köpfen nickt und Augen auf dich wirft!
Ach, Gloster, birg dich den gehäss'gen Blicken,
Klag', eingesperrt im Zimmer, meine Schmach
Und fluch' auf deine Feinde, mein' und deine!
GLOSTER.
  Geduldig, liebe Lene! Vergiß dies Leid!
HERZOGIN.
  Ah, Gloster, lehre mir, mich selbst vergessen!
Denn, weil ich denk', ich bin dein eh'lich Weib
Und du ein Prinz, Protektor dieses Lands,
Dünkt mich, ich sollte so geführt nicht werden,
In Schmach gesteckt, mit Zetteln auf dem Rücken,
Ein Pöbel hinter mir, der meiner Tränen
Und tief geholten Seufzer sich erfreut.
Der grimm'ge Kiesel ritzt die zarten Füße,
Und fahr' ich auf, so lacht das häm'sche Volk
Und heißt mich Achtung geben, wie ich trete.
Ah, Humphrey, kann ich's tragen, dieses Joch?
Meinst du, ich werde je die Welt anschaun
Und glücklich achten, wem die Sonne scheint?
Nein, Dunkel sei mein Licht, und Nacht mein Tag,
Und Denken meines Pomps sei meine Hölle.
Dann sag ich: Ich bin Herzog Humphreys Weib,
Und er ein Prinz und ein Regent des Lands;
Doch so regiert' er und war solch ein Prinz,
Daß er dabei stand, während ich Hülflose
Zum Wunder ward gemacht und zum Gespött
Von jedem müß'gen Buben aus dem Troß.
Sei du nur mild, erröte nicht für mich,
Kehr' dich an nichts, bis über dir das Beil
Des Todes hängt, wie sicher bald geschieht.
Denn Suffolk, er, der alles ist in allem
Bei ihr, die dich haßt und uns alle haßt,
Und York, und Beaufort, der ruchlose Pfaff',
Sie alle stellten Vogelruten dir;
Und flieg' du, wie du kannst, sie fangen dich.
Doch fürchte nichts, bis sich dein Fuß verstrickt,
Und such' nie deinen Feinden vorzukommen!
GLOSTER.
  Ach, Lene, halt! Du zielest gänzlich fehl.

Eh' muß ich schuldig sein als überwiesen;
Und hätt' ich zwanzigmal so viele Feinde,
Und jeder hätte zwanzigmal mehr Macht,
Die alle könnten keine Not mir schaffen,
Solang' ich redlich bin, getreu und schuldlos.
Wollt'st du, ich sollte von dem Schimpf dich retten?
Die Schande wär' ja dennoch nicht verwischt,
Doch ich gefährdet durch Gesetzes Bruch.
Die beste Hülf ist Ruhe, liebe Lene;
Ich bitt' dich, füge zur Geduld dein Herz.
Das Aufsehn wen'ger Tage legt sich bald.

Ein Herold tritt auf.

HEROLD. Ich lade Euer Gnaden zu Seiner Majestät Parlament, das zu Bury am Ersten nächstkommenden Monats gehalten werden soll.
GLOSTER.
Und nicht erst meine Beistimmung gefragt!
Das nenn' ich heimlich. – Gut, ich komme hin.

Herold ab.

Ich scheide, liebe Lene, – und, Meister Sheriff,
Laßt nach des Königs Auftrag nur sie büßen.
SHERIFF.
Mein Auftrag ist hier aus, beliebt's Eu'r Gnaden;
Und Sir John Stanley ist nunmehr bestallt,
Sie mitzunehmen nach der Insel Man.
GLOSTER.
Habt Ihr, Sir John, in Aufsicht mein Gemahl?
STANLEY.
Ja, gnäd'ger Herr, dies Amt ist mir erteilt.
GLOSTER.
Verfahrt mit ihr nicht härter, weil ich bitte,
Daß Ihr sie schont. Die Welt mag wieder lächeln,
Und ich noch Gutes Euch erweisen, wenn
Ihr's ihr getan. Und so, Sir John, lebt wohl!
HERZOGIN.
Geht mein Gemahl und sagt mir kein Lebwohl?
GLOSTER.
Die Tränen zeugen, daß ich's nicht vermag.

Gloster und Bediente ab.

HERZOGIN.
Auch du bist fort? Geh' aller Trost mit dir!
Denn keiner bleibt bei mir: mich freut nur Tod,
Tod, dessen Namen sonst mich oft geschreckt,
Weil Ewigkeit in dieser Welt ich wünschte. –
Stanley, ich bitt' dich, geh, nimm mich von hinnen;
Gleichviel wohin, ich bitte nicht um Gunst,
Geleit' mich nur, wo dir's befohlen ward.
STANLEY.
Ei, gnäd'ge Frau, das ist zur Insel Man.
Nach Eurem Stand gehalten dort zu werden.
HERZOGIN.
Das wäre schlimm genug: ich bin nur Schimpf,
Und soll ich schimpflich denn gehalten werden?
STANLEY.
Wie eine Herzogin, Humphreys Gemahl:
Nach diesem Stand sollt Ihr gehalten werden.
HERZOGIN.
Sheriff, leb wohl, und besser, als ich lebe,
Wiewohl du Führer meiner Schande warst.
SHERIFF.
Es ist mein Amt, verzeiht mir, gnäd'ge Frau.
HERZOGIN.
Ja, ja, leb wohl! Dein Amt ist nun versehn.
Komm, Stanley, soll'n wir gehn?
STANLEY.
Werft ab dies Hemde, nach getaner Buße,
Und gehn wir, um zur Reis' Euch anzukleiden.
HERZOGIN.
Die Schande wechsl' ich mit dem Hemde nicht,
Nein, sie wird an den reichsten Kleidern hängen,
Sich zeigen, wie ich auch mich schmücken mag.
Geh, führe! Mich verlangt in mein Gefängnis.

Ab.

Dritter Aufzug

Erste Szene

Die Abtei zu Bury. König Heinrich, Königin Margareta, Kardinal Beaufort, Suffolk, York, Buckingham und andre zum Parlament.

KÖNIG HEINRICH.
Mich wundert, daß Mylord von Gloster fehlt:
Er pflegt sonst nicht der letzte Mann zu sein,
Was für ein Anlaß auch ihn jetzt entfernt.
KÖNIGIN.
Könnt Ihr nicht sehn und wollt Ihr nicht bemerken,
Wie fremd sich sein Gesicht verwandelt hat?
Mit welcher Majestät er sich beträgt?
Wie übermütig er seit kurzem ward,
Wie stolz, wie herrisch und sich selbst nicht gleich?
Ich weiß die Zeit, da er noch mild und freundlich war,
Und warfen wir nur einen Blick von fern,
Gleich war er auf den Knieen, daß der Hof
Voll von Bewund'rung war für seine Demut.
Doch trefft ihn jetzt, und sei es morgens früh,
Wann jedermann die Tageszeit doch bietet,
Er zieht die Brau'n und zeigt ein zornig Auge
Und geht mit ungebognem Knie vorbei,
Die Schuldigkeit, die uns gebührt, verschmähend.
Man achtet kleiner Hunde Murren nicht,
Doch Große zittern, wenn der Löwe brüllt,
Und Humphrey ist kein kleiner Mann in England.
Erst merkt, daß er Euch nah ist von Geburt
Und, wenn Ihr fallt, der nächste wär' zum Steigen.
Drum, deucht mir, ist es keine Politik,
Erwogen, welchen Groll er trägt im Herzen,
Und daß sein Vorteil Eurem Hintritt folgt,
Daß er zu Eurer fürstlichen Person
Und Euer Hoheit Rat den Zutritt habe.
Des Volkes Herz gewann ihm Schmeichelei,
Und wenn's ihm einfällt, Aufstand zu erregen,
So ist zu fürchten, alles folgt ihm nach.
Jetzt ist es Frühling, und das Unkraut wurzelt
Nur flach noch; duldet's jetzt, so wuchert es
Im ganzen Garten und erstickt die Kräuter

Aus Mangel einer fleiß'gen Landwirtschaft.
Die ehrerbiet'ge Sorg' um meinen Herrn
Ließ mich im Herzog die Gefahren lesen.
Wenn's töricht ist, nennt's eine Weiberfurcht,
Und können beßre Gründe sie verdrängen,
Gesteh' ich gern, ich tat zu nah dem Herzog.
Mylord von Suffolk, Buckingham und York,
Stoßt um das Angeführte, wenn ihr könnt;
Wo nicht, laßt meine Worte gültig sein.
SUFFOLK.
Wohl schaut Eu'r Hoheit diesen Herzog durch,
Und hätt' ich erst die Meinung äußern sollen,
Ich hätt' in Euer Gnaden Sinn gestimmt.
Die Herzogin begann auf seinen Antrieb,
So wahr ich lebe, ihre Teufelskünste;
Und war er nicht Mitwisser dieser Schuld,
Doch hat Erwägung seiner hohen Abkunft,
Da nach dem König er zum Thron der Nächste,
[Und derlei Prahlen mit des Blutes Adel]
Die hirnverbrannte Herzogin gereizt,
Böslich nach unsers Fürsten Fall zu trachten.
Wo tief der Bach ist, läuft das Wasser glatt,
Und sein so schlichter Schein herbergt Verrat;
Der Fuchs bellt nicht, wann er das Lamm will stehlen.
Nein, nein, mein König! Gloster ist ein Mann,
Noch unergründet und voll tiefen Trugs.
KARDINAL.
Erfand er, dem Gesetz zuwider, nicht
Für kleine Fehler fremde Todesarten?
YORK.
Und hob er nicht in der Protektorschaft
Im Reiche große Summen Gelds für Sold
Des Heers in Frankreich, den er niemals sandte,
Weshalb die Städte täglich sich empörten?
BUCKINGHAM.
Pah! Dies sind kleine Fehler, neben jenen
Verborgnen, welche bald die Zeit ans Licht
Am gleisnerischen Herzog Humphrey bringt.
KÖNIG HEINRICH.
Mylords, mit eins: die Sorge, die ihr tragt
Die Dornen wegzumähn vor unsern Füßen,
Heischt Lob; doch soll ich nach Gewissen reden?

So rein ist Oheim Gloster, auf Verrat
An unsrer fürstlichen Person zu sinnen,
Als eine sanfte Taub', ein säugend Lamm;
Der Herzog ist zu tugendsam und mild,
Er träumt kein Arg und sucht nicht mein Verderben.
KÖNIGIN.
Ah, wie gefährlich ist dies blinde Zutrau'n!
Er eine Taub'? Entlehnt ist sein Gefieder,
Denn wie der arge Rab' ist er gesinnt.
Ist er ein Lamm? Sein Fell muß ihm gelieh'n sein,
Denn räuberischen Wölfen gleicht sein Mut.
Wer trügen will, kann einen Schein wohl stehlen.
Herr, seht Euch vor: die Wohlfahrt von uns allen
Hängt an dem Fallen dieses falschen Manns.

Somerset tritt auf.

SOMERSET.
Heil meinem gnäd'gen Herrn!
KÖNIG HEINRICH.
Seid uns willkommen,
Lord Somerset! Was gibt's in Frankreich Neues?
SOMERSET.
Daß alles Euer Teil an dort'gen Landen
Euch gänzlich ist benommen: alles hin!
KÖNIG HEINRICH.
Schlimm Glück, Lord Somerset! Doch, wie Gott will.
YORK *beiseit.*
Schlimm Glück für mich! Ich hatt' auf Frankreich Hoffnung,
So fest ich auf das reiche England hoffe.
So sterben meine Blüten in der Knospe,
Und Raupen zehren meine Blätter weg;
Allein in kurzem steur' ich diesem Handel,
Sonst kauft mein Anspruch mir ein rühmlich Grab.

Gloster tritt auf.

GLOSTER.
Heil sei und Glück dem König, meinem Herrn!
Vergebt, mein Fürst, daß ich so lang' verzog.
SUFFOLK.
Nein, Gloster, wisse, du kamst allzu früh.
Du müßtest treuer, als du bist, denn sein:
Denn ich verhafte dich um Hochverrat.

GLOSTER.
Gut, Suffolk, nicht erröten sollst du mich
Noch Mienen ändern sehn um den Verhaft:
Ein fleckenloses Herz zagt nicht so leicht.
Der reinste Quell ist nicht so frei von Schlamm,
Als ich's bin von Verrat an meinem Herrn.
Wer klagt mich an, und wessen bin ich schuldig?
YORK.
Man glaubt, Mylord, daß Frankreich Euch bestochen,
Und daß Ihr unterschlugt der Truppen Sold,
Was Seine Hoheit dann um Frankreich brachte.
GLOSTER.
Man glaubt es nur? Wer sind sie, die das glauben?
Ich raubte nie den Truppen ihren Sold
Und hatte keinen Pfennig je von Frankreich.
So helf' mir Gott, wie ich des Nachts gewacht,
Ja Nacht für Nacht, auf Englands Wohlfahrt sinnend!
Der Deut, den ich dem König je entrungen,
Der Grosche, den ich aufgehäuft für mich,
Sei am Gerichtstag wider mich gebracht.
Nein, manches Pfund von meinen eignen Mitteln,
Weil ich das dürft'ge Volk nicht wollte schatzen,
Hab' ich an die Besatzungen gezahlt
Und meinen Vorschuß nie zurück verlangt.
KARDINAL.
Es steht Euch an, Mylord, das zu behaupten.
GLOSTER.
Ich sag' die Wahrheit nur, so Gott mir helfe!
YORK.
In der Protektorschaft erfandet Ihr
Für Missetäter unerhörte Martern,
Daß England ward verschrien um Tyrannei.
GLOSTER.
Weiß doch ein jeder, daß ich als Protektor
Allein des Mitleids Fehler an mir hatte.
Ich schmolz bei eines Missetäters Tränen.
Demüt'ge Worte lösten ihr Vergehn.
War's nicht ein blut'ger Mörder oder Dieb,
Der tückisch arme Reisende geplündert,
So gab ich niemals die verwirkte Strafe.
Mord zwar, die blut'ge Sünde, martert' ich
Noch über Diebstahl oder was auch sonst.

SUFFOLK.
 Herr, dies sind leichte Fehl', und bald entschuldigt,
 Doch größerer Verbrechen zeiht man Euch,
 Wovon Ihr nicht so leicht Euch rein'gen könnt.
 Ich geb' Euch Haft in Seiner Hoheit Namen
 Und überliefr' Euch dem Lord Kardinal,
 Auf ferneres Verhör Euch zu verwahren.
KÖNIG HEINRICH.
 Ich hoff' absonderlich, Mylord von Gloster,
 Von allem Argwohn Euch befreit zu sehn:
 Ihr seid unschuldig, sagt mir mein Gewissen.
GLOSTER.
 Ach, gnäd'ger Herr, gefahrvoll ist die Zeit!
 Die Tugend wird erstickt vom schnöden Ehrgeiz,
 Und Nächstenliebe fortgejagt vom Groll;
 Gehäss'ge Anstiftungen walten vor,
 Und Billigkeit ist aus dem Reich verbannt.
 Ich weiß, ihr Anschlag zielet auf mein Leben;
 Und wenn mein Tod dies Eiland glücklich machen
 Und ihre Tyrannei beenden könnte,
 Ich gäb' es dran mit aller Willigkeit.
 Doch meiner ist nur ihres Stücks Prolog;
 Mit Tausenden, die noch Gefahr nicht träumen,
 Ist ihr entworfnes Trauerspiel nicht aus.
 Beauforts rotfunkelnd Aug' schwatzt seinen Groll aus,
 Und Suffolks düstre Stirn den stürm'schen Haß;
 Der scharfe Buckingham entladet sich
 Der häm'schen Last des Herzens mit der Zunge;
 Der mürr'sche York, der nach dem Monde greift,
 Und des vermeßnen Arm ich rückwärts riß,
 Zielt mir mit falscher Klage nach dem Leben.
 Und Ihr auch, meine Fürstin, mit den andern,
 Habt grundlos Schmähung auf mein Haupt gelegt
 Und meinen besten Oberherrn gereizt,
 Mit eifrigstem Bemühn, mein Feind zu sein.
 Ja, alle stakt zusammen ihr die Köpfe, –
 Ich wußte selbst von euren Konventikeln, –
 Und bloß, mein schuldlos Leben wegzuschaffen.
 Mich zu verdammen gibt's wohl falsche Zeugen,
 Und Haufen von Verrat, die Schuld zu mehren;
 Das alte Sprichwort wird bewährt sich zeigen:
 Einen Hund zu schlagen, find't sich bald ein Stock.

KARDINAL.
> Mein Oberherr, sein Schmähn ist unerträglich.
> Wenn die, so Eure fürstliche Person
> Vor des Verrats verstecktem Dolch bewahren,
> Getadelt so, gehöhnt, gescholten werden
> Und man dem Schuld'gen Raum zu reden gibt,
> Es muß den Eifer für Eu'r Gnaden kühlen.

SUFFOLK.
> Hat er nicht unsre Fürstin hier gezwackt
> Mit schmäh'nden Worten, klüglich zwar gestellt,
> Als ob sie Leute angestiftet hätte,
> Zum Umsturz seiner Würde falsch zu schwören?

KÖNIGIN.
> Ich kann ja den Verlierer schelten lassen.

GLOSTER.
> Viel wahrer als Ihr's meintet! Wohl verlier' ich:
> Fluch den Gewinnern, denn sie spielten falsch!
> Wer so verliert, der hat wohl Recht zu reden.

BUCKINGHAM.
> Er wird mit Deuteln hier den Tag verbringen.
> Lord Kardinal, er ist in Eurer Haft.

KARDINAL.
> Ihr, bringt den Herzog fort, verwahrt ihn sicher!

GLOSTER.
> Ach, so wirft Heinrich seine Krücke weg,
> Eh' seine Beine stark sind, ihn zu tragen;
> So schlägt man dir den Schäfer von der Seite,
> Und Wölfe blecken, wer dich erst soll schlingen.
> Ach, wäre meine Furcht, wär' sie doch Wahn!
> Dein Unheil, guter König, seh' ich nahn.

Einige aus dem Gefolge mit Gloster ab.

KÖNIG HEINRICH.
> Lords, was das beste eurer Weisheit dünkt,
> Beschließt, verwerft, als ob wir selbst hier wären.

KÖNIGIN.
> Eu'r Hoheit will das Parlament verlassen?

KÖNIG HEINRICH.
> Ja, Margareta! Gram ertränkt mein Herz,
> Und seine Flut ergießt sich in die Augen;
> Umgürtet ist mein Leib mit Elend ganz,
> Denn kann elender was als Mißmut sein?

Ach, Oheim Humphrey! Dein Gesicht enthält
Den Abriß aller Ehr' und Biederkeit,
Und noch, du Guter, soll die Stunde kommen,
Wo ich dich falsch erprobt und dir mißtraut.
Welch finstrer Stern beneidet jetzt dein Glück,
Daß diese großen Lords und mein Gemahl
Dein harmlos Leben zu verderben trachten?
Du kränktest niemals sie und kränktest keinen;
Und wie das Kalb der Metzger nimmt und bindet's,
Und schlägt das arme, wenn es abwärts schweift,
So haben sie ihn grausam weggeführt.
Und wie die Mutter brüllend läuft umher,
Hinsehend, wo ihr Junges von ihr geht,
Und kann nichts tun, als um ihr Herzblatt jammern:
So jammr' ich um des guten Glosters Fall
Mit hülflos leid'gen Tränen, seh' ihm nach
Mit trübem Aug', und kann nichts für ihn tun,
So mächtig sind, die Feindschaft ihm geschworen.
Drum will ich gehn und weinen um sein Los,
Und zwischen jedem Ächzen sag' ich immer:
Wer ist Verräter? Gloster nun und nimmer!

Ab.

KÖNIGIN.
Ihr freien Lords, Schnee schmilzt vom Sonnenstrahl.
Heinrich, mein Gatt', ist kalt in großen Dingen,
Zu voll von blödem Mitleid; und Glosters Schein
Betört ihn, wie das traur'ge Krokodil
Mit Weh gerührte Wanderer bestrickt,
Wie eine Schlang', auf Blumenhöh'n geringelt,
Mit gleißend buntem Balg, den Knaben sticht,
Dem sie der Schönheit halb vortrefflich dünkt.
Glaubt mir, wenn niemand weiser wär' als ich
(Und doch lob' ich hierin den eignen Witz),
Der Gloster würde dieser Welt bald los,
Von unsrer Furcht vor ihm uns loszumachen.
KARDINAL.
Zwar, daß er sterb', ist würd'ge Politik,
Doch braucht's Beschönigung für seinen Tod.
Man muß ihn nach des Rechtes Lauf verdammen.
SUFFOLK.
Nach meinem Sinn wär' das nicht Politik.

Der König wird sich mühn für seine Rettung;
Das Volk steht auf vielleicht für seine Rettung;
Und dennoch haben wir nur kahlen Grund,
Mehr als Verdacht, des Tods ihn wert zu zeigen.
YORK.
Demnach begehrt Ihr seinen Tod nicht sehr.
SUFFOLK.
Ah, York, kein Mensch auf Erden wünscht ihn mehr!
YORK.
York hat am meisten Grund zu seinem Tod. –
Doch, Mylord Kardinal, und Ihr, Mylord von Suffolk,
Sagt, wie ihr denkt, und sprecht vom Herzen weg:
Wär's nicht all eins, den hungrigen Adler setzen
Zum Schutz des Küchleins vor dem gier'gen Geier
Und Herzog Humphrey zum Protektor stellen?
KÖNIGIN.
So wär' des armen Küchleins Tod gewiß.
SUFFOLK.
Ja, gnäd'ge Frau; und wär's nicht Raserei,
Dem Fuchs der Hürde Aufsicht zu vertraun?
Verklagte man als schlauen Mörder ihn,
So würd' es seine Schuld nur schlecht bemänteln,
Daß er den Vorsatz noch nicht ausgeführt.
Nein, sterb' er, sintemal ein Fuchs er ist,
Als Feind der Herde von Natur bewährt,
Eh' purpurn Blut den Rachen ihm befleckt,
Wie Gloster, unsers Herrn erwiesner Feind.
Und hängt an Skrupeln nicht, wie man ihn töte:
Sei es mit Fallen, Schlingen, Schlauigkeit,
Im Schlaf, im Wachen, das gilt alles gleich,
Ist er nur tot: denn das ist guter Trug,
Der den erst schlägt, der erst sich legt auf Trug.
KÖNIGIN.
Du sprichst entschlossen, dreimal edler Suffolk?
SUFFOLK.
Entschlossen nicht, wenn es nicht auch geschieht,
Denn oft sagt man ein Ding und meint es nicht.
Doch daß mein Herz mit meiner Zunge stimmt,
Weil für verdienstlich ich die Tat erkenne,
Und meinen Herrn von seinem Feind zu retten:
Sagt nur das Wort, ich will sein Priester sein.
KARDINAL.

Ich aber wünscht' ihn tot, Mylord von Suffolk,
Eh' Ihr Euch könnt zum Priester weihen lassen.
Sagt, Ihr stimmt bei und heißet gut die Tat,
Und einen Henker will ich ihm besorgen,
So wert ist mir des Fürsten Sicherheit.
SUFFOLK.
Hier meine Hand, die Tat ist tuenswert.
KÖNIGIN.
Das sag' auch ich.
YORK.
Und ich; und nun wir drei es ausgesprochen,
Verschlägt's nicht viel, wer unsern Spruch bestreitet.

Ein Bote tritt auf.

BOTE.
Ihr großen Lords, von Irland eilt' ich her,
Zu melden, daß Rebellen dort erstanden,
Die mit dem Schwert die Englischen vertilgen.
Schickt Hülfe, Lords, und hemmt die Wut beizeiten,
Bevor die Wunde noch unheilbar wird;
Denn, da sie frisch, steht Hülfe sehr zu hoffen.
KARDINAL.
Ein Bruch, der schleunigst ausgefüllt muß werden!
Was ratet Ihr bei diesem wicht'gen Fall?
YORK.
Daß Somerset gesandt werd' als Regent.
Den glücklichen Regierer muß man brauchen;
Das Glück bezeugt's, das er in Frankreich hatte.
SOMERSET.
Wenn York mit all der feinen Politik
Statt meiner dort Regent gewesen wäre,
Er wär' in Frankreich nicht so lang' geblieben.
YORK.
Nein, nicht wie du, um alles zu verlieren:
Mein Leben hätt' ich zeitig eh' verloren,
Als eine Last von Schande heimzubringen
Durch Bleiben, bis verloren alles war.
Zeig' *eine* Narb', auf deiner Haut geritzt!
Nicht leicht gewinnt, wer so den Leib beschützt.
KÖNIGIN.
Ja, dann wird dieser Funk' ein wütend Feuer,
Wenn Wind und Zunder, ihn zu nähren, kommt.

Nicht weiter, guter York! Still, lieber Somerset!
Dein Glück, York, wärst du dort Regent gewesen,
Es konnte leicht weit schlimmer sein als seins.
YORK.
Wie? Schlimmer als nichts? Ja dann, Schand' über alles!
SOMERSET.
Und über dich zugleich, der Schande wünscht!
KARDINAL.
Mylord von York, versucht nun Euer Glück.
Die rohen Kerns von Irland sind in Waffen
Und feuchten Leim mit Blut der Englischen.
Wollt Ihr nach Irland führen eine Schar
Erlesne Leut', aus jeder Grafschaft ein'ge,
Und Euer Glück im ir'schen Krieg versuchen?
YORK.
Ja, wenn es Seiner Majestät beliebt.
SUFFOLK.
Ei, unser Wort ist seine Beistimmung,
Und, was wir festgesetzt, bestätigt er.
Drum, edler York, nimm dies Geschäft auf dich.
YORK.
Ich bin's zufrieden: schafft mir Truppen, Lords,
Indes ich Ordnung stell' in meinen Sachen.
SUFFOLK.
Ein Amt, Lord York, das ich besorgen will.
Doch kommt nun wieder auf den falschen Humphrey.
KARDINAL.
Nichts mehr von ihm: ich will's mit ihm so machen,
Daß er uns ferner nicht beschweren soll.
Der Tag ist fast vorbei, laßt auf uns brechen;
Lord Suffolk, Ihr und ich, müßt von dem Ausgang sprechen.
YORK.
Mylord von Suffolk, binnen vierzehn Tagen
Erwart' ich nun zu Bristol meine Macht;
Denn dorten schiff' ich sie nach Irland ein.
SUFFOLK.
Es soll mit Fleiß geschehn, Mylord von York.

Alle ab außer York.

YORK.
Jetzt oder nie, York, stähle die Gedanken
Voll Sorg' und wandle Zweifel in Entschluß:

Sei, was du hoffst zu sein, sonst beut dem Tode
Das, was du bist; 's ist nicht Genießens wert.
Laß bleiche Furcht bei niedern Menschen hausen,
Nicht einer königlichen Brust sich nahn.
Wie Frühlingsschauer strömen die Gedanken,
Und kein Gedanke, der nicht Würde denkt.
Mein Hirn, geschäft'ger als die fleiß'ge Spinne,
Webt mühsam Schlingen zu der Feinde Fang.
Gut, Edle, gut! Ihr tut politisch dran,
Mit einem Heer mich auf die Seit' zu schicken.
Ich sorg', ihr wärmt nur die erstorbne Schlange,
Die euch, gehegt am Busen, stechen wird.
Ich brauchte Menschen, und ihr gebt sie mir.
Das nehm' ich gut: doch seid gewiß, ihr gebt
In eines Tollen Hände scharfe Waffen.
Weil ich ein mächtig Heer in Irland nähre,
Will ich in England starken Sturm erregen,
Der an zehntausend Seelen schleudern soll
Zu Himmel oder Höll'; und der soll toben,
Bis auf dem Haupte mir der goldne Reif,
So wie der hehren Sonne klare Strahlen,
Die Wut des tollerzeugten Wirbels stillt.
Und als das Werkzeug dieses meines Plans
Verführt' ich einen strudelköpf'gen Kenter,
John Cade aus Ashford,
Aufruhr zu stiften, wie er's wohl versteht,
Unter dem Namen von John Mortimer.
In Irland sah ich den unbänd'gen Cade
Sich einer Schar von Kerns entgegensetzen;
Und focht so lang', bis seine Schenkel fast
Von Pfeilen starrten wie ein Stachelschwein;
Und, auf die Letzt gerettet, sah ich ihn
Grad' aufrecht springen wie ein Mohrentänzer,
Die blut'gen Pfeile schüttelnd wie die Glocken.
Gar oftmals, als ein zott'ger schlauer Kern,
Hat er Gespräch gepflogen mit dem Feind
Und ist mir unentdeckt zurückgekommen
Und hat mir ihre Büberei'n gemeldet.
Der Teufel sei mein Stellvertreter hier,
Denn dem John Mortimer, der jetzt gestorben,
Gleicht er von Angesicht, von Sprach' und Gang.
Daran werd' ich des Volks Gesinnung merken,

Ob sie geneigt dem Haus und Anspruch Yorks.
Nehmt an, man fing' ihn, quält' und foltert' ihn:
Ich weiß, kein Schmerz, den sie ihm können antun,
Preßt es ihm aus, daß ich ihn angestiftet.
Setzt, ihm gelingt's, wie's allen Anschein hat,
Ja, dann komm' ich mit meiner Macht von Irland
Und ernte, was der Bube hat gesät.
Denn, ist nur Humphrey tot, was bald wird sein,
Und Heinrich weggeschafft, wird alles mein.

Ab.

Zweite Szene

Bury. Ein Zimmer im Palast. Ein paar Mörder kommen eilig herein.

ERSTER MÖRDER.
Lauft zu dem Lord von Suffolk, meldet ihm,
Daß wir den Herzog nach Befehl befördert.
ZWEITER MÖRDER.
O wär' es noch zu tun! Was taten wir?
Hast jemals wen bußfertiger gesehn?

Suffolk tritt auf.

ERSTER MÖRDER.
Da kommt Mylord.
SUFFOLK.
Nun, Leute, habt ihr's abgetan?
ERSTER MÖRDER.
Ja, bester Herr, er ist tot.
SUFFOLK.
Nun, das ist schön. Geht, macht euch in mein Haus,
Ich will euch lohnen für die dreiste Tat.
Der König und die Pairs sind hier zur Hand;
Habt ihr das Bett zurecht gelegt? und alles
In Ordnung so, wie ich euch angewiesen?
ERSTER MÖRDER.
Ja, bester Herr.
SUFFOLK.
Fort! Packt euch!

Die Mörder ab.

*König Heinrich, Königin Margareta, Kardinal Beaufort,
Somerset und andre treten auf.*

KÖNIG HEINRICH.
Geht, ladet unsern Oheim gleich hieher;
Wir wollen Seine Gnaden heut verhören,
Wiefern er schuldig ist nach dem Gerücht.
SUFFOLK.
Ich will sogleich ihn rufen, gnäd'ger Herr.

Ab.

KÖNIG HEINRICH.
Lords, nehmt euch Plätze. – Und ich bitt' euch alle,
Verfahrt nicht schärfer gegen unsern Oheim,
Als er auf wahrhaft Zeugnis, guter Art,
In seinen Taten schuldig wird erkannt.
KÖNIGIN.
Verhüte Gott, daß irgend Tücke walte,
Die schuldlos einen Edelmann verdammt!
Gott gebe, daß er von Verdacht sich löst!
KÖNIG HEINRICH.
Margreta, habe Dank! Dies Wort erfreut mich sehr –

Suffolk kommt zurück.

Nun, warum siehst du bleich? Was zitterst du?
Wo ist mein Oheim? Was ist begegnet, Suffolk?
SUFFOLK.
Herr, tot in seinem Bett; Gloster ist tot.
KÖNIGIN.
Verhüt' es Gott!
KARDINAL.
Das sind die heimlichen Gerichte Gottes!
Ich träumte diese Nacht, stumm sei der Herzog,
Und nicht im stand, ein einzig Wort zu sprechen.

Der König fällt in Ohnmacht.

KÖNIGIN.
Was macht mein Fürst? – Helft, Lords! Der König stirbt.
SOMERSET.
Man richt' ihn auf, man kneip' ihn an der Nase.
KÖNIGIN.
Lauft, geht, helft, helft! – O Heinrich, schlag' die Augen auf!
SUFFOLK.

Er lebt schon auf; seid ruhig, gnäd'ge Frau.
KÖNIG HEINRICH.
O großer Gott!
KÖNIGIN.
Wie fühlt sich mein Gemahl?
SUFFOLK.
Getrost, mein Fürst! Getrost, mein gnäd'ger Heinrich!
KÖNIG HEINRICH.
Wie will Mylord von Suffolk mich getrösten?
Sang er nicht eben mir ein Rabenlied,
Des grauser Ton die Lebenskräfte hemmte;
Und denkt er nun, daß des Zaunkönigs Zirpen,
Indem es Trost zuruft aus hohler Brust,
Den erst vernommnen Laut verjagen kann?
Birg nicht dein Gift in solchen Zuckerworten,
Leg' nicht die Händ' an mich: ich sage, laß!
Wie Schlangenstiche schreckt mich ihr Berühren.
Unsel'ger Bot', aus dem Gesicht mir fort!
Auf deinen Augen sitzt in grauser Hoheit
Mörd'rische Tyrannei, die Welt zu schrecken.
Sieh mich nicht an! Dein Auge blickt verwundend. –
Und dennoch, geh nicht weg! Komm, Basilisk,
Und töte den unschuldigen Betrachter!
Denn in des Todes Schatten find' ich Lust,
Im Leben zwiefach Tod, da Gloster hin.
KÖNIGIN.
Was scheltet Ihr Mylord von Suffolk so?
Wiewohl der Herzog ihm ein Feind gewesen,
Beklagt er doch höchst christlich seinen Tod.
Was mich betrifft, so sehr er Feind mir war,
Wenn helle Tränen, herzbeklemmend Stöhnen
Und blutverzehrend Seufzen ihn erweckte:
Ich wollte blind mich weinen, krank mich stöhnen,
Bleich sehn von Seufzern, die das Blut wegtrinken,
Und alles um des edlen Herzogs Leben.
Wie weiß ich, was die Welt von mir wohl meint?
Denn unsre hohe Freundschaft war bekannt,
Man glaubt vielleicht, ich hab' ihn weggeräumt.
So wird Verleumdung meinen Ruf verwunden,
Und Fürstenhöfe füllt mein Vorwurf an.
Dies schafft sein Tod mir. Ach, ich Unglücksel'ge!
Gekrönt, mit Schande Königin zu sein!

KÖNIG HEINRICH.
Ach! Weh um Gloster, um den armen Mann!
KÖNIGIN.
Wehklag' um mich, die ärmer ist als er!
Wie? Wendest du dich weg und birgst dein Antlitz?
Kein Aussatz macht mich scheußlich, sieh mich an.
Was? Bist du wie die Natter taub geworden?
Sei giftig auch und stich dein arm Gemahl.
Ist all dein Trost in Glosters Grab verschlossen?
Ja, dann war nie Margreta deine Lust;
Dann stell' ihn auf in Marmor, bet' ihn an
Und laß mein Bild ein Bierhaus-Schild nur sein.
War's darum, daß ich fast zur See gescheitert?
Daß unbequemer Wind von Englands Küste
Mich zweimal rückwärts nach der Heimat trieb?
Was deutet' es, als daß der Wind wohlmeinend
Zu warnen schien: »Such' kein Skorpionennest
Und fuße nicht an dem feindsel'gen Strand!«
Was tat ich, als den milden Stürmen fluchen
Und dem, der sie aus eh'rner Höhle ließ
Und hieß sie wehn nach Englands Segensstrand,
Wo nicht, auf starren Fels das Steuer treiben?
Doch wollte Aeolus Kein Mörder sein,
Dir überließ er das verhaßte Amt.
Es weigerte die spielend hohe See
Mich zu ertränken, wissend, daß du mich
Am Lande würdest durch unfreundlich Wesen
In Tränen, salzig wie die See, ertränken.
Die Klippen senkten sich in flachen Sand,
Mich nicht an ihren Zacken zu zerschmettern,
Daß, härter noch als sie, dein Kieselherz
In deinem Schloß verdürbe Margareten.
So weit ich deine Kreidefelsen spähte,
Als uns der Sturm zurück vom Ufer schlug,
Stand in dem Wetter ich auf dem Verdeck;
Und als der Dunst um deines Landes Anblick
Mein emsig gaffend Aug' begann zu täuschen,
Nahm ich vom Hals ein köstliches Juwel
(Es war ein Herz, gefaßt in Diamanten)
Und warf's dem Lande zu; die See empfing es,
Und so, wünscht' ich, möcht' auch dein Leib mein Herz;
Und jetzt verlor ich Englands holden Anblick

Und hieß die Augen mit dem Herzen wandern
Und nannte blinde, trübe Brillen sie,
Weil ihnen Albions teure Küste schwand.
Wie oft versucht' ich Suffolks Zunge nicht,
Die Botin deines schnöden Unbestands.
Mich zu bezaubern, wie Ascanius tat,
Wann er der irren Dido all die Taten
Des Vaters machte kund seit Trojas Brand!
Schwärm' ich nicht so wie sie? Bist du nicht falsch wie er?
Weh mir, ich kann nicht mehr! Stirb Margareta!
Denn Heinrich weint, daß ich so lang' gelebt.

Draußen Getöse. Warwick und Salisbury treten auf.

Das Volk drängt sich zur Türe herein.

WARWICK.
Es will verlauten, mächt'ger Oberherr,
Der gute Herzog Humphrey sei von Suffolk
Und Kardinal Beaufort meuchlerisch ermordet.
Das Volk, wie ein erzürnter Bienenschwarm,
Der seinen Führer mißt, schweift hin und her
Und fragt nicht, wen es sticht in seiner Wut.
Ich stillte selbst die wilde Meuterei,
Bis sie den Hergang seines Todes hören.
KÖNIG HEINRICH.
Sein Tod ist, guter Warwick, allzu wahr;
Doch wie er starb, Gott weiß es, Heinrich nicht.
Geht in sein Zimmer, schaut den Leichnam an
Und macht die Deutung seines jähen Tods.
WARWICK.
Das will ich tun, mein Fürst. – Bleib', Salisbury,
Beim rohen Haufen, bis ich wiederkehre.

Warwick geht in ein inneres Zimmer, und Salisbury zieht sich zurück.

KÖNIG HEINRICH.
O du, der alles richtet, hemm' in mir
Gedanken, welche mein Gemüt bereden,
Gewaltsam sei an Humphrey Hand gelegt!
Wenn falsch mein Argwohn ist, verzeih' mir, Gott!
Denn das Gericht gebühret einzig dir.
Gern möcht' ich seine bleichen Lippen wärmen
Mit tausend Küssen und auf sein Gesicht

Einen Ozean von salzen Tränen schwemmen;
Dem tauben Körper meine Liebe sagen
Und die fühllose Hand mit meiner fühlen;
Doch all umsonst ist diese Leichenfeier,
Und so sein tot und irdisch Bild beschaun,
Was wär' es, als mein Leid nur größer machen?

*Die Flügeltüre eines innern Zimmers öffnet sich, und man sieht
den Gloster tot in seinem Bett; Warwick und andre stehn
umher.*

WARWICK.
Kommt her, mein gnäd'ger Fürst, seht diese Leiche!
KÖNIG HEINRICH.
Das heißt, wie tief mein Grab gemacht ist, sehn;
Mit seiner Seele floh mein weltlich Heil,
Ihn sehend, seh' ich nur im Tod mein Leben.
WARWICK.
So sicher meine Seele hofft zu leben,
Bei jenem furchtbar'n König, der auf sich
Den Stand der Menschen nahm, uns zu befrein
Von dem ergrimmten Fluche seines Vaters,
Glaub' ich, es ward gewaltsam Hand gelegt
An dieses hochberühmten Herzogs Leben.
SUFFOLK.
Ein grauser Eid, und feierlich geschworen!
Was führt Lord Warwick an für seinen Schwur?
WARWICK.
Seht, wie sein Blut sich ins Gesicht gedrängt!
Oft sah ich einen zeitig Abgeschiednen,
Aschfarb von Ansehn, mager, bleich und blutlos,
Weil alles sich ums Herz hinabgezogen,
Das in dem Kampf, den mit dem Tod es hält,
Es an sich zieht zur Hülfe wider seinen Feind,
Wo's mit dem Herzen kalt wird und nicht rückkehrt,
Die Wangen noch zu röten und verschönen.
Doch sein Gesicht ist schwarz und voller Blut,
Die Augen mehr heraus, als da er lebte,
Entsetzlich starrend, dem Erwürgten gleich,
Das Haar gesträubt, die Nüstern weit vom Ringen,
Die Hände ausgespreizt, wie wer nach Leben
Noch zuckt' und griff und überwältigt ward.
Schaut auf die Laken, seht sein Haar da kleben,

Sein wohlgestalter Bart verworr'n und rauh,
So wie vom Sturm gelagert Sommerkorn.
Es kann nicht anders sein, er ward ermordet;
Das kleinste dieser Zeichen wär' beweisend.
SUFFOLK.
Wer, Warwick, *sollt'* ihm wohl den Tod antun?
Ich selbst und Beaufort hatten ihn in Obhut;
Und wir, ich hoffe, Herr, sind keine Mörder.
WARWICK.
Doch wart ihr zwei geschworne Feinde Humphreys
Und mußtet, traun! den guten Herzog hüten.
Ihr pflegtet ihn als Freund vermutlich nicht,
Und, wie sich's kund gibt, fand er einen Feind.
KÖNIGIN.
So scheint's, Ihr argwöhnt diese hohen Lords
Als am unzeit'gen Tod des Herzogs schuldig.
WARWICK.
Wer findet tot das Rind und frisch noch blutend,
Sieht dicht dabei den Metzger mit dem Beil
Und argwöhnt nicht, daß der es abgeschlachtet?
Wer find't das Rebhuhn in des Habichts Nest,
Der sich nicht vorstellt, wie der Vogel starb,
Fliegt schon der Geier mit unblut'gem Schnabel?
Ganz so verdächtig ist dies Trauerspiel.
KÖNIGIN.
Seid Ihr der Schlächter, Suffolk? Wo ist Eu'r Messer?
Heißt Beaufort Geier? Wo sind seine Klau'n?
SUFFOLK.
Kein Messer trag' ich, Schlafende zu schlachten;
Doch hier ein rächend Schwert, von Ruh' gerostet,
Das will ich dem im tück'schen Herzen scheuern,
Der mit des Mordes Purpurmal mich brandmarkt.
Sag, stolzer Lord von Warwick, wo du darfst,
Ich habe Schuld an Herzog Humphreys Tod.

Der Kardinal, Somerset und andre ab.

WARWICK.
Was darf, getrotzt vom falschen Suffolk, Warwick nicht?
KÖNIGIN.
Er darf nicht seinen Schmähungsgeist bezähmen,
Noch abstehn von der übermüt'gen Rüge,
Und trotzt ihm Suffolk zwanzigtausend Mal.

WARWICK.
>   Still, gnäd'ge Frau! Ich sag's mit aller Achtung:
>   Denn jedes Wort, zu Gunsten ihm gesprochen,
>   Bringt Eurer königlichen Würde Schimpf.

SUFFOLK.
>   Stumpfsinn'ger Lord, unedel im Betragen!
>   Wenn je ein Fräulein den Gemahl so kränkte,
>   Nahm deine Mutter in ihr sträflich Bett
>   Einen groben, unerzognen Bauer auf
>   Und impfte auf den edlen Stamm das Reis
>   Von einem Wildling, dessen Frucht du bist,
>   Und nimmer von der Nevils edlem Stamm.

WARWICK.
>   Nur daß die Schuld des Mordes dich beschirmt,
>   Und ich den Henker brächt' um seinen Lohn,
>   Von tausendfacher Schande so dich lösend;
>   Und daß mich meines Fürsten Beisein sänftigt:
>   Sonst wollt' ich, falsche mörderische Memme,
>   Dich auf den Knie'n für die geführte Rede
>   Verzeihung bitten und dich sagen lassen,
>   Du habest deine Mutter nur gemeint
>   Und seist nach Bastardweise selbst erzeugt;
>   Und, nach der ganzen Huldigung aus Furcht,
>   Gäb' ich den Sold dir, schickte dich zur Hölle,
>   Blutsauger, der die Schlafenden vertilgt!

SUFFOLK.
>   Wann ich dein Blut vergieße, sollst du wachen,
>   Wagst du mit mir aus diesem Kreis zu gehn.

WARWICK.
>   Fort alsobald, sonst schlepp' ich dich hinaus!
>   Unwürdig, wie du bist, besteh' ich dich,
>   Um Herzog Humphreys Geiste Dienst zu leisten.

Suffolk und Warwick ab.

KÖNIG HEINRICH.
>   Gibt's einen Harnisch wie des Herzens Reinheit?
>   Dreimal bewehrt ist der gerechte Streiter,
>   Und nackt ist der, obschon in Stahl verschlossen,
>   Dem Unrecht das Gewissen angesteckt.

Man hört draußen Lärm.

KÖNIGIN.
 Was für ein Lärm?

 Suffolk und Warwick kommen mit gezogenen Degen zurück.

KÖNIG HEINRICH.
 Nun, Lords? Entblößt hier die ergrimmten Waffen
 In unserm Beisein? Dürft ihr's euch vermessen?
 Was gibt es hier für Schreien und Tumult?
SUFFOLK.
 Der falsche Warwick und das Volk von Bury
 Stürmt alles auf mich ein, erhabner Fürst.

 Draußen Lärm von einem großen Gedränge.

 Salisbury kommt zurück.

SALISBURY.
 Halt! Eu'r Begehren soll der König wissen. –
 Euch meldet, hoher Herr, das Volk durch mich,
 Wird nicht der falsche Suffolk gleich gerichtet
 Oder verbannt aus Englands schönem Reich,
 So wollen sie aus Eurem Schloß ihn reißen
 Und peinlich langsam ihn zu Tode foltern.
 Sie sagen, daß der gute Herzog Humphrey
 Durch ihn gestorben sei; sie sagen ferner
 Sie fürchten Euer Hoheit Tod von ihm,
 Und bloßer Trieb der Lieb' und treuen Eifers,
 Von frecher, widerspenst'ger Absicht frei,
 Als wollten Eurem Wunsch sie widersprechen,
 Geb' ihnen ein die Fod'rung seines Banns.
 Sie sagen, für Eu'r hohes Wohl besorgt:
 Wenn Eure Hoheit nun zu schlafen dächte
 Und anbeföhle, niemand sollt' Euch stören
 Bei Eurer Ungnad' oder Todesstrafe;
 Doch, ungeachtet solches Strafgebots,
 Würd' eine Schlange mit gespaltner Zunge
 Hinschleichend zu Eu'r Majestät gesehn,
 So wär' es unumgänglich, Euch zu wecken,
 Auf daß nicht Euren Schlummer voller Harm
 Das tödliche Gewürm zum ew'gen machte.
 Und darum schrein sie, daß sie trotz Verboten
 Euch hüten wollen, willig oder nicht,
 Vor solchen Schlangen wie der falsche Suffolk,
 Durch des verderblichen und gift'gen Stich

Eu'r lieber Oheim, zwanzigmal ihn wert,
Des Lebens schändlich, sagen sie, beraubt sei.
VOLK *draußen.*
Bescheid vom Könige, Mylord von Salisbury!
SUFFOLK.
Sehr glaublich, daß das Volk, ein roher Haufe,
Dem Fürsten solche Botschaft senden konnte!
Doch Ihr, Mylord, nahmt gern den Auftrag an,
Um Eure feine Redekunst zu zeigen.
Doch aller Ruhm, den Salisbury erworben,
Ist, daß er Abgesandter einer Rotte
Von Kesselflickern an den König war.
VOLK *draußen.*
Bescheid vom Könige, wir brechen sonst hinein!
KÖNIG HEINRICH.
Geh, Salisbury, und sag von meinetwegen
Für ihr so liebend Sorgen allen Dank;
Und wär' ich nicht von ihnen aufgefodert,
So hab' ich's doch beschlossen, wie sie bitten.
Denn, wahrlich, stündlich prophezeit mein Sinn
Von Suffolks wegen Unheil meinem Thron.
Und drum – ich schwör's bei dessen Majestät,
Des ich unwürd'ger Stellvertreter bin, –
Sein Atem soll nicht diese Luft verpesten
Mehr als drei Tage noch, bei Todesstrafe!

Salisbury ab.

KÖNIGIN.
O laß mich für den holden Suffolk reden!
KÖNIG HEINRICH.
Unholde Königin, ihn hold zu nennen!
Nicht weiter, sag' ich; wenn du für ihn redest,
Wirst du nur höher steigern meinen Zorn.
Ich hielte Wort, und hätt' ich's nur gesagt,
Doch wenn ich schwöre, ist's unwiderruflich.
Wenn nach drei Tagen Zeit man hier dich findet
Auf irgend einem Boden, wo ich herrsche,
So kauft die Welt dein Leben nicht mehr los. –
Komm, Warwick! Lieber Warwick, geh mit mir!
Denn Großes hab' ich mitzuteilen dir.

König Heinrich, Warwick, Lords u.s.w. ab.

KÖNIGIN.
> Unheil und Kummer folg' Euch auf dem Fuß!
> Und Herzeleid und bitterste Bedrängnis
> Sei'n die Gespielen, die sich Euch gesellen!
> Sind Euer zwei, der Teufel sei der dritte!
> Dreifache Rache laur' auf Eure Wege!

SUFFOLK.
> Halt inne, holde Königin, mit Flüchen:
> Laß deinen Suffolk traurig Abschied nehmen.

KÖNIGIN.
> Pfui, feiges Weib! weichherziges Geschöpf!
> Hast du nicht Mut, zu fluchen deinen Feinden?

SUFFOLK.
> Weh ihnen! Warum sollt' ich sie verfluchen?
> Wär' Fluchen tödlich wie Alraunen-Ächzen,
> So wollt' ich bittre, scharfe Wort' erfinden,
> So rauh, verrucht und greulich anzuhören,
> Durch die geknirschten Zähn' herausgetobt,
> Mit so viel Zeichen eingefleischten Hasses,
> Als wie der hagre Neid in ekler Höhle.
> Die Zunge sollt' in heft'ger Rede straucheln,
> Die Augen wie geschlagne Kiesel sprühn,
> Mein Haar wie einem Rasenden sich sträuben,
> Ja, alle Glieder mitzufluchen scheinen;
> Und eben jetzt bräch' mein belastet Herz,
> Wenn ich nicht fluchte. Gift sei ihr Getränk!
> Gall', und was bittrer noch, ihr Leckerbissen!
> Ihr bester Schatten ein Zypressenwald!
> Ihr schönster Anblick grimme Basilisken!
> Eidechsenstich' ihr sanftestes Berühren!
> Sei ihr Konzert wie Schlangenzischen gräßlich,
> Und fall' ein Chor von Unglückseulen ein!
> Der mächt'gen Hölle wüste Schrecken alle –

KÖNIGIN.
> Genug, mein Suffolk, denn du quälst dich selbst,
> Und diese Flüche, wie die Sonn' auf Glas,
> Wie überladne Büchsen, prallen rückwärts
> Und wenden ihre Stärke wider dich.

SUFFOLK.
> Ihr heißt mich fluchen: heißt Ihr's nun mich lassen?
> Bei diesem Boden, den der Bann mir wehrt!
> Leicht flucht' ich eine Winternacht hinweg,

Stünd' ich schon nackt auf eines Berges Gipfel,
Wo scharfe Kälte keinen Halm läßt keimen,
Und hielt' es nur für 'ner Minute Scherz.
KÖNIGIN.
Oh, auf mein Flehn laß ab! Gib mir die Hand,
Daß ich mit traur'gen Tränen sie betaue:
Des Himmels Regen netze nie die Stelle,
Mein wehevolles Denkmal wegzuwaschen.

Küßt seine Hand.

Oh, prägt' in deine Hand sich dieser Kuß,
Daß, bei dem Siegel, du an diese dächtest,
Durch die ich tausend Seufzer für dich atme!
So mach' dich fort, daß ich mein Leid erfahre;
Derweil du noch dabei stehst, ahnd' ich's nur,
Wie ein Gesättigter an Mangel denkt.
Ich will zurück dich rufen, oder wagen,
Des sei gewiß, verbannt zu werden selbst;
Und bin ich doch verbannt, wenn nur von dir.
Geh! Rede nicht mit mir! Gleich eile fort! –
Oh, geh noch nicht! – So herzen sich und küssen
Verdammte Freund' und scheiden tausendmal,
Vor Trennung hundertmal so bang als Tod.
Doch nun fahr' wohl! Fahr' wohl mit dir mein Leben!
SUFFOLK.
So trifft zehnfacher Bann den armen Suffolk,
Vom König einer, dreimal drei von dir.
Mich kümmert nicht das Land, wärst du von hinnen:
Volkreich genug ist eine Wüstenei,
Hat Suffolk deine himmlische Gesellschaft.
Denn wo du bist, da ist die Welt ja selbst.
Mit all und jeden Freunde in der Welt,
Und wo du nicht bist, hoffnungslose Öde.
Ich kann nicht weiter: leb' du froh des Lebens,
Ich über nichts erfreut, als daß du lebst.

Vaux tritt auf.

KÖNIGIN.
Wohin geht Vaux so eilig? Sag, was gibt's?
VAUX.
Um zu berichten Seiner Majestät,
Kardinal Beaufort lieg' in letzten Zügen.

Denn jählings überfiel ihn schwere Krankheit,
So daß er keicht und starrt und schnappt nach Luft,
Gott lästernd und der Erde Kindern fluchend.
Bald spricht er, als ob Herzog Humphreys Geist
Zur Seit' ihm stände; ruft den König bald
Und flüstert in sein Kissen, wie an ihn,
Der schwerbeladnen Seele Heimlichkeiten.
Und melden soll ich Seiner Majestät,
Daß er jetzt eben laut nach ihm geschrien.
KÖNIGIN.
Geh, sag dem König diese traur'ge Botschaft.

Vaux ab.

Weh mir! Was ist die Welt? Welch neuer Vorfall?
Doch klag' ich einer Stunde armen Raub,
Suffolk im Bann vergessend, mein Herz-Kleinod?
Was traur' ich, Suffolk, einzig nicht um dich,
Und eifr' in Tränen mit des Südens Wolken,
Das Land befeuchtend die, mein Leid die meinen?
Nun mach' dich fort: du weißt, der König kommt;
Es ist dein Tod, wirst du bei mir gefunden.
SUFFOLK.
Ich kann nicht leben, wenn ich von dir scheide;
Und neben dir zu sterben, wär' es mehr
Als wie ein süßer Schlummer dir im Schoß?
Hier könnt' ich meine Seele von mir hauchen,
So mild und leise wie das Wiegenkind,
Mit seiner Mutter Brust im Munde sterbend;
Da, fern von dir, ich rasend toben würde
Und nach dir schrein, mein Auge zuzudrücken,
Mit deinen Lippen meinen Mund zu schließen:
So hieltest du die flieh'nde Seel' entweder,
Wo nicht, so haucht' ich sie in deinen Leib,
Da lebte dann sie in Elysium.
Bei dir zu sterben, hieß' im Scherz nur sterben:
Entfernt von dir, wär' mehr als Todesqual.
O laß mich bleiben, komme, was da will!
KÖNIGIN.
Fort! Ist die Trennung schon ein ätzend Mittel,
Sie dient für eine Wunde voller Tod.
Nach Frankreich, Suffolk! Laß von dir mich hören,
Denn, wo du seist auf diesem Erdenball,

Soll eine Iris dich zu finden wissen.
SUFFOLK.
Ich gehe.
KÖNIGIN.
Und nimm mein Herz mit dir.
SUFFOLK.
Ein Kleinod in dem wehevollsten Kästchen,
Das je ein köstlich Ding umschlossen hat.
Wie ein zertrümmert Schiff, so scheiden wir:
Ich sinke hier zum Tod hinab.
KÖNIGIN.
Ich hier.

Beide von verschiedenen Seiten ab.

Dritte Szene

London. Kardinal Beauforts Schlafzimmer. König Heinrich, Salisbury, Warwick und andre. Der Kardinal im Bette, Bediente um ihn her.

KÖNIG HEINRICH.
Wie geht's dir, Beaufort? Sprich zu deinem Fürsten!
BEAUFORT.
Bist du der Tod, ich geb' dir Englands Schätze,
Genug, zu kaufen solch ein zweites Eiland,
So du mich leben läßt, und ohne Pein.
KÖNIG HEINRICH.
Ach, welch ein Zeichen ist's von üblem Leben,
Wenn man des Todes Näh' so schrecklich sieht!
WARWICK.
Beaufort, es ist dein Fürst, der mit dir spricht.
BEAUFORT.
Bringt zum Verhör mich, wann ihr immer wollt.
Er starb in seinem Bett: wo sollt' er sterben?
Kann ich zum Leben einen Menschen zwingen? –
Oh, foltert mich nicht mehr! Ich will bekennen. –
Nochmal lebendig? Zeigt mir, wo er ist,
Ich gebe tausend Pfund, um ihn zu sehn. –
Er hat keine Augen, sie sind blind vom Staub. –
Kämmt nieder doch sein Haar: seht! seht! es starrt,
Leimruten gleich fängt's meiner Seele Flügel! –
Gebt mir zu trinken, heißt den Apotheker
Das starke Gift mir bringen, das ich kaufte.

KÖNIG HEINRICH.
O du, der Himmel ewiger Beweger,
Wirf einen Gnadenblick auf diesen Wurm!
Oh, scheuch' den dreist geschäft'gen Feind hinweg,
Der seine Seele stark belagert hält,
Und rein'ge seinen Busen von Verzweiflung!
WARWICK.
Seht, wie die Todesangst ihn grinsen macht.
SALISBURY.
Verstört ihn nicht, er fahre friedlich hin.
KÖNIG HEINRICH.
Wenn's Gott geliebt, mit seiner Seele Frieden! –
Lord Kardinal, denkst du an ew'ges Heil,
So heb' die Hand zum Zeichen deiner Hoffnung. –
Er stirbt und macht kein Zeichen: Gott, vergib ihm!
WARWICK.
Solch übler Tod verrät ein scheußlich Leben.
KÖNIG HEINRICH.
O richtet nicht, denn wir sind alle Sünder.
Drückt ihm die Augen zu, zieht vor den Vorhang,
Und laßt uns alle zur Betrachtung gehn.

Alle ab.

Vierter Aufzug

Erste Szene

Kent. Die Seeküste bei Dover. Man hört zur See feuern. Alsdann kommen aus einem Boot ein Schiffshauptmann, der Patron und sein Gehülfe, Seyfart Wittmer und andre; mit ihnen Suffolk und andre Edelleute als Gefangne.

SCHIFFSHAUPTMANN.
 Der bunte, plauderhafte, scheue Tag
 Hat sich verkrochen in den Schoß der See;
 Lautheulend treiben Wölfe nun die Mähren,
 Wovon die schwermutsvolle Nacht geschleppt wird,
 Die ihre trägen Fitt'ge, schlaff gedehnt,
 Auf Grüfte senken und aus dunst'gem Schlund
 Die Nacht mit ekler Finsternis durchhauchen.
 Drum bringt die Krieger des genommnen Schiffs;
 Weil unsre Jacht sich vor die Dünen legt,
 So sollen sie sich lösen hier am Strand,
 Wo nicht, mit ihrem Blut ihn mir verfärben. –
 Patron, hier den Gefangnen schenk' ich dir;
 Du, sein Gehülfe, zieh' Gewinn von dem;
 Der andre, Seyfart Wittmer, ist dein Teil.

   Auf Suffolk zeigend.

ERSTER EDELMANN.
 Was ist mein Lösegeld, Patron? Sag an!
PATRON.
 Eintausend Kronen, oder Kopf herunter.
GEHÜLFE.
 Das gleiche gebt Ihr mir, sonst fliegt der Eure.
SCHIFFSHAUPTMANN.
 Was? Dünkt's euch viel, zweitausend Kronen zahlen,
 Und nennt und habt euch doch wie Edelleute?
 Hals ab den beiden Schurken! Ihr müßt sterben:
 Das Leben unsrer eingebüßten Leute
 Wiegt solche kleine Summe längst nicht auf.
ERSTER EDELMANN.
 Ich zahl' sie, Herr, und also schont mein Leben.
ZWEITER EDELMANN.
 Ich auch, und schreibe gleich darum nach Haus.
WITTMER *zu Suffolk.*

Mein Auge büßt' ich bei dem Entern ein,
Und darum, das zu rächen, sollst du sterben,
Und, wenn mein Wille gölte, diese mit.
SCHIFFSHAUPTMANN.
Sei nicht so rasch! Nimm Lösung, laß ihn leben.
SUFFOLK.
Sieh mein Georgenkreuz, ich bin von Adel:
Schätz' mich, so hoch du willst, du wirst bezahlt.
WITTMER.
Das werd' ich schon; mein Nam' ist Seyfart Wittmer.
Nun, warum starrst du so? Wie? Schreckt der Tod?
SUFFOLK.
Mich schreckt dein Nam': in seinem Klang ist Tod.
Mir stellt' ein weiser Mann das Horoskop
Und sagte mir, durch *Seefahrt* käm' ich um.
Doch darf dich das nicht blutbegierig machen;
Dein Nam' ist Siegfried, richtig ausgesprochen.
WITTMER.
Sei's Siegfried oder Seyfart, mir ist's gleich.
Nie hat noch unsern Namen Schimpf entstellt,
Daß unser Schwert den Fleck nicht weggewischt.
Drum, wenn ich mit der Rache Handel treibe,
Zerbreche man mein Schwert, mein Wappenschild,
Und ruf' als Memme durch die Welt mich aus!

Greift den Suffolk.

SUFFOLK.
Halt, Wittmer! Dein Gefangner ist ein Prinz,
Der Herzog Suffolk, William de la Poole.
WITTMER.
Der Herzog Suffolk, eingemummt in Lumpen?
SUFFOLK.
Ja, doch die Lumpen sind kein Teil vom Herzog;
Ging Zeus doch wohl verkleidet: sollt' ich's nicht?
SCHIFFSHAUPTMANN.
Doch Zeus ward nie erschlagen, wie du jetzt.
SUFFOLK.
Gemeiner Bauer! König Heinrichs Blut,
Das ehrenwerte Blut von Lancaster,
Darf nicht vergießen solch ein Knecht vom Stall.
Gabst du nicht Kußhand, hieltest meinen Bügel,
Liefst neben meinem Saumtier unbedeckt

Und hieltest dich beglückt, wenn ich dir nickte?
Wie oft bedientest du mich bei den Bechern,
Bekamst den Abhub, knietest an der Tafel,
Wann ich mit Königin Margreta schmauste?
Gedenke dran, und laß dich's niederschlagen
Und dämpfen deinen fehlgebornen Stolz.
Wie standest du im letzten Vorgemach
Und harrtest dienstbar, bis ich nun erschien?
Zu deinen Gunsten schrieb hier diese Hand,
Drum feßle sie die wilde Zunge dir.
WITTMER.
Durchbohr' ich den Verworfnen? Hauptmann, sprich!
SCHIFFSHAUPTMANN.
Erst ich mit Worten ihn, so wie er mich.
SUFFOLK.
Sind deine Worte stumpf doch, Sklav', wie du!
SCHIFFSHAUPTMANN.
Fort, und an unsers großen Bootes Rand
Schlagt ihm den Kopf ab!
SUFFOLK.
Wagst du deinen dran?
SCHIFFSHAUPTMANN.
Ja, Poole.
SUFFOLK.
Poole?
SCHIFFSHAUPTMANN.
Poole? Sir Poole? Lord?
Ja, Pfütze, Pfuhl, Kloak, des Kot und Schlamm
Die Silberquelle trübt, wo England trinkt.
Nun stopf' ich diesen aufgesperrten Mund,
Der unsers Reiches Schatz verschlungen hat;
Die Lippen, so die Königin geküßt,
Schleif' ich am Boden hin; und du, der einst
Des guten Herzogs Humphrey Tod belächelt,
Sollst nun umsonst fühllosen Winden grinsen,
Die, wie zum Hohn, zurück dir zischen werden.
Und mit der Hölle Hexen sei verbunden,
Weil du verlobt hast einen mächt'gen Herrn
Der Tochter eines nichtgeacht'ten Königs,
Ohn' Untertanen, Gut und Diadem.
Du wurdest groß durch Teufels-Politik
Und, wie der kühne Sylla, überfüllt

Mit Zügen Bluts aus deiner Mutter Herzen.
Anjou und Maine ward durch dich verkauft;
Durch dich verschmähn abtrünnige Normannen
Uns Herrn zu nennen; und die Pikardie
Schlug die Regenten, fiel in unsre Burgen
Und sandte wund, zerlumpt, das Kriegsvolk heim.
Der hohe Warwick und die Nevils alle,
Die nie umsonst die furchtbar'n Schwerter ziehn,
Stehn wider dich aus Haß in Waffen auf;
Das Haus von York nun, von dem Thron gestoßen
Durch eines wackern Königs schnöden Mord
Und stolze frevelhafte Tyrannei,
Entbrennt von Rachefeuer, und es führt
In hoffnungsvollen Fahnen unsre Sonne
Mit halbem Antlitz, strebend durchzuscheinen,
Wobei geschrieben steht: Invitis nubibus.
Das Volk von Kent hier regt sich in den Waffen,
Und endlich hat sich Schmach und Bettelarmut
In unsers Königes Palast geschlichen,
Und alles das durch dich. Fort! Schafft ihn weg!
SUFFOLK.
O wär' ich doch ein Gott, den Blitz zu schleudern
Auf diese dürft'gen, weggeworfnen Knechte!
Elende sind auf kleine Dinge stolz:
Der Schurke hier, als Hauptmann einer Jacht,
Droht mehr als der illyrische Pirat,
Der mächt'ge Bargulus. Die Drohne saugt
Nicht Adlers-Blut, sie stiehlt aus Bienenstöcken;
Es ist unmöglich, daß ich sterben sollte
Durch solchen niedern Untertan als du.
Dein Reden weckt nur Wut, nicht Reu' in mir.
Nach Frankreich sendet mich die Königin:
Ich sag' es dir, schaff' sicher mich hinüber!
SCHIFFSHAUPTMANN.
Seyfart, –
WITTMER.
Komm, Suffolk! daß ich dich zum Tode schaffe.
SUFFOLK.
Pene gelidus timor occupat artus: – dich fürcht' ich.
WITTMER.
Du findest Grund zur Furcht, eh' ich dich lasse.
Wie, bist du nun verzagt? Willst nun dich beugen?

ERSTER EDELMANN.
Mein gnäd'ger Lord, gebt ihm doch gute Worte!
SUFFOLK.
Des Suffolks Herrscherzung' ist streng und rauh,
Weiß zu gebieten, nicht um Gunst zu werben.
Fern sei es, daß wir Volk wie dieses da
Mit unterwürf'gen Bitten ehren sollten.
Nein, lieber neige sich mein Haupt zum Block,
Eh' diese Knie vor irgendwem sich beugen,
Als vor des Himmels Gott und meinem König;
Und eher mag's auf blut'ger Stange tanzen,
Als stehn entblößt vor dem gemeinen Knecht.
Der echte Adel weiß von keiner Furcht:
Mehr halt' ich aus, als ihr vollbringen dürft.
SCHIFFSHAUPTMANN.
Schleppt ihn hinweg, laßt ihn nicht länger reden!
SUFFOLK.
Soldaten, kommt! Zeigt eure Grausamkeit!
Daß diesen meinen Tod man nie vergesse.
Durch Bettler fallen große Männer oft:
Ein röm'scher Fechter und Bandit erschlug
Den holden Tullius; Brutus' Bastard-Hand
Den Julius Cäsar; wildes Inselvolk
Den Held Pompejus; und Suffolk stirbt durch Räuber.

Suffolk mit Wittmer und andern ab.

SCHIFFSHAUPTMANN.
Von diesen, deren Lösung wir bestimmt,
Beliebt es uns, daß einer darnach reise.
Ihr also kommt mit uns und laßt ihn gehn.

Alle ab, außer der erste Edelmann.

Wittmer kommt mit Suffolks Leiche zurück.

WITTMER.
Da lieg' sein Haupt und sein entseelter Leib,
Bis ihn die traute Königin bestattet!

Ab.

ERSTER EDELMANN.
Oh, ein barbarisches und blut'ges Schauspiel!
Ich will zum König seine Leiche tragen:

Rächt der ihn nicht, so werden's seine Freunde,
Die Königin, die lebend hoch ihn hielt.

Ab mit der Leiche.

Zweite Szene

Blackheath. Georg Bevis und Johann Holland treten auf.

GEORG. Wohlan! Schaff' dir einen Degen, und wenn er auch nur von Holz wäre; seit zwei Tagen sind sie schon auf den Beinen.
JOHANN. Desto nötiger tut's ihnen, sich jetzt hinzusetzen.
GEORG. Ich sage dir, Hans Cade, der Tuchmacher, denkt das gemeine Wesen aufzustutzen und es zu wenden und ihm die Wolle von neuem zu krausen.
JOHANN. Das tut ihm Not, denn es ist bis auf den Faden abgetragen. Nun, das weiß ich, es gab kein lustiges Leben mehr in England, seit die Edelleute aufgekommen sind.
GEORG. O die elenden Zeiten! Tugend wird an Handwerksleuten nichts geachtet.
JOHANN. Der Adel hält es für einen Schimpf, im ledernen Schurz zu gehn.
GEORG. Was noch mehr ist: des Königs Räte sind keine guten Arbeitsleute.
JOHANN. Ja, und es steht doch geschrieben: arbeite in deinem Beruf; was so viel sagen will: die Obrigkeiten sollen Arbeitsleute sein; und also sollten wir Obrigkeiten werden.
GEORG. Richtig getroffen! Denn es gibt kein besser Zeichen von einem wackern Gemüt, als eine harte Hand.
JOHANN. Ich seh' sie kommen! Ich seh' sie kommen! Da ist Bests Sohn, der Gerber von Wingham, –
GEORG. Der soll das Fell unsrer Feinde kriegen, um Hundsleder daraus zu machen.
JOHANN. Und Märten, der Metzger, –
GEORG. Nun, da wird die Sünde vor den Kopf geschlagen wie ein Ochse, und die Ruchlosigkeit wird abgestochen wie ein Kalb.
JOHANN. Und Smith, der Leinweber, –
GEORG. Ergo ist ihr Lebensfaden abgehaspelt.
JOHANN. Kommt, schlagen wir uns zu ihnen!

Trommeln. Cade, Märten der Metzger, Smith der Leinweber und andre in großer Anzahl kommen.

CADE. Wir, Johann Cade, von unserm vermeintlichen Vater so benannt, denn unsre Feinde sollen vor uns niederfallen; vom

Geist getrieben, Könige und Fürsten zu stürzen, – befehlt Stillschweigen!

MÄRTEN. Still!

CADE. Mein Vater war ein Mortimer, –

MÄRTEN *beiseit.* Es war ein ehrlicher Mann und ein guter Maurer.

CADE. Meine Mutter eine Plantagenet, –

MÄRTEN *beiseit.* Ich habe sie recht gut gekannt, sie war eine Hebamme.

CADE. Meine Frau stammt vom Geschlecht der Lacies, –

MÄRTEN *beiseit.* Wahrhaftig, sie war eines Hausierers Tochter und hat manchen Latz verkauft.

SMITH *beiseit.* Aber seit kurzem, nun sie nicht mehr im stande ist, mit ihrem Tornister herumzugehn, wäscht sie zu Hause für Geld.

CADE. Folglich bin ich aus einem ehrenwerten Hause.

MÄRTEN *beiseit.* Ja, meiner Treu! Das freie Feld ist aller Ehren wert, und da ist er zur Welt gekommen, hinterm Zaun; denn sein Vater hatte kein ander Haus als das Hundeloch.

CADE. Mut habe ich.

SMITH *beiseit.* Das muß er wohl, denn zum Betteln gehört Mut.

CADE. Ich kann viel aushalten.

MÄRTEN *beiseit.* Das ist keine Frage: ich habe ihn drei Markttage nacheinander peitschen sehn.

CADE. Ich fürchte mich weder vor Feuer noch Schwert.

SMITH *beiseit.* Vor dem Schwerte braucht er sich nicht zu fürchten, die Stiche werden vorbeigehn, denn sein Rock hält längst keinen Stich mehr.

MÄRTEN *beiseit.* Aber mich dünkt, vor dem Feuer sollte er sich fürchten, da sie ihm für seine Schafdieberei ein Zeichen in die Hand gebrannt haben.

CADE. Seid also brav, denn euer Anführer ist brav und gelobt euch Abstellung der Mißbräuche. Sieben Sechser-Brote sollen künftig in England für einen Groschen verkauft werden; die dreireifige Kanne soll zehn Reifen halten, und ich will es für ein Hauptverbrechen erklären, Dünnbier zu trinken. Das ganze Reich sollen alle in gemein haben; in Cheapside geht euch mein Klepper auf die Weide. Und wenn ich König bin, – wie ich es denn bald sein werde, –

ALLE. Gott erhalte Eure Majestät!

CADE. Ich danke euch, lieben Leute! – so soll es kein Geld mehr geben, alle sollen auf meine Rechnung essen und trinken, ich will sie alle in eine Livrei kleiden, damit sie sich als Brüder vertragen und mich als ihren Herrn ehren.

MÄRTEN. Das erste, was wir tun müssen, ist, daß wir alle Rechtsgelahrte umbringen.

CADE. Ja, das gedenk' ich auch zu tun. Ist es nicht ein erbarmenswürdig Ding, daß aus der Haut eines unschuldigen Lammes Pergament gemacht wird? daß Pergament, wenn es bekritzelt ist, einen Menschen zu Grunde richten kann? Man sagt, die Bienen stechen, aber ich sage: das Wachs der Bienen tut es, denn ich habe nur ein einziges Mal etwas besiegelt, und seit der Zeit war ich niemals wieder mein eigner Herr. Nun, was gibt's? Wen habt ihr da?

Es kommen Leute, die den Schreiber von Chatham vorführen.

SMITH. Den Schreiber von Chatham: er kann lesen und schreiben und Rechnungen aufsetzen.

CADE. Oh, abscheulich!

SMITH. Wir ertappten ihn dabei, daß er den Jungen ihre Exempel durchsah.

CADE. Das ist mir ein Bösewicht!

SMITH. Er hat ein Buch in der Tasche, da sind rote Buchstaben drin.

CADE. Ja, dann ist er gewiß ein Beschwörer.

MÄRTEN. Ja, er kann auch Verschreibungen machen und Kanzleischrift schreiben.

CADE. Es tut mir leid: der Mann ist, bei meiner Ehre, ein hübscher Mann; wenn ich ihn nicht schuldig finde, so soll er nicht sterben. – Komm her, Bursch, ich muß dich verhören. Wie ist dein Name?

SCHREIBER. Emanuel.

MÄRTEN. Das pflegen sie an die Spitze der offenen Sendschreiben zu setzen. – Es wird Euch schlimm ergehn.

CADE. Laßt mich allein machen. Pflegst du deinen Namen auszuschreiben, oder hast du ein Zeichen dafür, wie ein ehrlicher schlichter Mann?

SCHREIBER. Gott sei Dank, Herr, ich bin so gut erzogen, daß ich meinen Namen schreiben kann.

ALLE. Er hat bekannt: fort mit ihm! Er ist ein Schelm und ein Verräter.

CADE. Fort mit ihm, sage ich: hängt ihn mit seiner Feder und Tintenfaß um den Hals!

Einige mit dem Schreiber ab. Michel kommt.

MICHEL. Wo ist unser General?

CADE. Hier bin ich, du spezieller Kerl.

MICHEL. Flieht! Flieht! Flieht! Sir Humphrey Stafford und sein Bruder mit der Heeresmacht des Königs sind ganz in der Nähe.

CADE. Steh, Schurke, steh, oder ich haue dich nieder. Er soll es mit einem ebenso tüchtigen Mann zu tun bekommen, als er selber ist. Er ist nichts mehr als ein Ritter, nicht wahr?

MICHEL. Nein.

CADE. Um es ihm gleich zu tun, will ich mich selbst unverzüglich zum Ritter schlagen. Steh auf als Sir John Mortimer! Nun auf ihn los!

Sir Humphrey Stafford und sein Bruder William kommen mit Truppen unter Trommelschlag.

STAFFORD.
Rebellisch Pack, der Kot und Abschaum Kents,
Zum Galgen reif! Legt eure Waffen nieder,
Zu euren Hütten heim, verlaßt den Knecht!
Wenn ihr zurückkehrt, ist der König gnädig.

WILLIAM STAFFORD.
Doch zornig, wütend und auf Blut gestellt,
Treibt ihr es fort; drum fügt euch oder sterbt!

CADE.
Mir gelten nichts die taftbehangnen Sklaven;
Zu euch, ihr guten Leute, red' ich nur,
Die ich in Zukunft zu regieren hoffe,
Da ich des Throns rechtmäß'ger Erbe bin.

STAFFORD.
Du Schelm, dein Vater war ein Mauerntüncher;
Tuchscherer bist du selber: bist du's nicht?

CADE.
Und Adam war ein Gärtner.

WILLIAM STAFFORD.
Was soll das hier?

CADE.
Nun, das soll's: – Edmund Mortimer, Graf von March,
Nahm sich zur Eh' des Herzogs Clarence Tochter; nicht?

STAFFORD.
Ja wohl.

CADE.
Von ihr bekam er auf einmal zwei Kinder.

WILLIAM STAFFORD.

Das ist nicht wahr.
CADE.
Nun ja, das fragt sich; doch ich sag', es ist so.
Der ältre, den man in die Kost gegeben,
Ward weggestohlen durch ein Bettelweib;
Und, seiner Abkunft und Geburt nicht kundig,
Ward er ein Maurer, wie er kam zu Jahren.
Sein Sohn bin ich, und leugnet's, wenn Ihr könnt.
MÄRTEN. Ja, es ist wahrhaftig wahr: darum soll er unser König sein.
SMITH. Herr, er hat eine Feueresse in meines Vaters Hause gebaut, und die Backsteine leben noch bis auf diesen Tag, die es bezeugen können; also leugnet es nicht.
STAFFORD.
So glaubt ihr dieses Tagelöhners Worten,
Der spricht, er weiß nicht was?
ALLE. Jawohl, das tun wir; also packt euch nur!
WILLIAM STAFFORD. Hans Cade, Euch lehrte dies der Herzog York.
CADE *beiseit*. Er lügt, ich habe es selbst erfunden. – Wohlan, ihr da, sagt dem Könige von meinetwegen: Um seines Vaters willen, Heinrichs des Fünften, zu dessen Zeit die Jungen Hellerwerfen um französische Kronen spielten, sei ich es zufrieden, daß er regiere; ich wolle aber Protektor über ihn sein.
MÄRTEN. Und ferner wollen wir Lord Says Kopf haben, weil er das Herzogtum Maine verkauft hat.
CADE. Und das von Rechts wegen, denn dadurch ist England verstümmelt und müßte am Stabe einhergehen, wenn ich es nicht aufrecht erhielte. Ich sage euch, ihr Mitkönige, Lord Say hat das gemeine Wesen verschnitten und zum Eunuchen gemacht; und was mehr ist, so kann er französisch sprechen, und also ist er ein Verräter!
STAFFORD. O grobe, klägliche Unwissenheit!
CADE. Ja, antwortet mir, wenn Ihr könnt. Die Franzosen sind unsre Feinde; nun gut, ich frage Euch nur: kann jemand, der mit der Zunge eines Feindes spricht, ein guter Ratgeber sein oder nicht?
ALLE. Nein, nein, und also wollen wir seinen Kopf haben.
WILLIAM STAFFORD.
Wohl, da gelinde Worte nichts vermögen,
So greift sie mit dem Heer des Königs an!
STAFFORD.

Fort, Herold, und in jeder Stadt ruf' aus
Die mit dem Cade Empörten als Verräter,
Auf daß man die, so aus dem Treffen fliehn,
In ihrer Frau'n und Kinder Angesicht
Zur Warnung hänge vor den eignen Türen. –
Und ihr, des Königs Freunde, folgt mir nach!

Die beiden Staffords mit den Truppen ab.

CADE.
Und ihr, des Volkes Freunde, folgt mir nach!
's ist für die Freiheit, zeigt euch nun als Männer:
Kein Lord, kein Edelmann soll übrig bleiben;
Schont nur, die in gelappten Schuhen gehn,
Denn das sind wackre, wirtschaftliche Leute,
Die, wenn sie dürften, zu uns überträten.
MÄRTEN. Sie sind schon in Ordnung und marschieren auf uns zu.
CADE. Wir sind erst recht in Ordnung, wenn wir außer aller Ordnung sind. Kommt, marschiert vorwärts!

Alle ab.

Dritte Szene

Ein andrer Teil von Blackheath. Getümmel. Die zwei Parteien kommen und fechten, und beide Staffords werden erschlagen.

CADE. Wo ist Märten, der Metzger von Ashford?
MÄRTEN. Hier.
CADE. Sie fielen vor dir wie Schafe und Ochsen, und du tatest, als wenn du in deinem eigenen Schlachthause wärest; deshalb will ich dich folgendermaßen belohnen: die Fasten sollen noch einmal so lang sein, und du sollst eine Konzession haben, für hundert weniger einen zu schlachten.
MÄRTEN. Ich verlange nicht mehr.
CADE. Und, in Wahrheit, du verdienst nichts Geringeres. Dies Andenken des Sieges will ich tragen, und die beiden Leichen soll mein Pferd nachschleifen, bis ich nach London komme, wo wir uns das Schultheißen-Schwert wollen vortragen lassen.
MÄRTEN. Wenn wir Gedeihen haben und was ausrichten wollen, so laßt uns die Kerker aufbrechen und die Gefangnen herauslassen!

CADE. Sorge nicht, dafür stehe ich dir. Kommt, marschieren wir nach London!

Alle ab.

Vierte Szene

London. Ein Zimmer im Palast. König Heinrich, der eine Supplik liest; der Herzog von Buckingham und Lord Say neben ihm; in der Entfernung Königin Margareta, die über Suffolks Kopf trauert.

KÖNIGIN.
Oft hört' ich, Gram erweiche das Gemüt,
Er mach' es zaghaft und entart' es ganz:
Drum denk' auf Rache und laß ab vom Weinen.
Doch wer ließ' ab vom Weinen, der dies sieht?
Hier liegt sein Haupt an meiner schwell'nden Brust:
Wo ist der Leib, den ich umarmen sollte?

BUCKINGHAM.
Welche Antwort erteilt Eure Hoheit auf die Supplik der Rebellen?

KÖNIG HEINRICH.
Ich send' als Mittler einen frommen Bischof.
Verhüte Gott, daß so viel arme Seelen
Umkommen durch das Schwert! Ich selber will,
Eh' sie der blut'ge Krieg vertilgen soll,
Mit ihrem General, Hans Cade, handeln.
Doch still, ich will's noch einmal überlesen.

KÖNIGIN.
Ah, die Barbaren! Hat dies holde Antlitz
Mich wie ein wandelnder Planet beherrscht?
Und konnt' es nicht die nöt'gen, einzuhalten,
Die nicht verdienten, nur es anzuschaun?

KÖNIG HEINRICH.
Lord Say, Hans Cade schwört, er will nicht ruhn,
Als bis er Euren Kopf in Händen hat.

SAY.
Ja, doch ich hoffe, Eure Hoheit wird
Bald seinen haben.

KÖNIG HEINRICH.
Nun, Gemahlin! Wie?
Wehklagend stets und traurend um Suffolks Tod?
Ich fürchte, Herz, wenn ich gestorben wär',

Du hättest nicht so sehr um mich getrauert.
KÖNIGIN.
Nein, mein Herz, ich trau'rte nicht, ich stürb' um dich.

Ein Bote tritt auf.

KÖNIG HEINRICH.
Nun dann, was gibt's? Was kommst du so in Eil'?
BOTE.
Die Meuter sind in Southwark: flieht, mein Fürst!
Hans Cade erklärt sich für Lord Mortimer,
Vom Haus des Herzogs Clarence abgestammt,
Nennt öffentlich Eu'r Gnaden Usurpator
Und schwört, in Westminster sich selbst zu krönen.
Ein abgelumpter Haufen ist sein Heer
Von Bauersknechten, roh und unbarmherzig;
Sir Humphrey Staffords Tod und seines Bruders
Gab ihnen Herz und Mut, es fortzutreiben;
Gelehrte, Rechtsverständ'ge, Hof und Adel
Wird falsch Gezücht gescholten und zum Tod verdammt.
KÖNIG HEINRICH.
O ruchlos Volk! Es weiß nicht, was es tut.
BUCKINGHAM.
Mein gnäd'ger Herr, zieht Euch nach Kenelworth,
Bis man ein Heer versammelt, sie zu schlagen.
KÖNIGIN.
Ach, lebte Herzog Suffolk nun, wie bald
Wär' diese kent'sche Meuterei gestillt!
KÖNIG HEINRICH.
Lord Say, dich haßt die Rotte:
Deswegen fort mit uns nach Kenelworth!
SAY.
Das könnte meines Herrn Person gefährden,
Mein Anblick ist in ihrem Aug' verhaßt;
Und darum will ich in der Stadt nur bleiben
Und hier so heimlich, wie ich kann, es treiben.

Ein andrer Bote tritt auf.

ZWEITER BOTE.
Hans Cade ist Meister von der London-Brücke,
Die Bürger fliehn vor ihm aus ihren Häusern;
Das schlechte Volk, nach Beute dürstend, tritt
Dem Frevler bei: so schwören sie, die Stadt
Und Euren königlichen Hof zu plündern.

BUCKINGHAM.
Dann zaudert nicht, mein Fürst! Zu Pferde, fort!
KÖNIG HEINRICH.
Margreta, komm! Gott, unsre Hoffnung, hilft uns.
KÖNIGIN.
Da Suffolk starb, ist meine Hoffnung hin.
KÖNIG HEINRICH *zum Lord Say.*
Lebt wohl, Mylord! Traut nicht den kent'schen Meutern!
BUCKINGHAM.
Traut keinem, aus Besorgnis vor Verrat!
SAY.
Auf meine Unschuld gründ' ich mein Vertraun,
Und darum bin ich kühn und unverzagt.

Alle ab.

Fünfte Szene

Der Turm. Lord Scales und andre erscheinen auf den Mauern; dann treten unten einige Bürger auf.

SCALES. Nun, ist Hans Cade erschlagen?
ERSTER BÜRGER. Nein, Mylord, und es hat auch keinen Anschein dazu, denn sie haben die Brücke erobert und bringen alle um, die sich widersetzen. Der Schultheiß bittet Euer Edeln um Beistand vom Turm, um die Stadt gegen die Rebellen zu verteidigen.
SCALES.
Was ich nur missen kann, ist Euch zu Dienst,
Zwar werd' ich hier von ihnen selbst geplagt,
Die Meuter wollten sich des Turms bemeistern.
Doch macht Euch nach Smithfield und sammelt Volk,
Und dahin send' ich Euch Matthias Gough.
Kämpft für den König, Euer Land und Leben,
Und so lebt wohl, denn ich muß wieder fort.

Alle ab.

Sechste Szene

Die Kanonenstraße. Hans Cade mit seinem Anhange. Er schlägt mit seinem Stabe auf den Londner Stein.

CADE. Nun ist Mortimer Herr dieser Stadt. Und hier, auf dem Londner Steine sitzend, verordne ich und befehle, daß in diesem ersten Jahr unsers Reichs auf Stadts-Unkosten durch die Seigerinne nichts als roter Wein laufen soll. Und hinfüro soll es Hochverrat sein, wenn irgendwer mich anders nennt als Lord Mortimer.

Ein Soldat kommt gelaufen.

SOLDAT. Hans Cade! Hans Cade!
CADE. Schlagt ihn gleich zu Boden!

Sie bringen ihn um.

SMITH. Wenn der Bursche klug ist, wird er Euch niemals wieder Hans Cade nennen: ich meine, er hat einen guten Denkzettel bekommen.
MÄRTEN. Mylord, es hat sich eine Heersmacht bei Smithfield versammelt.
CADE. So kommt, laßt uns mit ihnen fechten. Aber erst geht und setzt die London-Brücke in Brand, und wenn ihr könnt, brennt auch den Turm nieder. Kommt, machen wir uns fort!

Ab.

Siebente Szene

Smithfield. Getümmel. Von der einen Seite kommen Cade und sein Anhang; von der andern Bürger und königliche Truppen, angeführt von Matthias Gough. Sie fechten; die Bürger werden in die Flucht geschlagen, und Gough fällt.

CADE. So, Leute: nun geht und reißt das Savoyische Quartier ein; andre zu den Gerichtshöfen, nieder mit allen zusammen!
MÄRTEN. Ich habe ein Gesuch an Eure Herrlichkeit.
CADE. Und wär' es eine Herrlichkeit, für das Wort soll's dir gewährt sein.
MÄRTEN. Bloß, daß die Gesetze von England aus Eurem Munde kommen mögen.
JOHANN *beiseit.* Sapperment, dann werden's heillose Gesetze sein, denn er ist mit einem Speer in den Mund gestochen, und das ist noch nicht heil.
SMITH *beiseit.* Nein, Johann, es werden stinkende Gesetze sein, denn er stinkt aus dem Munde nach geröstetem Käse.
CADE. Ich habe es bedacht, es soll so sein. Fort, verbrennt alle Urkunden des Reichs; mein Mund soll das Parlament von England sein.
JOHANN *beiseit.* Dann werden wir vermutlich beißende Statuten bekommen, wenn man ihm nicht die Zähne ausbricht.

CADE. Und hinfüro soll alles in Gemeinschaft sein.

Ein Bote tritt auf.

BOTE. Mylord, ein Fang! ein Fang! Hier ist der Lord Say, der die Städte in Frankreich verkauft hat; der uns einundzwanzig Funfzehnte hat bezahlen lassen und einen Schilling auf das Pfund zur letzten Kriegssteuer.

Georg Bevis kommt mit Lord Say.

CADE. Gut, er soll zehnmal dafür geköpft werden. – O Say, du sämischer, juchtener, rindslederner Lord! Nun stehst du recht als Zielscheibe unsrer königlichen Gerichtsbarkeit. Wie kannst du dich vor meiner Majestät deshalb rechtfertigen, daß du die Normandie an Musje Baisemoncu, den Dauphin von Frankreich, abgetreten hast? Kund und zu wissen sei dir hiemit durch Gegenwärtiges, namentlich durch gegenwärtigen Lord Mortimer, daß ich der Besen bin, welcher den Hof von solchem Unrat, wie du bist, rein kehren muß. Du hast höchst verräterischer Weise die Jugend des Reiches verderbet, indem du eine lateinische Schule errichtet; und da zuvor unsere Voreltern keine andern Bücher hatten als die Kreide und das Kerbholz, so hast du das Drucken aufgebracht, und hast zum Nachteil des Königs, seiner Krone und Würde, eine Papiermühle gebaut. Es wird dir ins Gesicht bewiesen werden, daß du Leute um dich hast, die zu reden pflegen von Nomen und Verbum und dergleichen scheußliche Worte mehr, die kein Christenohr geduldig anhören kann. Du hast Friedensrichter angestellt, daß sie arme Leute vor sich rufen über Dinge, worauf sie nicht im stande sind zu antworten. Du hast sie ferner gefangen gesetzt, und weil sie nicht lesen konnten, hast du sie hängen lassen, da sie doch bloß aus dem Grunde am meisten verdienten zu leben. Du reitest auf einer Decke, nicht wahr?

SAY. Nun, was täte das?

CADE. Ei, du solltest dein Pferd keinen Mantel tragen lassen, derweil ehrlichere Leute als du in Wams und Hosen gehn.

MÄRTEN. Und im bloßen Hemde arbeiten obendrein; wie ich selbst zum Beispiel, der ich ein Metzger bin.

SAY. Ihr Männer von Kent, –

MÄRTEN. Was sagt Ihr von Kent?

SAY. Nichts als dies: es ist bona terra, mala gens.

CADE. Fort mit ihm! Fort mit ihm! Er spricht Latein.

SAY.

Hört nur und führt mich dann, wohin ihr wollt.
Kent heißt in dem Bericht, den Cäsar schrieb,
Der ganzen Insel freundlichstes Gebiet:
Das Land ist reich, mit Gütern wohl begabt,
Das Volk willfährig, tapfer, tätig, reich;
Was mich auf Mitleid von euch hoffen läßt.
Ich hab' nicht Maine und Normandie verkauft,
Gern kauft' ich sie zurück mit meinem Leben.
Das Recht hab' ich mit Güte stets geübt,
Mich rührten Bitten, Tränen, niemals Gaben,
Wann hab' ich was von eurer Hand erpreßt,
Zum Schutz für Kent, für König, Land und euch?
Gelahrten Männern gab ich große Summen,
Weil Buch und Schrift beim König mich befördert,
Und weil ich sah, es sei Unwissenheit
Der Fluch von Gott, und Wissenschaft der Fittig,
Womit wir in den Himmel uns erheben.
Seid ihr von Höllengeistern nicht besessen,
So könnt ihr nicht den Mord an mir begehn.
Bei fremden Kön'gen hat die Zunge hier
Für euch gesprochen, –
CADE. Pah! Wann hast du irgendeinen Streich im Felde geführt?
SAY.
Der Großen Arm reicht weit: oft traf ich Menschen
Die nie mich sahn, und traf zum Tode sie.
GEORG. O die abscheuliche Memme! Die Leute hinterrücks anzufallen!
SAY. Die Wangen wacht' ich bleich in eurem Dienst.
CADE. Gebt ihm eine Ohrfeige, so werden sie schon wieder rot werden.
SAY.
Das lange Sitzen, um der armen Leute
Rechtshändel zu entscheiden, hat mich ganz
Mit Krankheit und Beschwerden angefüllt.
CADE. So sollt Ihr einen hänfnen Magentrank haben, und mit einem Beil soll man Euch helfen.
MÄRTEN. Was zitterst du, Mann?
SAY. Der Schlagfluß nötigt mich und nicht die Furcht.
CADE. Ja, er nickt uns zu, als wollte er sagen: »Ich will es mit euch aufnehmen.« Ich will sehn, ob sein Kopf auf einer Stange fester stehen wird; schafft ihn fort und köpft ihn!
SAY.

Sagt mir, worin verging ich mich am meisten?
Begehrt' ich Reichtum oder Ehre? Sprecht!
Sind meine Kisten voll erpreßten Goldes?
Und ist mein Aufzug kostbar anzuschaun?
Wen kränkt' ich, daß ihr meinen Tod so sucht?
Kein schuldlos Blut vergossen diese Hände,
Und diese Brust herbergt kein schnödes Falsch.
O laßt mich leben!

CADE. Ich fühle Mitleiden in mir mit seinen Worten, aber ich will es in Zaum halten; er soll sterben, und wär' es nur, weil er so gut für sein Leben spricht. Fort mit ihm! Er hat einen Hauskobold unter der Zunge sitzen, er spricht nicht im Namen Gottes. Geht, schafft ihn fort, sage ich, und schlagt ihm gleich den Kopf ab; und dann brecht in das Haus seines Schwiegersohnes Sir John Cromer und schlagt ihm den Kopf ab, und bringt sie beide auf zwei Stangen her!

ALLE.
Es soll geschehn.

SAY.
Ach, Landesleute! Wenn bei euren Bitten
Gott so verhärtet wäre wie ihr selbst,
Wie ging' es euren abgeschiednen Seelen?
Darum erweicht euch noch und schont mein Leben!

CADE. Fort mit ihm, und tut, was ich euch befehle!

Einige ab mit Lord Say.

Der stolzeste Pair im Reich soll keinen Kopf auf den Schultern tragen, wenn er mir nicht Tribut zahlt; kein Mädchen soll sich verheiraten, ohne daß sie mir ihre Jungfernschaft bezahlt, eh' ihr Liebster sie kriegt; alle Menschen sollen unter mir in capite stehn, und ich verordne und befehle, daß ihre Weiber so frei sein sollen, als das Herz wünschen oder die Zunge sagen kann.

MÄRTEN. Mylord, wann sollen wir nach Cheapside gehn und mit unsern Hellebarden halbpart machen?

CADE. Ei, sogleich!

ALLE. O herrlich!

Es kommen Rebellen zurück mit den Köpfen des Lord Say und seines Schwiegersohnes.

CADE. Aber ist dies nicht noch herrlicher? – Laßt sie einander küssen, denn sie sind sich bei Lebzeiten zugetan gewesen. Nun haltet sie wieder aus einander, damit sie nicht ratschlagen, wie sie noch mehr französische Städte übergeben wollen. Soldaten, schiebt die Plünderung der Stadt auf bis nachts, denn wir wollen durch die Straßen reiten und diese Köpfe wie Szepter vor uns hertragen lassen, und an jeder Ecke sollen sie sich küssen. Fort!

Alle ab.

Achte Szene

Southwark. Getümmel. Cade mit seinem Gesindel tritt auf.

CADE. Die Fischerstraße herauf! Die Sankt-Magnus-Ecke hinunter! Totgeschlagen! In die Themse geworfen!

Es wird zur Unterhandlung geblasen, hierauf zum Rückzug.

Was für einen Lärm hör' ich? Wer darf so verwegen sein, zum Rückzug oder zur Unterhandlung zu blasen, wenn ich sie alles totschlagen heiße?

Buckingham und der alte Clifford treten auf mit Truppen.

BUCKINGHAM.
Hier sind sie, die das dürfen, und die dich
Verstören wollen. Wisse, Cade, denn:
Als Abgesandte kommen wir vom König
Zum Volke, welches du mißleitet hast,
Und künden hier Verzeihung jedem an,
Der dich verläßt und friedlich heim will gehn.
CLIFFORD.
Was sagt ihr, Landsgenossen? Gebt ihr nach
Und weicht der Gnade, weil man sie euch bietet?
Oder soll Gesindel in den Tod euch führen?
Wer unsern König liebt und die Verzeihung
Benutzen will, der schwinge seine Mütze
Und sage: »Gott erhalte Seine Majestät!«
ALLE. Gott erhalte den König! Gott erhalte den König!
CADE. Was, Buckingham und Clifford, seid ihr so brav? – Und ihr, schlechtes Bauernvolk, glaubt ihr ihm? Wollt ihr denn durchaus mit eurem Pardon um den Hals aufgehängt sein? Ist mein Schwert dazu durch das Londner Tor gebrochen, daß ihr mich beim weißen Hirsch in Southwark verlassen solltet? Ich dachte, ihr wolltet eure Waffen nimmer niederlegen, bis ihr eure alte Freiheit wieder erobert hättet: aber ihr seid alle Abtrünnige und feige Memmen und habt eine Freude daran, in der Sklaverei des Adels zu leben. So mögen sie euch denn den

Rücken mit Lasten zerbrechen, euch die Häuser über den Kopf wegnehmen, eure Weiber und Töchter vor euren Augen notzüchtigen; was mich betrifft, ich will jetzt nur für *einen* sorgen, und euch alle möge Gottes Fluch treffen!

ALLE.
Wir folgen unserm Cade! Wir folgen unserm Cade!

CLIFFORD.
Ist Cade Sohn Heinrichs des Fünften,
Daß ihr so ausruft, ihr wollt mit ihm gehn?
Führt er euch wohl in Frankreichs Herz und macht
Den kleinsten unter euch zum Graf und Herzog?
Ach, er hat keine Heimat, keine Zuflucht,
Und kann nicht anders leben als durch Plünd'rung,
Indem er eure Freund' und uns beraubt.
Welch eine Schmach, wenn, während ihr euch zankt,
Die scheuen Franken, die ihr jüngst besiegt,
Die See durchkreuzten und besiegten euch?
Mich dünkt, in diesem bürgerlichen Zwist
Seh' ich sie schon in Londons Gassen schalten
Und jeden rufen an mit: »Villageois!«
Eh' laßt zehntausend niedre Cades verderben,
Als ihr euch beugt vor eines Franken Gnade!
Nach Frankreich! Frankreich! Bringt Verlornes ein!
Schont England, euren heimatlichen Strand!
Heinrich hat Geld, und ihr seid stark und männlich:
Gott mit uns, zweifelt nicht an eurem Sieg!

ALLE. Clifford hoch! Clifford hoch! Wir folgen dem König und Clifford.

CADE. Ist eine Feder wohl so leicht hin und hergeblasen als dieser Haufe? Der Name Heinrich des Fünften reißt sie zu hunderterlei Unheil fort und macht, daß sie mich in der Not verlassen. Ich sehe, daß sie die Köpfe zusammen stecken, um mich zu überfallen: mein Schwert muß mir den Weg bahnen, denn hier ist meines Bleibens nicht. – Allen Teufeln und der Hölle zum Trotz will ich recht mitten durch euch hindurch, und ich rufe den Himmel und die Ehre zu Zeugen, daß kein Mangel an Entschlossenheit in mir, sondern bloß der schnöde und schimpfliche Verrat meiner Anhänger mich auf flüchtigen Fuß setzt. *Ab.*

BUCKINGHAM.
Ist er entflohn? Geh' wer und folg' ihm nach;
Und der, der seinen Kopf zum König bringt,
Soll tausend Kronen zur Belohnung haben.

Einige ab.

Folgt mir, Soldaten; wir ersinnen Mittel,
Euch alle mit dem König zu versöhnen.

Alle ab.

Neunte Szene

Die Burg zu Kenelworth. König Heinrich; Königin Margareta und Somerset auf der Terrasse der Burg.

KÖNIG HEINRICH.
Saß wohl ein König je auf ird'schem Thron,
Dem nicht zu Dienst mehr Freude stand wie mir?
Kaum kroch ich aus der Wiege noch, als ich,
Neun Monden alt, zum König ward ernannt.
Nie sehnt' ein Untertan sich nach dem Thron,
Wie ich mich sehn', ein Untertan zu sein.

Buckingham und Clifford treten auf.

BUCKINGHAM.
Heil Eurer Majestät und frohe Zeitung!
KÖNIG HEINRICH.
Sag, Buckingham, griff man den Frevler Cade?
Wie, oder wich er nur, sich zu verstärken?

Es erscheint unten ein Haufen von Cades Anhängern, mit Stricken um den Hals.

CLIFFORD.
Er floh, mein Fürst, und all sein Volk ergibt sich
Und demutsvoll, mit Stricken um den Hals,
Erwarten sie von Euer Hoheit Spruch
Nun Leben oder Tod.
KÖNIG HEINRICH.
Dann, Himmel, öffne deine ew'gen Tore,
Um meines Danks Gelübde zu empfangen! –
Heut löstet ihr, Soldaten, euer Leben,
Ihr zeigtet, wie ihr euren Fürsten liebt
Und euer Land: bewahrt so guten Sinn,
Und Heinrich, wenn er unbeglückt schon ist,
Wird niemals, seid versichert, lieblos sein.
Und so, euch allen dankend und verzeihend,
Entlass' ich euch, in seine Heimat jeden.

ALLE.
Gott erhalte den König! Gott erhalte den König!

Ein Bote tritt auf.

BOTE.
Vergönnen mir Eu'r Gnaden, zu berichten,
Daß Herzog York von Irland jüngst gekommen
Und mit gewalt'ger, starker Heeresmacht
Von Galloglassen und von derben Kerns
Hieher ist auf dem Marsch mit stolzem Zug;
Und stets erklärt er, wie er weiter rückt,
Er kriege bloß, um weg von dir zu schaffen
Den Herzog Somerset, den er Verräter nennt.

KÖNIG HEINRICH.
So steh' ich, zwischen Cade und York bedrängt,
Ganz wie ein Schiff, das einem Sturm entronnen
Kaum ruhig, von Piraten wird geentert.
Nur erst verjagt ist Cade, sein Volk zerstreut,
Und schon ist York bewehrt, ihm beizustehn. –
Ich bitt' dich, Buckingham, geh ihm entgegen,
Frag' um die Ursach' seiner Waffen, sag ihm,
Ich sende Herzog Edmund in den Turm, –
Und, Somerset, dort will ich dich verwahren,
Bis seine Schar von ihm entlassen ist.

SOMERSET.
Mein Fürst,
Ich füge willig dem Gefängnis mich,
Dem Tode selbst, zu meines Landes Wohl.

KÖNIG HEINRICH.
Auf jeden Fall seid nicht zu rauh in Worten.
Denn er ist stolz, ihn reizen harte Reden.

BUCKINGHAM.
Das will ich, Herr, und hoff' es zu vermitteln,
Daß alles sich zu Eurem Besten lenkt.

KÖNIG HEINRICH.
Komm, Frau, laß besser uns regieren lernen,
Denn noch hat England meinem Reich zu fluchen.

Alle ab.

Zehnte Szene

Kent. Idens Garten. Cade tritt auf.

CADE. Pfui über den Ehrgeiz! Pfui über mich selbst, der ich ein Schwert habe und doch auf dem Punkte bin, Hungers zu sterben! Diese fünf Tage habe ich mich in diesen Wäldern versteckt und wagte nicht, mich blicken zu lassen, weil mir das ganze Land auflauert: aber jetzt bin ich so hungrig, daß ich nicht länger warten könnte, und wenn ich mein Leben auf tausend Jahre dafür in Pacht bekäme. Ich bin also über die Mauer in diesen Garten geklettert, um zu sehen, ob ich Gras essen oder mir wieder einen Salat pflücken kann, was einem bei der Hitze den Magen recht gut kühlt.

Iden kommt mit Bedienten.

IDEN.
Wer möchte wohl im Hofesdienst sich mühn,
Der solche stille Gänge kann genießen?
Dies kleine Erb', das mir mein Vater ließ,
G'nügt mir und gilt mir eine Monarchie.
Ich mag durch andrer Fall nicht Größe suchen,
Noch samml' ich Gut, gleichviel mit welchem Neid:
Ich habe, was zum Unterhalt mir g'nügt,
Der Arme kehrt von meiner Tür vergnügt.

CADE. Da kommt der Eigentümer und wird mich wie einen Landstreicher greifen, weil ich ohne seine Erlaubnis auf sein Grundstück gekommen bin. – Ha, Schurke, du willst mich verraten, um tausend Kronen vom Könige zu erhalten, wenn du ihm meinen Kopf bringst: aber ich will dich zwingen, Eisen zu fressen wie ein Strauß und meinen Degen hinunter zu würgen wie eine große Nadel, ehe wir auseinander kommen.

IDEN.
Ei, ungeschliffner Mensch, wer du auch seist!
Ich kenn' dich nicht: wie sollt' ich dich verraten?
Ist's nicht genug, in meinen Garten brechen
Und wie ein Dieb mich zu bestehlen kommen,
Gewaltsam meine Mauern überkletternd?
Mußt du mir trotzen noch mit frechen Worten?

CADE. Dir trotzen? Ja, bei dem besten Blut, das jemals angezapft worden ist, und das recht ins Angesicht. Sieh mich genau an: ich habe in fünf Tagen keine Nahrung genossen, und doch, komm du nur mit deinen fünf Gesellen, und wenn ich euch nicht alle mausetot schlage, so bitte ich zu Gott, daß ich nie wieder Gras essen mag.

IDEN.
Nein, solang' England lebt, soll man nicht sagen,
Daß Alexander Iden, ein Esquire von Kent,
Mit einem Hungerleider ungleich kämpfte.
Dein starrend Auge setze gegen meins,
Sieh, ob du mich mit Blicken übermeisterst.
Setz' Glied an Glied, du bist bei weitem schwächer.
Bei meiner Faust ist deine Hand ein Finger,
Dein Bein ein Stock, mit diesem Stamm verglichen;
Mein Fuß mißt sich mit deiner ganzen Stärke,
Und wenn mein Arm sich in die Luft erhebt,
So ist dein Grab gehöhlt schon in der Erde.
Statt Worte, deren Größe Wort' erwidert,
Verkünde dieses Schwert, was ich verschweige.

CADE. Bei meiner Tapferkeit, der vollkommenste Klopffechter, von dem ich jemals gehört habe. – Stahl, wenn du nun deine Spitze biegst oder diesen pfündigen Tölpel nicht in lauter Schnittchen Fleisch zerhackst, ehe du wieder in der Scheide ruhst, so bitte ich Gott auf meinen Knieen, daß du in Hufnägel magst verwandelt werden.

Sie fechten, Cade fällt.

Oh, ich bin hin! Hunger und nichts anders hat mich umgebracht. Laßt zehntausend Teufel über mich herfallen, gebt mir nur die zehn verlornen Mahlzeiten wieder, und ich böte allen die Spitze. – Verdorre, Garten! und sei in Zukunft ein Begräbnisplatz für alle, die in diesem Hause wohnen, weil in dir die unüberwindliche Seele Cades entflohn ist.

IDEN.
Schlug ich den greulichen Verräter Cade?
Du sollst geweiht sein, Schwert, für diese Tat
Und nach dem Tod mir übers Grab gehängt.
Nie sei dies Blut gewischt von deiner Spitze,
Wie einen Heroldsmantel sollst du's tragen,
Um zu verkünden deines Herren Ruhm!

CADE. Iden, leb wohl und sei stolz auf deinen Sieg. Sage den Kentern von meinetwegen, daß sie ihren besten Mann verloren haben, und ermahne alle Welt, feige Memmen zu sein: denn ich, der ich mich nie vor keinem gefürchtet, muß dem Hunger erliegen, nicht der Tapferkeit. *Stirbt.*

IDEN.
  Wie du zu nah mir tust, sei Gott mein Zeuge!
  Stirb, deren Fluch, die dich gebar, Verruchter!
  Und wie mein Schwert dir deinen Leib durchstieß,
  So stieß' ich gern zur Hölle deine Seele.
  Ich schleife häuptlings fort dich an den Fersen
  Auf einen Misthauf', wo dein Grab soll sein;
  Da hau' ich ab dein frevelhaftes Haupt,
  Das ich zum König im Triumph will tragen,
  Den Kräh'n zur Speise lassend deinen Rumpf.
      Ab mit der Leiche, die er hinausschleift.

Fünfter Aufzug

Erste Szene

Ebnen zwischen Dartford und Blackheath. Des Königs Lager an der einen Seite, von der andern kommt York mit seinem Heer von Irländern, mit Trommeln und Fahnen.

YORK.
So kommt von Irland York, sein Recht zu fodern,
Von Heinrichs schwachem Haupt die Kron' zu reißen.
Schallt, Glocken, laut! Brennt, Freudenfeuer, hell!
Um Englands echten König zu empfangen.
Ah, sancta majestas! Wer kaufte dich nicht teuer?
Gehorchen mag, wer nicht zu herrschen weiß;
Die Hand hier ist gemacht, nur Gold zu führen.
Ich kann nicht meinen Worten Nachdruck geben,
Wenn sie ein Schwert nicht oder Szepter wägt;
Wenn eine Seel' mir ward, wird ihr ein Szepter,
Worauf ich Frankreichs Lilien schleudern will.

Buckingham tritt auf.

Wer kommt uns da? Buckingham, mich zu stören?
Der König sandt' ihn sicher, ich muß heucheln.
BUCKINGHAM.
York, wenn du's wohl meinst, sei mir wohl gegrüßt!
YORK.
Humphrey von Buckingham, den Gruß empfang' ich.
Bist du ein Bote, oder kommst aus Wahl?
BUCKINGHAM.
Ein Bote Heinrichs, unsers hohen Herrn,
Zu fragen, was der Feldzug soll im Frieden?
Weswegen du, ein Untertan wie ich,
Dem Eid und der Vasallentreu' zuwider,
Solch großes Heer versammelst ohn' Erlaubnis
Und es so nah dem Hof zu führen wagst?
YORK *beiseit.*
Kaum kann ich sprechen vor zu großem Zorn,
Oh, Felsen könnt' ich spalten, Kiesel schlagen,
So grimmig machen mich die schnöden Worte.
Und jetzt, wie Ajax Telamonius, könnt' ich
Die Wut an Schafen und an Ochsen kühlen!
Ich bin weit hochgeborner als der König,

Mehr einem König gleich, und königlicher:
Doch muß ich eine Weil' schön Wetter machen,
Bis Heinrich schwächer ist und stärker ich. –
O Buckingham, ich bitte dich, verzeih',
Daß ich die ganze Zeit nicht Antwort gab:
Von tiefer Schwermut war mein Geist verstört.
Der Grund, warum ich hergebracht dies Heer,
Ist, Somerset, den stolzen, zu entfernen
Vom König, dem er wie dem Staat sich auflehnt.
BUCKINGHAM.
Das ist zu große Anmaßung von dir:
Doch, hat dein Kriegszug keinen andern Zweck,
So gab der König deiner Fodrung nach:
Der Herzog Somerset ist schon im Turm.
YORK.
Auf Ehre sage mir: ist er gefangen?
BUCKINGHAM.
Ich sag' auf Ehre dir: er ist gefangen.
YORK.
Dann, Buckingham, entlass' ich meine Macht. –
Habt Dank, Soldaten, und zerstreut euch nur;
Trefft morgen mich auf Sankt Georgen-Feld,
Ich geb' euch Sold und alles, was ihr wünscht. –
Und meinen Herrn, den tugendsamen Heinrich,
Laßt meinen ältsten Sohn, ja alle Söhne
Als Pfänder meiner Lieb' und Treu' begehren:
So willig, als ich lebe, send' ich sie.
Land, Güter, Pferde, Waffen, was ich habe,
Ist ihm zu Dienst, wenn Somerset nur stirbt.
BUCKINGHAM.
Die sanfte Unterwerfung lob' ich, York,
Und gehn wir zwei in Seiner Hoheit Zelt.
König Heinrich tritt auf mit Gefolge.

KÖNIG HEINRICH.
Buckingham, sinnt York kein Arges wider mich,
Daß du mit ihm einhergehst Arm in Arm?
YORK.
In aller Unterwürfigkeit und Demut
Stellt York vor Euer Hoheit selbst sich dar.
KÖNIG HEINRICH.
Wozu denn diese Heersmacht, die du führst?
YORK.

Um den Verräter Somerset zu bannen
Und mit dem Erzrebellen Cade zu fechten,
Von dessen Niederlag' ich nun gehört.

Iden tritt auf mit Cades Kopf.

IDEN.
Wenn ein so schlichter Mann, so niedern Standes,
Der Gegenwart des Königs nahn sich darf,
Bring' ich Eu'r Gnaden ein Verräter-Haupt,
Des Cade Haupt, den ich im Zweikampf schlug.
KÖNIG HEINRICH.
Des Cade Haupt? Gott, wie gerecht bist du!
O laßt mich dessen Antlitz tot beschaun,
Der lebend mir so große Nöten schaffte!
Sag mir, mein Freund, warst du's, der ihn erschlug?
IDEN.
Ich war's, zu Euer Majestät Befehl.
KÖNIG HEINRICH.
Wie nennt man dich, und welches ist dein Rang?
IDEN.
Alexander Iden ist mein Name;
Ein armer Squire von Kent, dem König treu.
BUCKINGHAM.
Wenn's Euch beliebt, mein Fürst, es wär' nicht unrecht,
Für seinen Dienst zum Ritter ihn zu schlagen.
KÖNIG HEINRICH.
Iden, knie nieder!

Er kniet.

Steh als Ritter auf!
Wir geben tausend Mark dir zur Belohnung
Und wollen, daß du künftig uns begleitest.
IDEN.
Mög' Iden solche Gunst dereinst verdienen,
Und leb' er nie, als seinem Fürsten treu!
KÖNIG HEINRICH.
Sieh, Buckingham! Somerset und mein Gemahl:
Geh, heiße sie vor York ihn schleunig bergen.

Königin Margareta und Somerset.

KÖNIGIN.
Vor tausend Yorks soll er sein Haupt nicht bergen,

Nein, kühnlich stehn und ins Gesicht ihm schaun.
YORK.
Was soll dies sein? Ist Somerset in Freiheit?
Dann, York, entfeßle die Gedanken endlich
Und laß die Zung' es gleich tun deinem Herzen!
Soll ich den Anblick Somersets ertragen?
Was brachst du, falscher König, mir dein Wort,
Da du doch weißt, wie schwer ich Kränkung dulde?
Ich nannte König dich? Du bist kein König,
Nicht fähig, eine Menge zu beherrschen,
Der nicht Verräter zähmen kann noch darf.
Dies Haupt da steht zu einer Krone nicht;
Den Pilgerstab mag fassen deine Hand,
Und nicht ein würdig Fürstenszepter schmücken.
Dies Gold muß diese meine Brau'n umgürten,
Des Dräun und Lächeln, wie Achilles' Speer,
Durch seinen Wechsel töten kann und heilen.
Die Hand hier kann empor den Szepter tragen
Und bindendes Gesetz damit vollstrecken.
Gib Raum! Bei Gott, du sollst nicht mehr beherrschen
Den, so der Himmel dir zum Herrscher schuf.
SOMERSET.
O Erzverräter! – Ich verhafte dich
Um Hochverrates wider Kron' und König.
Gehorch', verwegner Frevler! Knie' um Gnade!
YORK.
Knien soll ich? Laß mich diese fragen erst,
Ob sie es dulden, daß ich wem mich beuge. –
Ihr da, ruft meine Söhne her als Bürgen;

einer vom Gefolge ab

Ich weiß, eh' sie zur Haft mich lassen gehn,
Verpfänden sie ihr Schwert für meine Lösung.
KÖNIGIN.
Ruft Clifford her, heißt alsobald ihn kommen

Buckingham ab.

Zu sagen, ob die Bastard-Buben Yorks
Des falschen Vaters Bürgschaft sollen sein.
YORK.
O blutbefleckte Neapolitanerin!
Auswurf von Napel! Englands blut'ge Geißel!

Yorks Söhne, höher von Geburt als du,
Sind die Gewähr des Vaters; wehe denen,
Die meiner Buben Bürgschaft weigern wollen!

Von der einen Seite kommen Eduard und Richard Plantagenet mit Truppen; von der andern, gleichfalls mit Truppen, der alte Clifford und sein Sohn.

Da sind sie: seht! Ich steh' euch ein, sie tun's.
KÖNIGIN.
Und hier kommt Clifford, die Gewähr zu weigern.
CLIFFORD *kniet.*
Heil sei und Glück dem König, meinem Herrn!
YORK.
Ich dank' dir, Clifford! Sag, was bringst du Neues?
Nein, schreck' uns nicht mit einem zorn'gen Blick,
Wir sind dein Lehnsherr, Clifford, kniee wieder:
Dir sei verziehn, daß du dich so geirrt.
CLIFFORD.
Dies ist mein König, York, ich irre nicht;
Du irrst dich sehr in mir, daß du es denkst. –
Nach Bedlam mit ihm! Ward der Mensch verrückt?
KÖNIG HEINRICH.
Ja, Clifford, eine toll ehrsücht'ge Laune
Macht, daß er wider seinen Herrn sich setzt.
CLIFFORD.
Ein Hochverräter! Schafft ihn in den Turm
Und haut herunter den rebell'schen Kopf!
KÖNIGIN.
Er ist verhaftet, doch will nicht gehorchen;
Die Söhne, spricht er, sagen gut für ihn.
YORK.
Wollt ihr nicht, Söhne?
EDUARD.
Wenn unser Wort was gilt: gern, edler Vater.
RICHARD.
Und gilt es nicht, so sollen's unsre Waffen.
CLIFFORD.
Ei, welche Brut Verräter gibt es hier!
YORK.
Sieh in den Spiegel, nenne so dein Bild:
Ich bin dein König, du bist ein Verräter. –
Ruft her zum Pfahl mein wackres Bärenpaar,

Daß sie, durch bloßes Schütteln ihrer Ketten,
Die laurenden erbosten Hunde schrecken;
Heißt Salisbury und Warwick zu mir kommen.

Trommeln. Salisbury und Warwick kommen mit Truppen.

CLIFFORD.
Sind dies da deine Bären? Gut, wir hetzen
Zu Tode sie, der Bärenwärter soll
In ihren Ketten dann gefesselt werden,
Wenn du sie in die Schranken bringen darfst.
RICHARD.
Oft sah ich einen hitz'gen, kecken Hund,
Weil man ihn hielt, zurück sich drehn und beißen,
Der, ließ man nun ihn an des Bären Tatze,
Den Schwanz nahm zwischen seine Bein' und schrie:
Dergleichen Dienste werdet Ihr verrichten,
Wenn Ihr Euch mit Lord Warwick messen wollt.
CLIFFORD.
Fort, Last des Zornes! Unbeholfner Klump,
Der krumm von Sitten ist wie von Gestalt!
YORK.
Schon gut, wir heizen gleich Euch tüchtig ein.
CLIFFORD.
Daß Eure Hitz' Euch nur nicht selbst verbrennt!
KÖNIG HEINRICH.
Wie, Warwick? Hat dein Knie verlernt sich beugen?
Scham deinen Silberhaaren, Salisbury,
Der toll den hirnverbrannten Sohn mißleitet!
Willst du den Wildfang auf dem Todbett spielen
Und Herzeleid mit deiner Brille suchen? –
Oh, wo ist Treu'? Wo ist Ergebenheit?
Wenn sie verbannt ist von dem frost'gen Haupt,
Wo findet sie Herberge noch auf Erden? –
Gräbst du ein Grab auf, um nach Krieg zu spähn,
Und willst mit Blut dem ehrlich Alter schänden?
Was bist du alt, wenn dir Erfahrung mangelt?
Wenn du sie hast, warum mißbrauchst du sie?
O schäm' dich! Beuge pflichtgemäß dein Knie,
Das sich zum Grabe krümmt vor hohen Jahren.
SALISBURY.
Mein Fürst, erwogen hab' ich bei mir selbst
Den Anspruch dieses hochberühmten Herzogs,

Und im Gewissen acht' ich Seine Gnaden
Für echten Erben dieses Königsthrons.
KÖNIG HEINRICH.
Hast du nicht mir Ergebenheit geschworen?
SALISBURY.
Das hab' ich.
KÖNIG HEINRICH.
Kannst du vor Gott dich solchem Schwur entziehn?
SALISBURY.
Der Sünde schwören, ist schon große Sünde;
Doch größre noch, den sünd'gen Eid zu halten.
Wen bände wohl ein feierlicher Schwur
Zu einer Mordtat, jemand zu berauben,
Der reinen Jungfrau Keuschheit zu bewält'gen,
An sich zu reißen eines Waisen Erb',
Gewohntes Recht der Witwe abzuprassen;
Und zu dem Unrecht hätt' er keinen Grund,
Als daß ein feierlicher Schwur ihn binde?
KÖNIGIN.
Verräterlist bedarf Sophisten nicht.
KÖNIG HEINRICH.
Ruft Buckingham und heißt ihn sich bewaffnen.
YORK.
Ruf Buckingham und alle deine Freunde:
Ich bin auf Hoheit oder Tod entschlossen.
CLIFFORD.
Das erste bürg' ich dir, wenn Träume gelten.
WARWICK.
Ihr mögt zu Bett nur gehn und wieder träumen,
Um Euch zu schirmen vor dem Sturm der Schlacht.
CLIFFORD.
Ich bin auf einen größern Sturm gefaßt,
Als den du heut herauf beschwören kannst;
Und schreiben will ich das auf deinen Helm,
Kenn' ich dich nur am Zeichen deines Hauses.
WARWICK.
Bei meines alten Vater Nevil Zeichen!
Den steh'nden Bär, am knot'gen Pfahl gekettet,
Ich trag' ihn heut auf meinem Helme hoch,
Der Zeder gleich auf eines Berges Gipfel,
Die jedem Sturm zum Trotz ihr Laub bewahrt,
Um dich zu schrecken durch den Anblick schon.

CLIFFORD.
> Und dir vom Helme reiß' ich deinen Bär
> Und tret' ihn in den Staub mit allem Hohn,
> Zum Trotz dem Bärenwärter, der ihn schützt.

CLIFFORD SOHN.
> Und zu den Waffen so, sieghafter Vater!
> Zu der Rebellen Sturz und ihrer Rotte!

RICHARD.
> Pfui! Glimpflich! Wollt Euch nicht so hart erweisen!
> Ihr müßt zu Nacht mit dem Herrn Christus speisen.

CLIFFORD SOHN.
> Das ist mehr, schnödes Brandmal, als du weißt!

RICHARD.
> Wo nicht im Himmel, in der Hölle speist!

Alle ab.

Zweite Szene

Sankt Albans. Getümmel. Angriffe. Warwick tritt auf.

WARWICK.
> Clifford von Cumberland, der Warwick ruft!
> Und wenn du nicht dich vor dem Bären birgst,
> Jetzt, da die zornige Trompete schmettert
> Und Sterbender Geschrei die Luft erfüllt,
> So sag' ich: Clifford, komm und ficht mit mir!
> Du stolzer nord'scher Lord von Cumberland,
> Warwick hat heiser sich an dir gerufen!

York tritt auf.

> Was gibt's, mein edler Lord? Wie, so zu Fuß?

YORK.
> Cliffords Vertilger-Hand erschlug mein Roß,
> Doch tat ich Gleiches ihm um Gleiches an
> Und machte sein geliebtes wackres Tier
> Zur Beute für des Aases Kräh'n und Geier.

Clifford tritt auf.

WARWICK.
> Die Stund' ist da für einen von uns beiden.

YORK.
> Halt, Warwick! Such' dir einen andern Fang:
> Ich selbst muß dieses Wild zu Tode jagen.

WARWICK.
Dann wacker, York! Du fichtst um eine Krone. –
So wahr ich, Clifford, heut Gedeihen hoffe,
Dich unbekämpft zu lassen, kränkt mein Herz.

Ab.

CLIFFORD.
Was siehst du, York, an mir? Was zauderst du?
YORK.
In dein mannhaftes Tun würd' ich verliebt,
Wärst du nicht mein so ausgemachter Feind.
CLIFFORD.
Auch deinem Mute würde Preis zu teil,
Wenn du nicht schimpflich im Verrat ihn zeigtest.
YORK.
So helf' er jetzt mir wider dies dein Schwert,
Wie ich bei Recht und Wahrheit ihn beweise!
CLIFFORD.
Ich setze Seel' und Leib an dieses Werk.
YORK.
Furchtbare Waage! Mach' dich gleich bereit

Sie fechten, und Clifford fällt.

CLIFFORD.
La fin couronne les œuvres.

Stirbt.

YORK.
Krieg gab dir Frieden nun, denn du bist still.
Mit deiner Seele Frieden, so Gott will!

Ab.

Der junge Clifford tritt auf.

CLIFFORD SOHN.
Scham und Verwirrung! Alles flüchtet sich;
Die Furcht schafft Unordnung, und statt zu schirmen,
Verwundet sie. O Krieg, du Sohn der Hölle,
Gebraucht zum Werkzeug von des Himmels Zorn!
Wirf in die frost'gen Busen unsers Volks
Der Rache heiße Kohlen! – Keiner fliehe:
Wer wahrhaft sich dem Krieg gewidmet, hat
Selbstliebe nicht, und wer sich selbst noch liebt,

Führt nicht dem Wesen nach, zufällig nur,
Des Tapfern Namen. –

Er erblickt seinen toten Vater.

O ende, schnöde Welt!
Des Jüngsten Tags vorausgesandte Flammen,
Macht eins aus Erd' und Himmel!
Es blase die Gerichtstrompete nun,
Daß Unbedeutendheit und kleine Laute
Verstummen! – War's verhängt dir, lieber Vater,
In Frieden deine Jugend hinzubringen,
Des reifen Alters Silbertracht zu führen
Und in der Ehr' und Ruhe Tagen so
In wilder Schlacht zu sterben? – Bei dem Anblick
Versteinert sich mein Herz, und steinern sei's,
Solang' es mein ist! – York schont nicht unsre Greise:
Ich ihre Kinder nicht; der Jungfrau'n Tränen,
Sie sollen mir wie Tau dem Feuer sein,
Und Schönheit, die Tyrannen oft erweicht,
Soll Öl mir gießen in des Grimmes Flammen.
Ich will hinfort nichts von Erbarmen wissen;
Treff' ich ein Knäblein an vom Hause York,
Ich will's zerhauen in so viele Bissen,
Als am Absyrtus wild Medea tat:
Ich suche meinen Ruhm in Grausamkeit.
Komm, neue Trümmer von des alten Cliffords Haus!

Nimmt die Leiche auf.

So trug Aeneas einst den Greis Anchises,
So trag' ich dich auf meinen Mannesschultern.
Doch trug Aeneas da lebend'ge Last:
Nichts ist so schwer als dies mein Herzeleid.

Ab.
Richard Plantagenet und Somerset kommen fechtend, Somerset wird umgebracht.

RICHARD.
So, lieg' du da! –
Denn unter einer Schenke dürft'gem Schild,
Der Burg Sankt Albans, machte Somerset
Die Zauberin durch seinen Tod berühmt.

Schwert, bleib' gestählt! Dein Grimm ist, Herz, vonnöten!
Für Feinde beten Priester, Prinzen töten.

Ab.

Getümmel. Angriffe. König Heinrich, Königin Margareta und andre kommen, auf dem Rückzuge begriffen.

KÖNIGIN.
So langsam, mein Gemahl! Fort! Schämt Euch! Eilt!
KÖNIG HEINRICH.
Entläuft man wohl dem Himmel? Beste, weilt!
KÖNIGIN.
Wie seid Ihr doch? Ihr wollt nicht fliehn noch fechten.
Jetzt ist es Mannheit, Weisheit, Widerstand,
Dem Feinde weichen und uns sicher stellen
Durch was wir können, und das ist nur Flucht.

Getümmel in der Ferne.

Wenn man Euch finge, säh'n wir auf den Boden
All unsers Glücks; allein entrinnen wir,
Wie, wenn nicht *Ihr* versäumt, wir leichtlich können,
So ist uns London nah, wo man Euch liebt;
Wo dieser Riß, in unser Glück gemacht,
Gar bald zu heilen ist.

Der junge Clifford tritt auf.

CLIFFORD SOHN.
Wär' nicht mein Herz gestellt auf künftig Unheil,
Gott wollt' ich lästern, eh' ich fliehn Euch hieße.
Doch müßt Ihr fliehn: unheilbare Verwirrung
Regiert im Herzen unsers ganzen Heers.
Fort, Euch zu retten! Und ihr Los erleben
Einst wollen wir und ihnen unsres geben.
Fort, gnäd'ger Herr! Fort! Fort!

Alle ab.

Dritte Szene

Das Feld bei Sankt Albans. Getümmel und Rückzug.
Trompetenstoß; hierauf kommen York, Richard Plantagenet,
Warwick und Soldaten mit Trommeln und Fahnen.

YORK.
Vom Salisbury, wer meldet mir von ihm,
Dem Winterlöwen, der vor Wut vergißt
Verjährte Lähmung und den Rost der Zeit.
Und, wie ein Braver in der Jugend Glanz,
Vom Anlaß Kraft leiht? Dieser frohe Tag
Gleicht nicht sich selbst, kein Fußbreit ward gewonnen,
Ist Salisbury dahin.
RICHARD.
Mein edler Vater,
Ich half ihm heute dreimal auf sein Pferd,
Beschritt ihn dreimal, führt' ihn dreimal weg,
Beredet' ihn, nichts weiter mitzutun:
Doch stets, wo nur Gefahr, da traf ich ihn,
Und, wie in Hütten köstliche Tapeten,
So war sein Will' im alten schwachen Leibe.
Doch seht ihn kommen, edel wie er ist!

Salisbury tritt auf.

SALISBURY.
Bei meinem Schwert! Du fochtest heute gut;
Beim Kreuz! wir insgesamt. – Ich dank' Euch, Richard:
Gott weiß, wie lang' ich noch zu leben habe,
Und ihm gefiel es, daß Ihr dreimal heut
Mich schirmen solltet vor dem nahen Tod.
Wohl, Lords! Noch ist, was wir erlangt, nicht unser:
Daß unsre Feinde flohn, ist nicht genug,
Da 's ihre Art ist, leicht sich herzustellen.
YORK.
Ich weiß, nur ihnen folgen, sichert uns.
Der König floh nach London, wie ich höre,
Und will alsbald ein Parlament berufen.
Verfolgen wir ihn, eh' die Schreiben ausgehn.
Was sagt Ihr, Warwick: soll'n wir ihnen nach?
WARWICK.
Was? Ihnen nach? Nein, ihnen vor, wo möglich!
Bei meiner Treu', Lords, glorreich war der Tag.

Sankt Albans Schlacht, vom großen York gewonnen,
Wird hochgepreis't durch alle Folgezeit. –
Auf, Kriegsmusik! – Nach London alle hin!
Und oft beglück' uns solchen Tags Gewinn!

Alle ab.

Dritter Teil

Personen

König Heinrich VI.

Eduard, Prinz von Wales, sein Sohn

Ludwig XI., König von Frankreich

Herzog von Somerset
Herzog von Exeter
Graf von Oxford
Graf von Northumberland
Graf von Westmoreland
Lord Clifford, von König Heinrichs Partei

Richard Plantagenet, Herzog von York

Eduard, Graf von March, nachmals König Eduard IV.
Edmund, Graf von Rutland
Georg, nachmals Herzog von Clarence
Richard, nachmals Herzog von Glocester, seine Söhne

Herzog von Norfolk
Marquis von Montague
Graf von Warwick
Graf von Pembroke
Lord Hastings
Lord Stafford, von des Herzogs von York Partei

Sir John Mortimer
Sir Hugh Mortimer, Oheime des Herzogs von York

Henry, der junge Graf von Richmond

Lord Rivers, Bruder der Lady Grey

Sir William Stanley

Sir John Montgomery

Sir John Somerville

Der Lehrmeister Rutlands

Der Schultheiß von York

Der Kommandant des Turmes

Ein Edelmann

Zwei Förster, ein Jäger

Ein Sohn, der seinen Vater umgebracht hat

Ein Vater, der seinen Sohn umgebracht hat

Königin Margareta

Lady Grey, nachmals Gemahlin Eduards IV.

Bona, Schwester des Königs von Frankreich

Soldaten und andres Gefolge König Heinrichs und König Eduards, Boten, Wächter u.s.w.

Die Szene ist im dritten Aufzuge zum Teil in Frankreich, während des ganzen übrigen Stücks in England

Erster Aufzug

Erste Szene

London. Das Parlament-Haus. Trommeln. Einige Soldaten von Yorks Partei brechen ein. Hierauf kommen der Herzog von York, Eduard, Richard, Norfolk, Montague, Warwick und andre mit weißen Rosen auf den Hüten.

WARWICK.
Mich wundert's, wie der König uns entkam.
YORK.
Da wir die nord'sche Reiterei verfolgten,
Stahl er davon sich und verließ sein Volk;
Worauf der große Lord Northumberland,
Des krieg'risch Ohr nie Rückzug dulden konnte,
Das matte Heer anfrischte: und er selbst,
Lord Clifford und Lord Stafford, auf einmal,
Bestürmten unsre Reih'n, und, in sie brechend,
Erlagen sie dem Schwert gemeiner Krieger.
EDUARD.
Lord Staffords Vater, Herzog Buckingham,
Ist tot entweder, oder schwer verwundet:
Ich spaltet' ihm den Helm mit derbem Hieb;
Zum Zeugnis dessen, Vater, seht dies Blut.

Zeigt sein blutiges Schwert.

MONTAGUE *zu York, das seinige zeigend.*
Und, Bruder, hier ist Graf von Wiltshires Blut,
Den bei der Scharen Handgemeng' ich traf.
RICHARD *wirft Somersets Kopf hin.*
Sprich du für mich und sage, was ich tat.
YORK.
Richard verdient den Preis vor meinen Söhnen. –
Wie, ist Eu'r Gnaden tot, Mylord von Somerset?
NORFOLK.
So geh's dem ganzen Haus Johanns von Gaunt!
RICHARD.
So hoff' ich König Heinrichs Kopf zu schütteln.
WARWICK.
Und ich mit Euch. – Siegreicher Prinz von York,
Bis ich dich seh' erhoben auf den Thron,
Den jetzt das Haus von Lancaster sich anmaßt,

Schwör' ich zu Gott, will ich dies Aug' nicht schließen.
Dies ist des furchtbar'n Königes Palast,
Und dies der Fürstensitz: nimm, York, ihn ein;
Dir kommt er zu, nicht König Heinrichs Erben.
YORK.
So steh mir bei, mein Warwick, und ich will's,
Denn mit Gewalt sind wir hieher gedrungen.
NORFOLK.
Wir alle stehn Euch bei; wer flieht, soll sterben.
YORK.
Dank, lieber Norfolk! – Bleibt bei mir, Mylords;
Soldaten, bleibt und wohnt bei mir die Nacht.
WARWICK.
Und wenn der König kommt, verfahrt nicht feindlich,
Bis er euch mit Gewalt hinaus will drängen.

Die Soldaten ziehn sich zurück.

YORK.
Die Königin hält heut hier Parlament,
Doch träumt ihr schwerlich, daß in ihrem Rat
Wir sitzen werden: laßt uns unser Recht
Mit Worten oder Streichen hier erobern.
RICHARD.
Laßt uns, gewaffnet so, dies Haus behaupten.
WARWICK.
Das blut'ge Parlament soll man dies nennen,
Wofern Plantagenet, Herzog York, nicht König,
Heinrich entsetzt wird, dessen blöde Feigheit
Zum Sprichwort unsern Feinden uns gemacht.
YORK.
Dann, Lords, verlaßt mich nicht und seid entschlossen:
Von meinem Recht denk' ich Besitz zu nehmen.
WARWICK.
Der König weder, noch sein bester Freund,
Der Stolzeste, der Lancaster beschützt,
Rührt sich, wenn Warwick seine Glöcklein schüttelt. –
Plantagenet pflanz' ich; reut' ihn aus, wer darf!
Entschließ' dich, Richard, fodre Englands Krone!

Warwick führt York zum Thron, der sich darauf setzt.

Trompetenstoß.

*König Heinrich, Clifford, Northumberland, Westmoreland,
Exeter und andre treten auf, mit roten Rosen an ihren Hüten.*

KÖNIG HEINRICH.
Mylords, seht da den trotzenden Rebellen
Recht auf des Reiches Stuhl! Er will, so scheint's,
Verstärkt durch Warwicks Macht, des falschen Pairs,
Die Krön' erschwingen und als König herrschen. –
Graf von Northumberland, er schlug den Vater dir;
Und dir, Lord Clifford: und beide schwurt ihr Rache
Ihm, seinen Söhnen, Günstlingen und Freunden.
NORTHUMBERLAND.
Nehm' ich nicht Rache, nimm an mir sie, Himmel!
CLIFFORD.
Die Hoffnung läßt in Stahl den Clifford trauern.
WESTMORELAND.
Soll'n wir dies leiden? Reißt herunter ihn!
Mir brennt das Herz vor Zorn, ich kann's nicht dulden.
KÖNIG HEINRICH.
Geduldig, lieber Graf von Westmoreland.
CLIFFORD.
Geduld ist gut für Memmen, so wie er:
Lebt' Euer Vater, dürft' er da nicht sitzen.
Mein gnäd'ger Fürst, laßt hier im Parlament
Uns auf das Haus von York den Angriff tun.
NORTHUMBERLAND.
Ja, wohl gesprochen, Vetter! Sei es so.
KÖNIG HEINRICH.
Ach, wißt ihr nicht, daß sie die Stadt begünstigt
Und Scharen ihres Winks gewärtig stehn?
EXETER.
Sie fliehn wohl schleunig, wenn der Herzog fällt.
KÖNIG HEINRICH.
Fern sei von Heinrichs Herzen der Gedanke,
Ein Schlachthaus aus dem Parlament zu machen!
Vetter von Exeter, Dräun, Blicke, Worte,
Das sei der Krieg, den Heinrich führen will. –

Sie nähern sich dem Herzoge.

Empörter Herzog York, herab vom Thron!
Und knie' um Huld und Gnade mir zu Füßen:
Ich bin dein Oberherr.
YORK.

Du irrst dich, ich bin deiner.
EXETER.
Pfui, weich'! Er machte dich zum Herzog York.
YORK.
Es war mein Erbteil, wie's die Grafschaft war.
EXETER.
Dein Vater war Verräter an der Krone.
WARWICK.
Exeter, du bist Verräter an der Krone,
Da du dem Usurpator Heinrich folgst.
CLIFFORD.
Wem sollt' er folgen als dem echten König?
WARWICK.
Ja, Clifford: das ist Richard, Herzog York.
KÖNIG HEINRICH.
Und soll ich stehn, und auf dem Thron du sitzen?
YORK.
So soll und muß es sein; gib dich zur Ruh'!
WARWICK.
Sei Herzog Lancaster, und ihn laß König sein.
WESTMORELAND.
Wie Herzog Lancaster, ist er auch König,
Das wird der Lord von Westmoreland behaupten.
WARWICK.
Und Warwick wird's entkräften. Ihr vergeßt,
Daß wir es sind, die aus dem Feld euch jagten
Und eure Väter schlugen und zum Schloßtor
Die Stadt hindurch mit weh'nden Fahnen zogen.
NORTHUMBERLAND.
Ja, Warwick, mir zum Gram gedenk' ich dran,
Und einst, bei meiner Seele! soll's dich reu'n.
WESTMORELAND.
Plantagenet, ich nehme mehr der Leben
Dir, diesen deinen Söhnen, Vettern, Freunden,
Als Tropfen Bluts mein Vater in sich hegte.
CLIFFORD.
Davon nichts weiter, Warwick! daß ich nicht
Dir statt der Worte solchen Boten sende,
Der seinen Tod, eh' ich mich rühre, rächt.
WARWICK.
Wie ich des armen Cliffords Droh'n verachte!
YORK.

Laßt uns den Anspruch an die Kron' erweisen;
Wo nicht, so recht' im Felde unser Schwert.
KÖNIG HEINRICH.
Verräter, welchen Anspruch an die Krone?
Dein Vater war, wie du, Herzog von York;
Dein Großvater, Roger Mortimer, Graf von March:
Ich bin der Sohn Heinrichs des Fünften,
Der einst den Dauphin und die Franken beugte
Und ihre Städte und Provinzen nahm.
WARWICK.
Sprich nicht von Frankreich, das du ganz verloren.
KÖNIG HEINRICH.
Der Lord Protektor tat es und nicht ich;
Ich war neun Monden alt, da man mich krönte.
RICHARD.
Jetzt seid Ihr alt genug, und doch verliert Ihr, scheint's.
Vater, reißt die angemaßte Kron' ihm ab!
EDUARD.
Tut's, lieber Vater! Setzt sie Euch aufs Haupt!
MONTAGUE *zu York.*
Mein Bruder, wo du Waffen liebst und ehrst,
So ficht es aus statt dieser Wortgezänke.
RICHARD.
Die Trommeln rührt, so wird der König fliehn.
YORK.
Still, Söhne!
KÖNIG HEINRICH.
Still, du, und laß den König Heinrich reden!
WARWICK.
Plantagenet zuförderst! Hört ihn, Lords;
Und ihr, seid aufmerksam und ruhig auch,
Denn, wer ihn unterbricht, der soll nicht leben.
KÖNIG HEINRICH.
Denkst du, ich lasse meinen Fürstenthron,
Worauf mein Vater und Großvater saß?
Nein: eh' soll Krieg entvölkern dies mein Reich
Und ihr Panier (in Frankreich oft geführt
Und jetzt in England, uns zu großem Kummer)
Mein Grabtuch sein. – Warum verzagt ihr, Lords?
Mein Anspruch ist weit besser als der seine.
WARWICK.
Beweis' es nur, und du sollst König sein.

KÖNIG HEINRICH.
Heinrich der Vierte hat die Kron' erobert.
YORK.
Er nahm sie seinem König als Rebell.
KÖNIG HEINRICH.
Was sag' ich nur hierauf? Mein Recht ist schwach.
Sagt, darf ein König keinen Erben wählen?
YORK.
Was weiter?
KÖNIG HEINRICH.
Wenn er das darf, bin ich rechtmäß'ger König:
Denn Richard hat, im Beisein vieler Lords,
Den Thron Heinrich dem Vierten abgetreten;
Des Erbe war mein Vater, und ich seiner.
YORK.
Er lehnte wider seinen Herrn sich auf
Und zwang ihn, seiner Krone zu entsagen.
WARWICK.
Doch setzt, Mylords, er tat es ungenötigt:
Denkt ihr, daß es der Krone was vergab?
EXETER.
Nein; denn er konnte nicht ihr so entsagen,
Daß nicht der nächste Erbe folgen mußte.
KÖNIG HEINRICH.
Du, Herzog Exeter, bist wider uns?
EXETER.
Das Recht ist sein, darum verzeihet mir.
YORK.
Was flüstert ihr und gebt nicht Antwort, Lords?
EXETER.
Rechtmäß'gen König nennt ihn mein Gewissen.
KÖNIG HEINRICH.
Sie wenden alle sich von mir zu ihm.
NORTHUMBERLAND.
Plantagenet, was auch dein Anspruch sei,
Denk' nicht, daß Heinrich so entsetzt soll werden.
WARWICK.
Entsetzt wird er, der ganzen Welt zum Trotz.
NORTHUMBERLAND.
Du irrst! Nicht deine Macht im Süden ist's,
Von Essex, Norfolk, Suffolk, noch von Kent,
Die dich so stolz und übermütig macht,

Die, mir zum Trotz, den Herzog kann erhöhn.
CLIFFORD.
Sei, wie er will, dein Anspruch, König Heinrich!
Lord Clifford schwört, zu fechten dir zum Schutz.
Der Grund soll gähnen, lebend mich verschlingen,
Wo ich vor meines Vaters Mörder kniee.
KÖNIG HEINRICH.
O Clifford, wie dein Wort mein Herz belebt!
YORK.
Heinrich von Lancaster, entsag' der Krone! –
Was murmelt ihr? Was habt ihr vor da, Lords?
WARWICK.
Tut diesem hohen Herzog York sein Recht,
Sonst füll' ich mit Bewaffneten das Haus,
Und oben an dem Prachtstuhl, wo er sitzt,
Schreib' ich es an mit Usurpatorblut.

Er stampft mit dem Fuße, und die Soldaten zeigen sich.

KÖNIG HEINRICH.
Mylord von Warwick, hört ein Wort nur an:
Laßt lebenslänglich mich als König herrschen.
YORK.
Bestät'ge mir die Kron' und meinen Erben,
Und du sollst ruhig herrschen, weil du lebst.
KÖNIG HEINRICH.
Ich geh' es ein: Richard Plantagenet,
Nach meinem Hintritt nimm Besitz vom Reich.
CLIFFORD.
Welch Unrecht an dem Prinzen, Eurem Sohn!
WARWICK.
Welch ein Gewinn für England und ihn selbst!
WESTMORELAND.
Verzagter, schnöder, hoffungsloser Heinrich!
CLIFFORD.
Wie hast du dir und uns zu nah' getan!
WESTMORELAND.
Ich bleibe nicht, um den Vertrag zu hören.
NORTHUMBERLAND.
Noch ich.
CLIFFORD.
Kommt, Vetter, melden wir's der Königin.
WESTMORELAND.

Leb wohl, kleinmüt'ger, ausgeart'ter König,
In dessen Blut kein Funken Ehre wohnt!
NORTHUMBERLAND.
Werd' eine Beute du dem Hause York
Und stirb in Banden für die weib'sche Tat!
CLIFFORD.
Im furchtbar'n Kriege seist du überwunden!
Verlassen und verachtet leb' im Frieden!

Northumberland, Clifford und Westmoreland ab.

WARWICK.
Hieher sieh, Heinrich, achte nicht auf sie.
EXETER.
Sie suchen Rach' und wollen drum nicht weichen.
KÖNIG HEINRICH.
Ach, Exeter!
WARWICK.
Was seufzt Ihr so, mein Fürst?
KÖNIG HEINRICH.
Nicht um mich selbst, um meinen Sohn, Lord Warwick,
Den unnatürlich ich enterben soll.
Doch sei es, wie es will: hiemit vermach' ich
Die Kron' auf immer dir und deinen Erben,
Mit der Bedingung, daß du gleich hier schwörst,
Den Bürgerkrieg zu enden, lebenslang
Als deinen Herrn und König mich zu ehren
Und weder durch Verrat noch feindlich mich
Zu stürzen und statt meiner zu regieren.
YORK.
Gern tu' ich diesen Eid und will ihn halten.

Vom Thron herabkommend.

WARWICK.
Lang' lebe König Heinrich! – Plantagenet, umarm' ihn!
KÖNIG HEINRICH.
Lang' lebe samt den hoffnungsvollen Söhnen!
YORK.
Versöhnt sind York und Lancaster nunmehr.
EXETER.
Der sei verflucht, der zu entzwein sie sucht.
Die Lords treten vorwärts.

YORK.
Lebt wohl, mein Fürst! Ich will zu meiner Burg.
WARWICK.
Ich will mit meinen Truppen London halten.
NORFOLK.
Ich will nach Norfolk hin mit meiner Schar.
MONTAGUE.
Und ich zur See zurück, woher ich kam.

York und seine Söhne, Warwick, Norfolk, Montague, Soldaten und Gefolge ab.

KÖNIG HEINRICH.
Und ich mit Gram und Kummer an den Hof.

Königin Margareta und der Prinz von Wales treten auf.

EXETER.
Da kommt die Königin, und ihre Blicke
Verraten ihren Zorn; ich schleiche fort.
KÖNIG HEINRICH.
Ich, Exeter, mit dir.

Will gehn.

MARGARETA.
Nein, geh nicht vor mir weg: ich will dir folgen.
KÖNIG HEINRICH.
Geduldig, bestes Weib! und ich will bleiben.
MARGARETA.
Wer kann beim Äußersten geduldig sein?
Elender! Daß ich frei gestorben wäre,
Dich nie gesehn, dir keinen Sohn geboren,
Da du so unnatürlich dich als Vater zeigst.
Verdient er, so sein Erbrecht einzubüßen?
Hätt'st du ihn halb so sehr geliebt als ich,
Den Schmerz gefühlt, den ich einmal für ihn,
Ihn so genährt, wie ich mit meinem Blut:
Dein bestes Herzblut hätt'st du eh' gelassen,
Als den Barbar von Herzog eingesetzt
Zum Erben und den einz'gen Sohn enterbt.
PRINZ.
Vater, Euch steht nicht frei, mich zu enterben;
Seid Ihr doch König, und so folg' ich nach.
KÖNIG HEINRICH.

Verzeih', Margreta! Lieber Sohn, verzeih'!
Mich zwang der Graf von Warwick und der Herzog.
MARGARETA.
Dich zwang? Du läßt dich zwingen und bist König?
Mit Scham hör' ich dich an. Elender Feiger!
Dich, deinen Sohn und mich hast du verderbt
Und solche Macht dem Hause York gegeben,
Daß du durch ihre Duldung nur regierst.
Die Krone ihm und seinem Stamm vermachen,
Was ist es anders, als dein Grab dir bau'n
Und lange vor der Zeit hinein dich betten?
Warwick ist Kanzler, von Calais auch Herr,
Der trotz'ge Faulconbridge beherrscht den Sund;
Der Herzog ist des Reichs Protektor nun
Und du wärst sicher? Solche Sicherheit
Find't wohl ein zitternd Lamm, umringt von Wölfen.
Wär' ich dabei gewesen, die ich nur
Ein albern Weib bin, lieber hätt' ich mich
Auf der Soldaten Piken schleudern lassen,
Als daß ich dem Vertrage mich gefügt.
Doch dir gilt mehr dein Leben als die Ehre,
Und da ich dieses sehe, scheid' ich hier
Mich, Heinrich, selbst von deinem Tisch und Bett,
Bis man den Parlamentsschluß widerruft,
Wodurch mein Sohn gebracht wird um sein Erb'.
Die nord'schen Lords, die dein Panier verschworen,
Ziehn meinem nach, sobald sie's fliegen sehn;
Und fliegen soll es, dir zu arger Schmach
Und gänzlichem Ruin dem Hause York.
So lass' ich dich; – komm, Sohn, wir wollen fort,
Bereit ist unser Heer: komm, ihnen nach!
KÖNIG HEINRICH.
Bleib', liebe Margareta! Hör' mich an!
MARGARETA.
Du sprachest schon zu viel: geh, mach' dich fort!
KÖNIG HEINRICH.
Du bleibst doch bei mir, Eduard, lieber Sohn?
MARGARETA.
Ja, daß ihn seine Feind' ermorden mögen.
PRINZ.
Wenn ich mit Sieg vom Felde kehre heim,
Begrüß' ich Euch; bis dahin folg' ich ihr.

MARGARETA.
Komm! Fort, mein Sohn! Wir dürfen so nicht zaudern.

Königin Margareta und der Prinz ab.

KÖNIG HEINRICH.
Die arme Königin! Wie ihre Liebe
Zu mir und meinem Sohn in Wut ausbrach!
Ihr werde Rach' an dem verhaßten Herzog,
Des Hochmut, von Begier beschwingt, die Krone
Mir kosten wird, und wie ein gier'ger Adler
Mein Fleisch zerhacken wird und meines Sohns!
Mein Herz beängstigt der drei Lords Verlust.
Ich schreib' an sie und will sie freundlich bitten.
Kommt, Vetter, denn Ihr sollt der Bote sein.
EXETER.
Und ich, das hoff' ich, werde sie versöhnen.

Beide ab.

Zweite Szene

Ein Zimmer in der Burg Sandal, bei Wakefield in Yorkshire.
Eduard, Richard und Montague treten auf.

RICHARD.
Bruder, vergönnt mir, bin ich schon der Jüngste.
EDUARD.
Nicht doch, ich kann den Redner besser spielen.
MONTAGUE.
Doch ich weiß Gründe von Gewicht und Kraft.

York tritt auf.

YORK.
Nun, meine Söhn' und Bruder? So im Streit?
Worüber ist der Zank? Wie fing er an?
EDUARD.
Kein Zank, nur eine kleine Zwistigkeit.
YORK.
Um was?
RICHARD.
Um was Eu'r Gnaden angeht, so wie uns:
Die Krone Englands, welche Euer ist.
YORK.
Mein, Knabe? Nicht vor König Heinrichs Tod.

RICHARD.
Eu'r Recht hängt nicht an seinem Tod und Leben.
EDUARD.
Jetzt seid Ihr Erbe, drum genießt es jetzt.
Laßt Ihr das Haus von Lancaster Odem schöpfen,
So läuft's am Ende, Vater, Euch zuvor.
YORK.
Ich tat den Eid, er sollt' in Ruh' regieren.
EDUARD.
Doch um ein Königreich bricht man jeden Eid;
Ein Jahr zu herrschen, bräch' ich tausend Eide.
RICHARD.
Verhüte Gott, daß Ihr meineidig würdet.
YORK.
Das werd' ich, wenn ich mit den Waffen fodre.
RICHARD.
Das Gegenteil beweis' ich, wenn Ihr hören wollt.
YORK.
Du kannst es nicht; es ist unmöglich, Sohn.
RICHARD.
Ein Eid gilt nichts, der nicht geleistet wird
Vor einer wahren, rechten Obrigkeit,
Die über den Gewalt hat, welcher schwört.
Und Heinrich maßte bloß den Platz sich an;
Nun seht Ihr, da er's war, der ihn Euch abnahm,
Daß Euer Eid nur leer und eitel ist.
Drum zu den Waffen! Und bedenkt nur, Vater,
Welch schönes Ding es ist, die Krone tragen,
In deren Umkreis ein Elysium ist,
Und was von Heil und Lust nur Dichter preisen.
Was zögern wir doch so? Ich kann nicht ruhn,
Bis ich die weiße Rose, die ich trage,
Gefärbt im lauen Blut von Heinrichs Herzen.
YORK.
Genug! Ich werde König oder sterbe. –
Bruder, du sollst nach London alsobald
Und Warwick zu dem Unternehmen spornen.
Ihr, Richard, sollt zum Herzog Norfolk hin
Und im Vertraun ihm unsern Vorsatz melden.
Ihr, Eduard, sollt für mich zu Mylord Cobham,
Mit dem die Kenter willig aufstehn werden.
Auf sie vertrau' ich; denn es sind Soldaten,

Klug, höflich, freien Sinnes und voll Mut. –
Derweil ihr dies betreibt, was bleibt mir übrig,
Als die Gelegenheit zum Ausbruch suchen,
Daß nicht der König meinen Anschlag merkt
Noch irgendwer vom Hause Lancaster.

Ein Bote tritt auf.

Doch halt: was gibt's? Was kommst du so in Eil'?
BOTE.
Die Königin samt allen nord'schen Lords
Denkt hier in Eurer Burg Euch zu belagern.
Sie ist schon nah mit zwanzigtausend Mann;
Befestigt also Euren Sitz, Mylord!
YORK.
Ja, mit dem Schwert. Denkst du, daß wir sie fürchten? –
Eduard und Richard, ihr sollt bei mir bleiben;
Mein Bruder Montague soll schnell nach London:
Den edlen Warwick, Cobham und die andern,
Die wir dem König als Protektors ließen,
Laßt sich mit mächt'ger Politik verstärken
Und nicht des schwachen Heinrichs Eiden traun.
MONTAGUE.
Bruder, ich geh', ich will sie schon gewinnen
Und nehme so dienstwillig meinen Abschied.

Ab.

Sir John und Sir Hugh Mortimer treten auf.

YORK.
Sir John und Sir Hugh Mortimer, Oheime!
Ihr kommt nach Sandal zu gelegner Zeit:
Das Heer der Königin will uns belagern.
SIR JOHN.
Sie braucht es nicht, wir treffen sie im Feld.
YORK.
Was? Mit fünftausend Mann?
RICHARD.
Ja mit fünfhundert, Vater, wenn es gilt.
Ein Weib ist Feldherr: was ist da zu fürchten?

Ein Marsch in der Ferne.

EDUARD.
Ich hör' die Trommeln; ordnen wir die Mannschaft

Und ziehn hinaus und bieten gleich die Schlacht.
YORK.
Fünf gegen zwanzig! Große Übermacht;
Doch zweifl' ich, Oheim, nicht an unserm Sieg.
Ich hab' in Frankreich manche Schlacht gewonnen,
Wo zehn die Feinde waren gegen eins:
Weswegen sollt' es minder jetzt gelingen?

Getümmel. Alle ab.

Dritte Szene

Ebne bei der Burg Sandal. Getümmel, Angriffe. Hierauf kommen Rutland und sein Lehrmeister.

RUTLAND.
Ach, wohin soll ich fliehn vor ihren Händen?
Ach, Meister, sieh! Da kommt der blut'ge Clifford.

Clifford tritt auf mit Soldaten.

CLIFFORD.
Kaplan, hinweg! Dich schirmt dein Priestertum,
Allein die Brut von dem verfluchten Herzog,
Des Vater meinen Vater schlug, – die stirbt.
LEHRMEISTER.
Und ich, Mylord, will ihm Gesellschaft leisten.
CLIFFORD.
Soldaten, fort mit ihm!
LEHRMEISTER.
Ach, Clifford, morde nicht ein schuldlos Kind,
Daß du verhaßt nicht wirst bei Gott und Menschen!

Er wird von den Soldaten mit Gewalt abgeführt.

CLIFFORD.
Nun, ist er tot schon? Oder ist es Furcht,
Was ihm die Augen schließt? – Ich will sie öffnen.
RUTLAND.
So blickt der eingesperrte Löw' ein Opfer,
Das unter seinen Tatzen zittert, an;
So schreitet er, verhöhnend seinen Raub,
Und kommt so, seine Glieder zu zerreißen.
Ach, lieber Clifford, laß dein Schwert mich töten
Und nicht solch einen grausam droh'nden Blick!
Hör', bester Clifford, eh' ich sterbe, mich:

Ich bin viel zu gering für deinen Grimm,
An Männern räche dich, und laß mich leben!
CLIFFORD.
Vergeblich, armer Junge! Deinen Worten
Stopft meines Vaters Blut den Eingang zu.
RUTLAND.
Laß meines Vaters Blut ihn wieder öffnen;
Er ist ein Mann: miß, Clifford, dich mit ihm.
CLIFFORD.
Hätt' ich auch deine Brüder hier, ihr Leben
Und deines wär' nicht Rache mir genug.
Ja, grüb' ich deiner Ahnen Gräber auf
Und hängt' in Ketten auf die faulen Särge,
Mir gäb's nicht Ruh' noch Lind'rung meiner Wut.
Der Anblick irgendwes vom Hause York
Befällt wie eine Furie mein Gemüt,
Und bis ich den verfluchten Stamm vertilge,
Daß keiner nachbleibt, leb' ich in der Hölle.
Darum –

Er hebt den Arm auf.

RUTLAND.
O laß mich beten, eh' der Tod mich trifft!
Zu dir bet' ich: Erbarmen, lieber Clifford!
CLIFFORD.
Erbarmen, wie die Degenspitz' es beut.
RUTLAND.
Nie tat ich Leides dir: warum mich morden?
CLIFFORD.
Dein Vater tat's.
RUTLAND.
Eh' ich geboren war.
Erbarm' dich, deines einen Sohnes willen,
Daß nicht zur Rache (denn gerecht ist Gott)
Er kläglich werd' erschlagen so wie ich.
Ach, laß mich lebenslang gefangen sein
Und, geb' ich Anlaß dir zum Ärgernis,
So bring' mich um: jetzt hast du keinen Grund.
CLIFFORD.
Keinen Grund?
Dein Vater schlug mir meinen, also stirb.

Ersticht ihn.

RUTLAND.
Di faciant, laudis summa sit ista tuae.

Stirbt.

CLIFFORD.
Plantagenet! Ich komm', Plantagenet!
Dies deines Sohns Blut, mir am Degen klebend,
Soll rosten dran, bis deins, in eins geronnen
Mit seinem, beides weg mich wischen läßt.

Ab.

Vierte Szene

Ebendaselbst. Getümmel. York tritt auf.

YORK.
Das Heer der Königin gewinnt das Feld;
Mich rettend fielen meine beiden Onkel,
Und all mein Volk weicht dem erhitzten Feind
Und flieht wie Schiffe vor dem Wind, wie Lämmer,
Verfolgt von ausgehungert gier'gen Wölfen.
Gott weiß, was meine Söhne hat betroffen;
Doch weiß ich dies: sie hielten sich wie Männer,
Zum Ruhm geboren, lebend oder tot.
Dreimal drang Richard bis zu mir hindurch,
Rief dreimal: »Mutig, Vater! Ficht es aus!«
So oft kam Eduard auch an meine Seite,
Mit purpurnem Gewehr, bis an den Griff
Gefärbt in derer Blut, die ihn bestanden.
Und als zurück die kühnsten Ritter zogen,
Rief Richard: »Greift sie an! Weicht keinen Schritt!«
Und rief: »Eine Krone, sonst ein ruhmvoll Grab!
Ein Szepter, oder eine ird'sche Gruft!«
So griffen wir von neuem an: doch ach!
Wir schwankten wieder, wie ich wohl den Schwan
Der Flut sich fruchtlos sah entgegen mühn
Und sich erschöpfen an zu mächt'gen Wellen.

Kurzes Getümmel draußen.

Da horch! Die tödlichen Verfolger kommen,
Und ich bin schwach, kann ihre Wut nicht fliehn,
Und wär' ich stark, wollt' ihre Wut nicht meiden.

Gezählt sind meines Lebens Stundengläser;
Hier muß ich bleiben, hier mein Leben enden.

Königin Margareta, Clifford und Northumberland treten auf mit Soldaten.

Kommt, blut'ger Clifford! stürmischer Northumberland!
Ich reize noch eu'r unauslöschlich Wüten:
Ich bin eu'r Ziel und stehe eurem Schuß.
NORTHUMBERLAND.
Ergib dich unsrer Gnade, stolzer York!
CLIFFORD.
Ja, solche Gnade, wie sein grimm'ger Arm
Mit derber Zahlung meinem Vater bot.
Nun ist vom Wagen Phaeton gestürzt
Und macht schon Abend um die Mittagsstunde.
YORK.
Mein Staub kann wie der Phönix einen Vogel
Erzeugen, der mich an euch allen rächt;
Und in der Hoffnung schau' ich auf zum Himmel,
Verachtend, was ihr auch mir antun mögt.
Nun, kommt ihr nicht? So viele, und doch Furcht?
CLIFFORD.
So fechten Memmen, die nicht fliehn mehr können;
So hacken Tauben nach des Falken Klau'n;
So stoßen Dieb', am Leben ganz verzweifelnd,
Schimpfreden gegen ihre Schergen aus.
YORK.
O Clifford, denk' doch einmal nur zurück!
Durchlauf im Sinne meine vor'ge Zeit
Und, kannst du vor Erröten, schau mich an
Und beiß' dir auf die Zunge, welche den
Mit Feigheit schändet, dessen finstrer Blick
Schon sonst verzagen dich und fliehn gemacht.
CLIFFORD.
Ich will nicht mit dir wechseln Wort um Wort,
Nein, Streiche führen, zweimal zwei für einen.

Er zieht.

MARGARETA.
Halt, tapfrer Clifford! Denn aus tausend Gründen
Möcht' ich noch des Verräters Leben fristen. –
Zorn macht ihn taub: sprich du, Northumberland!

NORTHUMBERLAND.
> Halt, Clifford! Ehr' ihn so nicht, nur den Finger
> Zu ritzen, um das Herz ihm zu durchbohren.
> Was wär's für Tapferkeit, dem Hund, der fletscht,
> Die Hand zu strecken zwischen seine Zähne,
> Wenn man ihn fort kann schleudern mit dem Fuß?
> Im Krieg ist's Sitte, jeden Vorteil nutzen;
> Zehn gegen eins setzt nicht den Mut herab.

Sie legen Hand an York, der sich sträubt.

CLIFFORD.
> Ja ja, so sträubt die Schnepfe sich der Schlinge.

NORTHUMBERLAND.
> So zappelt das Kaninchen in dem Netz.

York wird zum Gefangenen gemacht.

YORK.
> So triumphieren Räuber mit der Beute,
> So gibt der Redliche sich übermeistert.

NORTHUMBERLAND.
> Was will Eu'r Gnaden, daß wir mit ihm tun?

MARGARETA.
> Ihr Helden, Clifford und Northumberland,
> Kommt, stellt ihn hier auf diesen Maulwurfs-Hügel,
> Der Berge griff mit ausgestreckten Armen,
> Doch nur den Schatten mit der Hand geteilt. –
> Wart Ihr's, der Englands König wollte sein?
> Wart Ihr's, der lärmt' in unserm Parlament
> Und predigte von seiner hohen Abkunft?
> Wo ist Eu'r Rudel Söhn', Euch beizustehn?
> Der üpp'ge Eduard und der muntre George?
> Und wo der tapfre, krumme Wechselbalg,
> Eu'r Junge Richerz, dessen Stimme, brummend,
> Bei Meuterei'n dem Tatte Mut einsprach?
> Wo ist Eu'r Liebling Rutland mit den andern?
> Sieh, York! Dies Tuch befleckt' ich mit dem Blut,
> Das mit geschärftem Stahl der tapfre Clifford
> Hervor ließ strömen aus des Knaben Busen;
> Und kann dein Aug' um seinen Tod sich feuchten,
> So geb' ich dir's, die Wangen abzutrocknen.
> Ach, armer York! Haßt' ich nicht tödlich dich,
> So würd' ich deinen Jammerstand beklagen.

So gräm' dich doch, mich zu belust'gen, York!
Wie? Dörrte so das feur'ge Herz dein Innres,
Daß keine Träne fällt um Rutlands Tod?
Warum geduldig, Mann? Du solltest rasen;
Ich höhne dich, um rasend dich zu machen.
Stampf, tob' und knirsch', damit ich sing' und tanze!
Du foderst, seh' ich, Lohn für mein Ergötzen.
York spricht nicht, wenn er keine Krone trägt.
Eine Krone her! und, Lords, neigt euch ihm tief. –
Ihr, haltet ihn, ich setze sie ihm auf.

Sie setzt ihm eine papierne Krone auf.

Ei ja, nun sieht er einem König gleich!
Er ist's, der König Heinrichs Stuhl sich nahm
Und der von ihm zum Erben war ernannt. –
Allein wie kömmt's, daß Fürst Plantagenet
So bald gekrönt wird, und der Eid gebrochen?
Mich dünkt, Ihr solltet noch nicht König sein,
Bis Heinrich erst dem Tod die Hand geboten.
Wollt Ihr das Haupt mit Heinrichs Würd' umfahn,
Des Diadems berauben seine Schläfe,
Dem heil'gen Eid zuwider, da er lebt?
Oh, dies Vergehn ist allzu unverzeihlich!
Die Kron' herunter und das Haupt zugleich,
Und keine Zeit versäumt zum Todesstreich!
CLIFFORD.
Das ist mein Amt, um meines Vaters willen!
MARGARETA.
Nein, haltet! Laßt uns hören, wie er betet.
YORK.
Wölfin von Frankreich, reißender als Wölfe,
Von Zunge gift'ger als der Natter Zahn!
Wie übel ziemt es sich für dein Geschlecht,
Daß du, wie eine Amazonentrulle,
Frohlockst beim Weh des, den das Glück gebunden!
Wär' dein Gesicht nicht wandellos wie Larven,
Durch böser Taten Übung frech geworden,
So wollt' ich suchen, stolze Königin,
Erröten dich zu machen; denn dir sagen,
Woher du kamst, von wem du abgestammt,
Wär' g'nug, dich zu beschämen, wärst du nicht schamlos.
Dein Vater heißt von Napel und von beiden

Sizilien König und Jerusalem:
Doch reicher ist ein Bürgersmann in England.
Hat trotzen dich der arme Fürst gelehrt?
Es kann nichts helfen, stolze Königin,
Als daß das Sprichwort sich bewährt: der Bettler,
Der Ritter worden, jagt sein Pferd zu Tod.
Die Schönheit ist's, was stolz die Weiber macht:
Allein Gott weiß, dein Teil daran ist klein!
Die Tugend ist's, warum man sie bewundert:
Das Gegenteil macht über dich erstaunen;
Die Sittsamkeit läßt göttlich sie erscheinen:
Und daß sie ganz dir fehlt, macht dich abscheulich.
Du bist von allem Guten so getrennt,
Wie es von uns die Antipoden sind
Und wie der Mittag von der Mitternacht.
O Tigerherz, in Weiberhaut gesteckt!
Du fingst des Kindes Herzblut auf und hießest
Den Vater sich damit die Augen trocknen
Und trägst noch eines Weibes Angesicht?
Weiber sind sanft, mild, mitleidsvoll und biegsam;
Du starr, verstockt, rauh, kieselhart, gefühllos.
Ich sollte rasen? Ja, dir ist's gewährt.
Ich sollte weinen? Ja, du hast's erreicht.
Denn Schauer stürmt der wüste Wind herbei,
Und wenn der Sturm sich legt, beginnt der Regen.
Die Totenfeier meines holden Rutlands
Sind diese Tränen; jeder Tropfe schreit
Für seinen Tod um Rache wider euch,
Grausamer Clifford! tückische Französin!

NORTHUMBERLAND.

Fürwahr, mich rühren seine Leiden so,
Daß ich im Auge kaum die Tränen hemme.

YORK.

Die Kannibalen hätten sein Gesicht
Nicht angerührt, mit Blute nicht befleckt;
Doch ihr seid unerbittlicher, unmenschlicher,
O zehnmal mehr, als Tiger von Hyrkanien.
Sieh eines unglücksel'gen Vaters Tränen,
Fühllose Königin: du hast dies Tuch
In meines süßen Jungen Blut getaucht,
Und ich, mit Tränen, wasche weg das Blut.
Behalte du das Tuch und prahl' damit:

er gibt das Schnupftuch zurück

Und wenn du recht die Leidgeschicht' erzählst,
Bei Gott, die Hörer werden Tränen weinen,
Ja, heiße Tränen meine Feinde selbst,
Und sagen: »Ach, es war ein kläglich Werk!«
Da, nimm die Kron' und meinen Fluch mit ihr
Und finde solchen Trost in deiner Not,
Als deine Hand, zu grausam, jetzt mir beut.
Hartherz'ger Clifford, nimm mich von der Welt;
Die Seel' gen Himmel, auf eu'r Haupt mein Blut!
NORTHUMBERLAND.
Hätt' er mir alle Blutsfreund' auch erschlagen,
Doch müßt' ich, um mein Leben, mit ihm weinen,
Wie innerliches Leid die Seel' ihm nagt.
MARGARETA.
Wie? Nah am Weinen, Lord Northumberland?
Denkt nur, was er uns allen zugefügt,
Und das wird schnell die weichen Tränen trocknen.
CLIFFORD.
Das hier für meinen Eid, das für des Vaters Tod.

Ersticht ihn.

MARGARETA.
Und dies für unsers sanften Königs Recht.

Ersticht ihn gleichfalls.

YORK.
Tu' auf dein Tor der Gnade, guter Gott!
Durch diese Wunden fliegt mein Geist zu dir.

Stirbt.

MARGARETA.
Den Kopf ab! Setzt ihn auf das Tor von York;
So überschaue York nun seine Stadt!
Alle ab.

Zweiter Aufzug

Erste Szene

Eine Ebne bei Mortimers Kreuz in Herefordshire. Trommeln.
Eduard und Richard mit ihren Truppen auf dem Marsch.

EDUARD.
 Wie unser edler Vater nur entkam?
 Und ob er wohl entkommen oder nicht
 Von Cliffords und Northumberlands Verfolgung?
 Wär' er gefangen, hätten wir's gehört;
 Wär' er erschlagen, hätten wir's gehört;
 Wär' er entkommen, dünkt mich, müßten wir
 Die frohe Zeitung schon vernommen haben.
 Was macht mein Bruder? Warum so betrübt?
RICHARD.
 Ich kann nicht froh sein, bis ich sicher weiß,
 Was unser tapfrer Vater ist geworden.
 Ich sah ihn streifen durch die Schlacht umher
 Gab acht, wie er heraus den Clifford suchte;
 Mir schien's, er nahm sich in der dicht'sten Schar
 So wie ein Löw' in einer Herde Rinder,
 So wie ein Bär, von Hunden ganz umringt,
 Der bald ein paar so zwickt und macht sie schrein,
 Da nur von fern die andern nach ihm bellen.
 So macht' es unser Vater mit den Feinden,
 So flohn die Feinde meinen tapfern Vater:
 Mich dünkt, sein Sohn zu sein, ist Ruhms genug.
 Sieh, wie sein goldnes Tor der Morgen öffnet
 Und Abschied von der lichten Sonne nimmt!
 Wie sie erscheint in aller Jugendfülle,
 Schmuck wie ein Buhler, der zur Liebsten eilt!
EDUARD.
 Bin ich geblendet, oder seh' drei Sonnen?
RICHARD.
 Drei lichte Sonnen, jede ganz vollkommen;
 Nicht unterbrochen durch die zieh'nden Wolken,
 Von blassem klarem Himmel rein getrennt.
 Sieh, sieh! sie nahn, umarmen, küssen sich,
 Als ob sie einen heil'gen Bund gelobten,
 Sind jetzt *ein* Schein, *ein* Licht nur, *eine* Sonne.
 Der Himmel deutet ein Begegnis vor.

EDUARD.
's ist wundersam, man hörte nie dergleichen.
Ich denk', es mahnt uns, Bruder, in das Feld.
Daß wir, die Söhne Held Plantagenets,
Ein jeder strahlend schon durch sein Verdienst,
Vereinen sollen dennoch unsre Lichter,
Wie dies die Welt, die Erde zu erleuchten.
Was es auch deuten mag, ich will hinfüro
Drei Sonnengötter auf der Tartsche tragen.
RICHARD.
Nein, laßt sie weiblich bilden: denn, vergönnt,
Ihr mögt das Weibchen lieber als das Männchen.

Ein Bote tritt auf.

Doch wer bist du, des trüber Blick ein Unglück,
Auf deiner Zunge schwebend, ahnden läßt?
BOTE.
Ach, einer, der mit Jammer angesehn,
Wie daß der edle Herzog York erlag,
Eu'r hoher Vater und mein lieber Herr.
EDUARD.
O sprich nicht mehr! Ich hörte schon zu viel.
RICHARD.
Sag, wie er starb, denn ich will alles hören.
BOTE.
Umzingelt war er von der Feinde Menge,
Und er bestand sie, wie die Hoffnung Trojas
Die Griechen, die in Troja dringen wollten.
Doch weicht selbst Herkules der Übermacht,
Und viele Streich', obwohl von kleiner Art,
Haun um und fällen selbst die härtste Eiche.
Eu'r Vater ward besiegt von vielen Händen,
Allein ermordet bloß vom grimm'gen Arm
Des wilden Clifford und der Königin.
Den gnäd'gen Herzog krönte sie zum Hohn,
Lacht' ihm ins Angesicht, und als er weinte,
Gab die Barbarin ihm, sich abzutrocknen,
Ein Tuch, getaucht in das schuldlose Blut
Des jungen Rutland, welchen Clifford schlug;
So nahmen sie, nach vielem Spott und Schimpf,
Sein Haupt, und aufgesteckt am Tor von York
Ward selbiges; und da verbleibt es nun,

Das jammervollste Schauspiel, das ich sah.
EDUARD.
Geliebter York, der unsre Stütze war!
Uns bleibt kein Stab noch Halt, nun du dahin.
O Clifford, rauher Clifford! Du erschlugst
Europas Blüt' und Zier im Rittertum;
Und hast verräterisch ihn überwunden,
Denn, Stirn an Stirn, hätt' er dich überwunden.
Nun ward der Seele Palast mir zum Kerker:
Ach, bräche sie doch los! daß dieser Leib
Zur Ruh' im Boden eingeschlossen würde;
Denn nie werd' ich hinfort mich wieder freun,
Niemals, o niemals werd' ich Freud' erleben.
RICHARD.
Ich kann nicht weinen: alles Naß in mir
G'nügt kaum, mein lichterlohes Herz zu löschen;
Auch kann die Zunge nicht mein Herz entlasten:
Derselbe Hauch, womit sie sprechen sollte,
Schürt Kohlen an, die ganz die Brust durchglühn
Mit Flammen, welche Tränen löschen würden.
Wer weint, vermindert seines Grames Tiefe:
Drum, Tränen für die Kinder, Rache mir!
Richard, dein Nam' ist mein, ich will dich rächen,
Wo nicht, so sterb' ich rühmlich im Versuch.
EDUARD.
Dir ließ der tapfre Herzog seinen Namen,
Sein Herzogtum und Stuhl blieb mir zurück.
RICHARD.
Nein, stammst du von dem königlichen Adler,
So zeig' es auch durch Schauen in die Sonne:
Statt Herzogtum und Stuhl sag Thron und Reich;
Dein muß dies sein, sonst bist du nicht der seine.

Ein Marsch. Warwick und Montague kommen mit Truppen.

WARWICK.
Nun, lieben Lords! wie steht's? Was gibt es Neues?
RICHARD.
Wenn wir die grause Zeitung, großer Warwick,
Erzählen sollten und bei jedem Wort
Mit Dolchen uns zerfleischen, bis zum Schluß:
Der Worte Pein wär' ärger ab der Wunden.
O tapfrer Lord, der Herzog York ist tot!

EDUARD.
O Warwick! Warwick! der Plantagenet,
Der wert dich hielt wie seiner Seele Heil,
Ist von dem finstern Clifford umgebracht.
WARWICK.
Schon vor zehn Tagen hab' ich diese Zeitung
Ertränkt in Tränen, und, eu'r Weh zu häufen,
Meld' ich euch jetzt, was sich seitdem begab.
Nach jenem blutigen Gefecht bei Wakefield,
Wo euer wackrer Vater seinen Odem
Hat ausgehaucht, ward Nachricht mir gebracht,
So schnell, wie nur die Boten laufen konnten,
Von eurer Niederlag' und seinem Scheiden.
Ich nun in London, als des Königs Hüter,
Hielt Must'rung, sammelte der Freunde Scharen
Und zog, sehr gut gerüstet, wie ich glaubte,
Sankt Albans zu, die Königin zu hemmen;
Den König nahm ich, mir zu Gunsten, mit.
Denn meine Späher hatten mir berichtet,
Sie komme mit dem ausgemachten Zweck,
Den letzten Parlamentsschluß zu vernichten
Betreffend Heinrichs Eid und euer Erbrecht.
Um kurz zu sein: es trafen zu Sankt Albans
Sich die Geschwader, beide fochten scharf;
Doch, ob es nun des Königs Kälte war,
Der auf sein krieg'risch Weib gar milde blickte,
Was des erhitzten Muts mein Volk beraubte;
Ob auch vielleicht der Ruf von ihrem Sieg;
Ob ungemeine Furcht vor Cliffords Strenge,
Der Blut und Tod zu den Gefangnen donnert,
Kann ich nicht sagen: doch, um wahr zu enden,
Wie Blitze kam und ging der Feinde Wehr;
Der Unsern, wie der Eule träger Flug,
Wie wohl ein träger Drescher mit dem Flegel,
Fiel ganz gelind, als ob sie Freunde träfen.
Ich trieb sie an mit der gerechten Sache,
Mit hohen Soldes, großen Lohns Verheißung.
Umsonst! Sie hatten zum Gefecht kein Herz,
Wir keine Hoffnung auf den Sieg durch sie,
So daß wir flohn: zur Königin der König,
Lord George, eu'r Bruder, Norfolk und ich selbst
Sind schleunigst hergeeilt, zu euch zu stoßen,

Da wir gehört, ihr wär't in diesen Marken
Und brächtet Mannschaft auf zu neuem Kampf.
EDUARD.
Wo ist der Herzog Norfolk, lieber Warwick?
Und wann kam George von Burgund nach England?
WARWICK.
Der Herzog steht etwa sechs Meilen weit
Mit seiner Schar, und euren Bruder sandte
Jüngst eure güt'ge Tante von Burgund
Mit einer Hülfsmacht zu dem nöt'gen Krieg.
RICHARD.
Das muß wohl Übermacht gewesen sein,
Fürwahr, wo der beherzte Warwick floh!
Oft hört' ich beim Verfolgen seinen Ruhm,
Doch nie bis jetzt beim Rückzug seine Schande.
WARWICK.
Auch jetzt nicht hörst du, Richard, meine Schande;
Denn wisse, diese starke Rechte kann
Von Heinrichs schwachem Haupt das Diadem,
Aus seiner Faust das hehre Szepter reißen,
Wär' er so ruhmvoll auch und kühn im Kriege,
Als man ihn milde, fromm und friedlich rühmt.
RICHARD.
Ich weiß es wohl, Lord Warwick, schilt mich nicht;
Für deinen Glanz der Eifer heißt mich reden.
Doch, in der trüben Zeit, was ist zu tun?
Soll'n wir hinweg die Panzerhemden werfen,
Den Leib in schwarze Trauerkleider hüllen,
Am Rosenkranz Ave-Maria zählend?
Wie? Oder soll'n wir auf der Feinde Helmen
Mit rächerischem Arm die Andacht üben?
Seid ihr für dies, sagt Ja, und Lords, wohlauf!
WARWICK.
Ja, deshalb hat euch Warwick aufgesucht,
Und deshalb kommt mein Bruder Montague.
Vernehmt mich, Lords. Der frechen Königin,
Samt Clifford und Northumberland, dem stolzen,
Und andern stolzen Gästen dieses Schlags,
Gelang's, den König leicht wie Wachs zu schmelzen.
Er schwor zu eurem Erbrecht Beistimmung,
Verzeichnet ist sein Eid im Parlament;
Und nun ist all die Schar nach London hin,

Den Eidschwur zu entkräften und was sonst
Dem Hause Lancaster zuwider ist.
Ich denke, dreißigtausend sind sie stark;
Wenn nun der Beistand Norfolks und der meine,
Und was an Freunden, wackrer Graf von March,
Du schaffen kannst bei den ergebnen Wäl'schen,
Sich nur beläuft auf fünfundzwanzigtausend:
Wohlan! so ziehn gesamt nach London wir,
Besteigen nochmals die beschäumten Rosse
Und rufen nochmals: In den Feind gestürmt!
Nie wieder Rücken wenden oder fliehn.
RICHARD.
Ja, nun hör' ich den großen Warwick reden!
Nie werde mehr durch Sonnenschein erfreut,
Wer Rückzug ruft, wenn Warwick Halt gebeut.
EDUARD.
Lord Warwick, deine Schulter soll mich stützen,
Und wenn du sinkst (verhüte Gott die Stunde!),
Muß Eduard fallen, was der Himmel wende!
WARWICK.
Nicht länger Graf von March, nein, Herzog York;
Die nächste Stuf' ist Englands hoher Thron.
Du sollst als König ausgerufen werden
In jedem Flecken, wie wir weiter ziehn,
Und wer vor Freude nicht die Mütze wirft,
Verwirke seinen Kopf für das Vergehn.
König Eduard! Tapfrer Richard! Montague!
Laßt uns nicht länger hier von Taten träumen:
Blast die Trompeten, und an unser Werk!
RICHARD.
Nun, Clifford, wär' dein Herz so hart als Stahl,
Wie deine Taten steinern es gezeigt,
Ich will's durchbohren oder meins dir geben.
EDUARD.
So rührt die Trommeln. – Gott und Sankt Georg!

Ein Bote tritt auf.

WARWICK.
Wie nun? Was gibt's?
BOTE.
Der Herzog Norfolk meldet euch durch mich,
Die Königin sei nah mit starkem Heer;

Er wünscht mit euch sich schleunig zu beraten.
WARWICK.
So ziemt's sich, wackre Krieger; laßt uns fort!

Alle ab.

Zweite Szene

Vor York. König Heinrich, Königin Margareta, der Prinz von Wales, Clifford und Northumberland treten auf mit Truppen.

MARGARETA.
Willkommen vor der wackern Stadt von York!
Dort steht, mein Fürst, das Haupt von jenem Erzfeind,
Der sich mit Eurer Kron' umgeben wollte.
Erquickt der Gegenstand nicht Euer Herz?
KÖNIG HEINRICH.
Ja, so wie Klippen die, so Schiffbruch fürchten;
Mir tut der Anblick in der Seele weh. –
O straf' nicht, liebster Gott! Ich war nicht schuld,
Noch hab' ich wissentlich den Schwur verletzt.
CLIFFORD.
Mein gnäd'ger Fürst, die allzu große Milde
Und schädlich Mitleid müßt Ihr von Euch tun.
Wem wirft der Löwe sanfte Blicke zu?
Dem Tier nicht, das sich drängt in seine Höhle.
Und wessen Hand ist's, die der Waldbär leckt?
Nicht dessen, der sein Junges vor ihm würgt.
Wer weicht der Schlange Todesstachel aus?
Nicht wer den Fuß auf ihren Rücken setzt.
Der kleinste Wurm, getreten, windet sich,
Und Tauben picken, ihre Brut zu schützen.
Ehrgeizig strebte York nach deiner Krone:
Du lächeltest, wann er die Stirn gefaltet,
Er, nur ein Herzog, wollte seinen Sohn
Zum König machen, seinen Stamm erhöhn,
Als liebevoller Vater; du, ein König,
Der mit so wackerm Sohn gesegnet ist,
Gabst deine Beistimmung, ihn zu enterben,
Was dich als höchst lieblosen Vater zeigte.
Es nähren unvernünft'ge Kreaturen
Die Brut, und scheun sie gleich des Menschen Antlitz,
Doch, zur Beschirmung ihrer zarten Kleinen,
Wer sah nicht oft sie mit denselben Schwingen,

Die sie wohl sonst zu banger Flucht gebraucht,
Auf den sich werfen, der ihr Nest erklomm,
Ihr Leben bietend zu der Jungen Schutz?
Schämt Euch, mein Fürst, und wählt zum Vorbild sie!
Wär's nicht ein Jammer, wenn der wackre Knabe
Sein Erbrecht durch des Vaters Schuld verlöre
Und spräch' zu seinem Kind in Zukunft einst:
»Was mein Großvater und mein Urgroßvater
Erwarben, gab mein Vater töricht weg?«
Ach! welche Schande wär's! Sieh auf den Knaben
Und laß sein männlich Antlitz, das die Gunst
Des Glücks verheißt, dein schmelzend Herz dir stählen,
Was dein, zu halten, ihm, was dein, zu lassen.
KÖNIG HEINRICH.
Wohl zeigte Clifford seine Redekunst
Und brachte Gründe vor von großer Kraft.
Doch sag mir, Clifford, hast du nie gehört,
Daß schlecht Erworbnes immer schlecht gerät?
Und war es immer glücklich für den Sohn,
Des Vater in die Hölle sich gekargt?
Ich lasse meine tugendhaften Taten
Dem Sohn zurück: und hätte doch mein Vater
Mir auch nicht mehr gelassen! Alles andre
Bringt tausendmal mehr Sorge zu bewahren,
Als im Besitz ein Tüttelchen von Lust. –
Ach, Vetter York! daß deine Freunde wüßten,
Wie es mich kümmert, daß dein Kopf da steht!
MARGARETA.
Mein Fürst, ermuntert Euch! Der Feind ist nah,
Und dieser weiche Mut schwächt Eure Leute.
Dem hoffnungsvollen Sohn gelobtet Ihr
Den Ritterschlag: zieht denn das Schwert und gebt ihn.
Eduard, knie nieder!
KÖNIG HEINRICH.
Eduard Plantagenet, steh als Ritter auf
Und zieh' dein Schwert nur für des Rechtes Lauf!
PRINZ.
Mit Eurer höchsten Gunst, mein gnäd'ger Vater:
Ich will es als des Thrones Erbe ziehn
Und in dem Streit es bis zum Tode führen.
CLIFFORD.
Das heißt gesprochen wie ein kühner Prinz.

Ein Bote tritt auf.

BOTE.
Ihr königlichen Feldherrn, seid bereit!
Mit einem Heer von dreißigtausend Mann
Kommt Warwick, für des Herzogs York Partei,
Und ruft, wie sie entlang ziehn in den Städten,
Ihn aus zum König, und ihm folgen viele.
Reiht eure Scharen, denn sie sind zur Hand.
CLIFFORD.
Will Eure Hoheit nicht das Schlachtfeld räumen?
In Eurem Absein hat die Königin
Den glücklichsten Erfolg.
MARGARETA.
Ja, bester Herr,
Tut das, und überlaßt uns unserm Schicksal.
KÖNIG HEINRICH.
Das ist mein Schicksal auch, drum will ich bleiben.
NORTHUMBERLAND.
So sei es mit Entschlossenheit zum Kampf.
PRINZ.
Mein königlicher Vater, muntert auf
Die edlen Lords, und wer zum Schutz Euch ficht;
Zieht Euer Schwert, mein Vater, ruft: Sankt George!

Ein Marsch. Eduard, George, Richard, Warwick, Norfolk und Montague treten auf mit Soldaten.

EDUARD.
Nun, falscher Heinrich! willst du knien um Gnade
Und setzen auf mein Haupt dein Diadem,
Wo nicht, des Feldes tödlich Los erproben?
MARGARETA.
Schilt deine Schmeichler, übermüt'ger Knabe!
Kommt es dir zu, so frech zu sein in Worten
Vor deinem König und rechtmäß'gen Herrn?
EDUARD.
Ich bin sein König, und er sollte knien:
Ich ward durch seine Zustimmung sein Erbe.
Seitdem brach man den Eid: denn, wie ich höre,
Habt Ihr, als die Ihr wirklich König seid,
Trägt er die Krone gleich, ihn angestiftet,
Durch neuen Parlamentsschluß mich zu streichen
Und seinen eignen Sohn dafür zu setzen.

CLIFFORD.
>   Mit gutem Grund:
>   Wer soll dem Vater folgen, als der Sohn?

RICHARD.
>   Seid Ihr da, Schlächter? Oh, ich kann nicht reden!

CLIFFORD.
>   Ja, Bucklichter, hier steh' ich Rede dir
>   Und jedem noch so Stolzen deines Schlags.

RICHARD.
>   Ihr tötetet den jungen Rutland, nicht?

CLIFFORD.
>   Ja, und den alten York, und noch nicht satt.

RICHARD.
>   Um Gottes willen, Lords, gebt das Signal!

WARWICK.
>   Was sagst du, Heinrich? Willst der Kron' entsagen?

MARGARETA.
>   Wie nun, vorlauter Warwick? Sprecht Ihr mit?
>   Als Ihr und ich uns zu Sankt Albans trafen,
>   Da halfen besser Euch die Bein' als Hände.

WARWICK.
>   Da war's an mir zu fliehn, nun ist's an dir.

CLIFFORD.
>   Das sagtet Ihr auch da und floht dann doch.

WARWICK.
>   Nicht Euer Mut war's, was von dort mich trieb.

NORTHUMBERLAND.
>   Noch Euer Mannsinn, was Euch halten konnte.

RICHARD.
>   Northumberland, ich halte dich in Ehren. –
>   Brecht das Gespräch ab, denn ich hemme kaum
>   Die Auslassung des hochgeschwollnen Herzens
>   An diesem Clifford, dem grimmen Kindermörder.

CLIFFORD.
>   Ich schlug den Vater dir: nennst du ihn Kind?

RICHARD.
>   Ja, wie ein Feigling, eine tück'sche Memme,
>   Wie du erschlagen unsern zarten Rutland;
>   Doch sollst du noch vor nachts die Tat verfluchen.

KÖNIG HEINRICH.
>   Nun haltet inne, Lords, und hört mich an!

MARGARETA.

Trotz' ihnen denn, sonst öffne nicht die Lippen!
KÖNIG HEINRICH.
Gib meiner Zunge, bitt' ich, keine Schranken:
Ich bin ein König, und befugt zu reden.
CLIFFORD.
Mein Fürst, die Wunde heilen Worte nicht,
Die uns zusammen rief: darum seid still!
RICHARD.
Scharfrichter, so entblöße denn dein Schwert!
Bei dem, der uns erschuf, ich bin gewiß,
Daß Cliffords Mannsinn auf der Zunge wohnt.
EDUARD.
Sag, Heinrich, wird mein Recht mir oder nicht?
Wohl tausend nahmen heut ihr Frühstück ein,
Die nie das Mittagsmahl verzehren werden,
Wofern du nicht dich ab der Krone tust.
WARWICK.
Wenn du es weigerst, auf dein Haupt ihr Blut!
Denn mit Gerechtigkeit führt York die Waffen.
PRINZ.
Ist das, was Warwick dafür ausgibt, recht,
So gibt's kein Unrecht, dann ist alles recht.
RICHARD.
Wer dich auch zeugte, dort steht deine Mutter,
Denn sicherlich, du hast der Mutter Zunge.
MARGARETA.
Doch du bist weder Vater gleich noch Mutter,
Nein, einem schnöden, mißgeschaffnen Brandmal,
Bezeichnet vom Geschick, daß man es meide
Wie gift'ge Kröten oder Eidechsstacheln.
RICHARD.
Eisen von Napel, englisch übergoldet!
Du, deren Vater König wird betitelt,
Als würde eine Pfütze See genannt:
Schämst du dich nicht, der Abkunft dir bewußt,
Daß deine Zung' ein niedrig Herz verrät?
EDUARD.
Ein Strohwisch wäre tausend Kronen wert
Zur Selbsterkenntnis für dies freche Nickel.
Weit schöner war die griech'sche Helena,
Mag schon dein Gatte Menelaus sein;
Auch kränkte nie den Bruder Agamemnons

Das falsche Weib, wie diesen König du.
Sein Vater schwärmt' in Frankreichs Herzen, zähmte
Den König, zwang den Dauphin sich zu beugen;
Und hätt' er sich nach seinem Rang vermählt,
So konnt' er diesen Glanz bis heut behaupten.
Doch als er eine Bettlerin sich nahm
Zur Bettgenossin, deinen armen Vater
Verherrlichte mit seinem Hochzeitstag:
Da zog der Sonnenschein ein Schau'r herbei,
Der seines Vaters Glück aus Frankreich schwemmte
Und heim auf seine Kron' Empörung häufte.
Denn was schuf diesen Aufruhr als dein Stolz?
Warst du nur glimpflich, schlief' unser Anspruch noch;
Aus Mitleid für den sanften König hätten
Die Fod'rung wir auf andre Zeit verspart.
GEORGE.
Doch da wir sahn, daß unser Sonnenschein
Dir Frühling machte, ohne daß dein Sommer
Uns Früchte trüge, legten wir die Axt
An deine fremd hier eingedrängte Wurzel;
Und traf uns selbst die Schärfe gleich ein wenig,
So wisse, daß wir nach dem ersten Streich
Davon nicht lassen, bis wir dich gefällt,
Wo nicht, mit unserm heißen Blut gebadet.
EDUARD.
Und, so entschlossen, fodr' ich dich zum Kampf
Und will nichts mehr von Unterredung wissen,
Da du das Wort dem sanften König wehrst.
Trompeten blast! Laßt wehn die blut'gen Fahnen,
Den Weg zum Sieg uns oder Grab zu bahnen!
MARGARETA.
Halt, Eduard!
EDUARD.
Nein, hadernd Weib! Wir wollen auf und fort;
Zehntausend Leben kostet heut dein Wort.

Alle ab.

Dritte Szene

*Schlachtfeld zwischen Towton und Saxton in Yorkshire.
Getümmel. Angriffe. Warwick tritt auf.*

WARWICK.
Von Müh' erschöpft, wie von dem Wettlauf Renner,
Leg' ich mich hin, ein wenig zu verschnaufen;
Denn manch empfangner Streich und viel erteilte
Beraubten ihrer Kraft die straffen Sehnen,
Und, willig oder nicht, muß ich hier ruhn.

Eduard kommt gelaufen.

EDUARD.
O lächle, holder Himmel! oder triff,
Unholder Tod! Denn finster blickt die Welt,
Und Wolken haben Eduards Sonn' umzogen.
WARWICK.
So sagt, Mylord! Wie glückt's? Was ist für Hoffnung?

George tritt auf.

GEORGE.
Statt Glück Verlust, statt Hoffnung nur Verzweiflung.
Gebrochen sind die Reih'n, uns folgt Verderben:
Was ratet ihr? Wohin entfliehn wir doch?
EDUARD.
Da hilft nicht Flucht, sie folgen uns mit Flügeln,
Und wir sind schwach und halten sie nicht auf.

Richard tritt auf.

RICHARD.
Ach, Warwick, warum hast du dich entfernt!
Der durst'ge Grund trank deines Bruders Blut,
Herausgezapft von Cliffords Lanzenspitze,
Und in des Todes Ängsten rief er aus,
Als wär's ein dumpfer, fern gehörter Laut:
»Warwick, räch' du, räch', Bruder, meinen Tod!«
So, unter ihrer Rosse Bauch, die wild
In heißem Blut die Fersenbüschel netzten,
Gab seinen Geist der edle Ritter auf.
WARWICK.
So sei von unserm Blut die Erde trunken;
Mein Pferd erschlag' ich, denn ich will nicht fliehn.

Was stehn wir wie weichherz'ge Weiber hier,
Verlornes jammernd, da der Feind so tobt?
Und schauen zu, als wär's ein Trauerspiel,
Zum Scherze nur von Spielern nachgeahmt?
Hier auf den Knie'n schwör' ich zu Gott im Himmel:
Nie will ich wieder ruhn, nie stille stehn,
Bis Tod die Augen mir geschlossen, oder
Das Glück mein Maß von Rache mir geschafft.

EDUARD.
O Warwick! Meine Knie' beug' ich mit deinen
Und kette meine Seel' im Schwur an deine. –
Und eh' sich von der Erde kaltem Antlitz
Die Knie' erheben, werf' ich meine Hände,
Die Augen und das Herz zu dir empor,
Der Kön'ge niederstürzet und erhöht!
Dich flehend, wenn's dein Wille so beschloß,
Daß dieser Leib der Feinde Raub muß sein,
Daß doch dein ehern Himmelstor sich öffne
Und lasse meine sünd'ge Seele durch!
Nun scheidet, Lords, bis wir uns wieder treffen,
Wo es auch sei, im Himmel oder auf Erden.

RICHARD.
Bruder, gib mir die Hand, und, lieber Warwick,
Laß meine müden Arme dich umfassen.
Ich, der nie weinte, schmelze jetzt im Gram,
Daß unsern Lenz dahin der Winter nahm.

WARWICK.
Fort, fort! Noch einmal, lieben Lords, lebt wohl!

GEORGE.
Doch gehn wir insgesamt zu unsern Scharen,
Und wer nicht bleiben will, dem gönnt zu fliehn,
Und nennt die Pfeiler, die bei uns verharren,
Und wenn's gelingt, verheißet solchen Lohn,
Wie der Olymp'schen Spiele Sieger tragen:
Das pflanzt wohl Mut in ihre bange Brust,
Denn Hoffnung ist auf Leben noch und Sieg.
Nicht länger zaudert: auf mit aller Macht!

Alle ab.

Vierte Szene

Ein andrer Teil des Schlachtfeldes. Angriffe. Richard und Clifford treten auf.

RICHARD.
Nun, Clifford, dich allein las ich mir aus.
Denk', dieser Arm sei für den Herzog York,
Und der für Rutland; beid' auf Rache dringend,
Wärst du mit eh'rner Mauer auch umgeben.
CLIFFORD.
Nun, Richard, bin ich hier mit dir allein:
Dies ist die Hand, die deinen Vater traf,
Dies ist die Hand, die deinen Bruder schlug;
Und hier das Herz, um ihren Tod frohlockend,
Das diese Hände stärkt, die beid' erschlugen,
Das Gleiche zu vollstrecken an dir selbst!
Und somit sieh dich vor!

Sie fechten, Warwick kommt dazu, Clifford flieht.

RICHARD.
Nein, Warwick, lies ein andres Wild dir aus,
Ich selbst muß diesen Wolf zu Tode jagen.

Ab.

Fünfte Szene

Ein andrer Teil des Schlachtfeldes. Getümmel. König Heinrich tritt auf.

KÖNIG HEINRICH.
Dies Treffen steht so wie des Morgens Krieg
Von sterbendem Gewölk mit regem Licht,
Dann, wann der Schäfer, auf die Nägel hauchend,
Es nicht entschieden Tag noch Nacht kann nennen.
Bald schwankt es hierhin, wie die mächt'ge See,
Gezwungen von der Flut dem Wind zu trotzen;
Bald schwankt es dorthin, wie dieselbe See,
Gezwungen vor des Windes Wut zu weichen.
Bald überwiegt die Flut und dann der Wind;
Nun stärker eins, das andre dann das stärkste;
Beid' um den Sieg sich reißend, Brust an Brust,
Doch keiner Überwinder, noch besiegt:

So wäget gleich sich dieser grimme Krieg.
Hier auf dem Maulwurfshügel will ich sitzen.
Der Sieg sei dessen, dem ihn Gott beschert!
Denn Margareta, mein Gemahl, und Clifford,
Sie schalten aus der Schlacht mich, beide schwörend,
Wenn ich entfernt sei, glück' es ihnen besser.
Wär' ich doch tot, wär's Gottes Wille so!
Wer wird in dieser Welt des Jammers froh?
O Gott! Mich dünkt, es wär' ein glücklich Leben,
Nichts Höher's als ein schlichter Hirt zu sein;
Auf einem Hügel sitzend, wie ich jetzt,
Mir Sonnenuhren zierlich auszuschnitzen,
Daran zu sehn, wie die Minuten laufen,
Wie viele eine Stunde machen voll,
Wie viele Stunden einen Tag vollbringen,
Wie viele Tage endigen ein Jahr,
Wie viele Jahr ein Mensch auf Erden lebt.
Wann ich dies weiß, dann teil' ich ein die Zeiten:
So viele Stunden muß die Herd' ich warten,
So viele Stunden muß der Ruh' ich pflegen,
So viele Stunden muß ich Andacht üben,
So viele Stunden muß ich mich ergötzen;
So viele Tage trugen schon die Schafe,
So viele Wochen, bis die armen lammen,
So viele Jahr, eh' ich die Wolle schere.
Minuten, Stunden, Tage, Monden, Jahre,
Zu ihrem Ziel gediehen, würden so
Das weiße Haar zum stillen Grabe bringen.
Ach, welch ein Leben wär's! Wie süß! Wie lieblich!
Gibt nicht der Hagdorn einen süßern Schatten
Dem Schäfer, der die fromme Herd' erblickt,
Als wie ein reich gestickter Baldachin
Dem König, der Verrat der Bürger fürchtet?
O ja, das tut er, tausendmal so süß!
Und endlich ist des Schäfers magrer Quark,
Sein dünner Trank aus seiner Lederflasche,
Im kühlen Schatten sein gewohnter Schlaf,
Was alles süß und sorglos er genießt,
Weit über eines Fürsten Köstlichkeiten,
Die Speisen blinkend in der goldnen Schale,
Den Leib gelagert auf ein kunstreich Bett,
Wenn Sorge lauert, Argwohn und Verrat.

*Getümmel. Es kommt ein Sohn, der seinen Vater umgebracht
hat, und schleppt die Leiche herbei.*

SOHN.
Schlecht weht der Wind, der keinem Vorteil bringt. –
Der Mann hier, den ich Hand an Hand erschlug,
Mag einen Vorrat Kronen bei sich haben,
Und ich, der ich sie glücklich jetzt ihm nehme,
Kann noch vor Nachts sie und mein Leben lassen
An einen andern, wie der Tote mir.
Wer ist's? O Gott, ich sehe meinen Vater,
Den im Gedräng' ich unverseh'ns getötet.
O schlimme Zeit, die solch Beginnen zeugt!
Aus London ward vom König ich gemahnt;
Mein Vater, als Vasall des Grafen Warwick,
Von dem gemahnt, kam auf der Yorkschen Seite.
Und ich, der ich von seiner Hand das Leben
Empfangen, raubt' es ihm mit meiner Hand.
Verzeih' mir, Gott, nicht wußt' ich, was ich tat!
Verzeih' auch, Vater, denn dich kannt' ich nicht!
Die blut'gen Zeichen sollen meine Tränen
Hinweg dir waschen, und kein Wort mehr nun,
Bis zur Genüge sie geflossen sind.

KÖNIG HEINRICH.
O kläglich Schauspiel! O der blut'gen Zeit!
Wenn Löwen um die Höhlen sich bekriegen,
Entgelten ihren Zwist harmlose Lämmer. –
Wein', armer Mann! Ich steh' dir Trän' um Träne
Mit Weinen bei, daß beiden Aug' und Herz,
Als wär' in uns ein bürgerlicher Krieg,
Erblind' in Tränen und vom Jammer breche.

*Es kommt ein Vater, der seinen Sohn umgebracht hat, mit der
Leiche in den Armen.*

VATER.
Du, der so rüstig Widerstand geleistet,
Gib mir dein Gold, wofern du welches hast:
Mit hundert Streichen hab' ich es erkauft. –
Doch laßt mich sehn: ist dies ein Feindsgesicht?
Ach, nein, nein, nein! Es ist mein einz'ger Sohn. –
Ach, Kind! Wenn irgend Leben in dir ist,
Schlag' auf den Blick: sieh, welche Schau'r entstehn,
Von meines Herzens Sturm auf deine Wunden

Herbeigeweht, die Aug' und Herz mir töten. –
  O Gott, erbarm' dich dieser Jammerzeit!
  Was doch für Taten, grausam, schlächtermäßig,
  Verblendet, meuterisch und unnatürlich,
  Die tödliche Entzweiung täglich zeugt!
  O Kind, dein Vater gab zu früh dir Leben
  Und hat zu spät des Lebens dich beraubt!
KÖNIG HEINRICH.
  Weh über Weh! Mehr als gemeines Leid!
  O daß mein Tod die Greuel hemmen möchte!
  Erbarmen, güt'ger Himmel, o Erbarmen!
  Sein Antlitz führt die rote Ros' und weiße,
  Die Unglücksfarben unsrer zwist'gen Häuser:
  Der einen gleichet ganz sein purpurn Blut,
  Die bleiche Wange stellt die andre dar;
  Welk' eine Rose dann, und blüh' die andre!
  Kämpft ihr, so müssen tausend Leben welken
SOHN.
  Wie wird die Mutter um des Vaters Tod
  Mich schelten und sich nie zufrieden geben!
VATER.
  Wie wird mein Weib des Sohnes Mord in Tränen
  Ertränken und sich nie zufrieden geben!
KÖNIG HEINRICH.
  Wie wird das Volk dem König dieses Elend
  Verargen und sich nicht zufrieden geben!
SOHN.
  Hat je ein Sohn den Vater so betrauert?
VATER.
  Hat je ein Vater so den Sohn beweint?
KÖNIG HEINRICH.
  Hat je ein König so sein Volk beklagt?
  Eu'r Leid ist groß, doch zehnmal größer meins.
SOHN.
  Ich trage dich mit fort, mich satt zu weinen.

Ab mit der Leiche.

VATER.
  Hier diese Arme soll'n dein Leichenhemde,
  Mein Herz dein Grabmal, süßer Junge, sein:
  Denn niemals soll dein Bild mein Herz verlassen.
  Die Brust soll das Geläut' dem Toten seufzen,

Dein Vater wird die Feier so begehn,
Um dich betrübt, da er nicht mehre hat,
Wie Priamus um all die tapfern Söhne.
Ich trag' dich fort, und fechtet, wie ihr wollt:
Ich hab' ermordet, wo ich nicht gesollt.

Ab mit der Leiche.

KÖNIG HEINRICH.
Ihr Traurigen, die Leidenslast umfängt!
Hier sitzt ein König, mehr wie ihr bedrängt.

Getümmel. Angriffe. Königin Margareta, Prinz von Wales und Exeter treten auf.

PRINZ.
Flieht, Vater, flieht! Entflohn sind alle Freunde,
Und Warwick tobt wie ein gehetzter Stier.
Fort! denn an unsern Fersen sitzt der Tod.

MARGARETA.
Zu Pferde, mein Gemahl! Nach Berwick jagt!
Eduard und Richard, wie ein paar Windhunde,
Den scheuen flücht'gen Hasen vor sich her,
Mit feur'gen Augen, funkelnd von der Wut,
Und blut'gem Stahl, in grimmer Hand gefaßt,
Sind hinter uns: und also schleunig fort!

EXETER.
Fort! denn die Rache kommt mit ihnen nach.
Nein, säumet nicht mit Einwendungen, eilt!
Sonst kommt mir nach, so will ich Euch voran.

KÖNIG HEINRICH.
Nein, nimm mich mit dir, bester Exeter;
Ich fürchte nicht zu bleiben, doch ich wünsche
Der Königin zu folgen. Vorwärts, fort!

Alle ab.

Sechste Szene

Lautes Getümmel. Clifford kommt, verwundet.

CLIFFORD.
Hier brennt mein Licht zu Ende, ja, hier stirbt's,
Das immer König Heinrich hat geleuchtet.
O Lancaster! Ich fürchte deinen Sturz
Mehr als der Seele Scheiden aus dem Leib.

Viel Freunde band dir meine Lieb' und Furcht,
Und, da ich falle, reißt die starke Klammer,
Schwächt dich und stärkt den überstolzen York.
Wie Sommerfliegen schwärmt gemeines Volk,
Und wohin fliegen Mücken als zur Sonne?
Und wer geht jetzo auf, als Heinrichs Feinde?
O Phöbus! Hätt'st du nicht dem Phaeton
Erlaubt, zu zügeln deine feur'gen Rosse,
Dein Wagen setzte nie die Erd' in Brand.
Und, Heinrich, hättest du geherrscht als König,
Und wie dein Vater, und sein Vater tat,
Dem Hause York um keinen Fußbreit weichend,
Sie hätten nicht geschwärmt wie Sommerfliegen:
Ich, und zehntausend in dem armen Reich,
Versetzten nicht in Trauer unsre Witwen;
Und friedlich säßest du auf deinem Stuhl.
Denn was nährt Unkraut, als gelinde Luft?
Und was macht Räuber kühn, als zu viel Milde?
Fruchtlos sind Klagen, hülflos meine Wunden:
Kein Weg zur Flucht, noch Kraft, sie auszuhalten;
Der Feind ist hart und wird sich nicht erbarmen,
Denn ich verdient' um ihn ja kein Erbarmen.
Die Luft drang in die schweren Wunden mir,
Und viel Verlust vom Blute macht mich matt.
York, Richard, Warwick, alle her auf mich!
Durchbohrt die Brust, wie euren Vätern ich.

Er fällt in Ohnmacht.

Getümmel und Rückzug, Eduard, George, Richard, Montague und Warwick treten auf mit Soldaten.

EDUARD.
Nun atmet auf, ihr Lords; das gute Glück
Heißt uns verziehen und die finstre Stirn
Des Kriegs mit friedensvollen Blicken sänft'gen.
Ein Haufe folgt der blutbegier'gen Königin,
Die so den stillen Heinrich weggeführt,
Ist er ein König schon, wie wohl ein Segel,
Von einem heft'gen Windstoß angefüllt,
Der Flut die Galeon' entgegenzwingt.
Doch denkt ihr, Lords, daß Clifford mit geflohn?
WARWICK.
Nein, 's ist unmöglich, daß er sollt' entkommen,

Denn, sag' ich's ihm schon hier ins Angesicht,
Eu'r Bruder Richard zeichnet' ihn fürs Grab,
Und, wo er sein mag, er ist sicher tot.

Clifford ächzt.

EDUARD.
Wes Seele nimmt da ihren schweren Abschied?
RICHARD.
Ein Ächzen war's, wie zwischen Tod und Leben.
EDUARD.
Seht, wer es ist: nun, da die Schlacht zu Ende,
Freund oder Feind, behandelt schonend ihn.
RICHARD.
Heb' auf den Gnadenspruch, denn es ist Clifford,
Der, nicht zufrieden, abzuhaun den Zweig,
Den Rutland fällend, als er Blätter trieb,
Sein mörd'risch Messer an die Wurzel setzte,
Woher der zarte Sproß so hold erwuchs;
Ich mein', an unsern Vater, Herzog York.
WARWICK.
Holt von den Toren Yorks sein Haupt herab.
Sein hohes Haupt, das Clifford aufgesteckt;
Statt dessen laßt die Stelle dieses füllen.
Mit Gleichem Gleiches muß erwidert sein.
EDUARD.
Bringt her den Unglücksuhu unsers Hauses,
Der nichts als Tod uns und den Unsern sang.
Nun wird der Tod den droh'nden Laut ihm hemmen
Und seine grause Zunge nicht mehr sprechen.

Einige aus dem Gefolge tragen die Leiche weiter vor.

WARWICK.
Ich glaub', er ist nicht bei sich selber mehr.
Sprich, Clifford, kennst du den, der mit dir spricht?
Der Tod umdüstert seine Lebensstrahlen,
Er sieht uns nicht und hört nicht, was man sagt.
RICHARD.
O tät' er's doch! Er tut es auch vielleicht,
Es ist nur seine List, sich so zu stellen,
Um solcher bittern Höhnung auszuweichen,
Wie er bei unsers Vaters Tod geübt.
GEORGE.
Wenn du das denkst, plag' ihn mit scharfen Worten.

RICHARD.
Clifford, erflehe Gnad' und finde keine!
EDUARD.
Clifford, bereu' in unfruchtbarer Buße!
WARWICK.
Ersinn' Entschuldigung für deine Taten!
GEORGE.
Indes wir Folterpein dafür ersinnen.
RICHARD.
Du liebtest York, und ich bin Sohn von York.
EDUARD.
Wie Rutlands du, will ich mich dein erbarmen.
GEORGE.
Wo ist dein Schutz nun, Hauptmann Margareta?
WARWICK.
Man höhnt dich, Clifford; fluche, wie du pflegtest.
RICHARD.
Was? Keinen Fluch? Dann steht es schlimm, wenn Clifford
Für seine Freunde keinen Fluch mehr hat.
Nun seh' ich, daß er tot ist, und, beim Himmel!
Wenn diese Rechte ihm zwei Stunden Leben
Erkaufen könnte, um mit allem Spott
Ihn hohnzunecken: abhaun wollt' ich sie
Mit dieser meiner Hand, und mit der Wunde Blut
Den Bösewicht ersticken, dessen Durst
York und der junge Rutland nicht gestillt.
WARWICK.
Ja, er ist tot; schlagt ab des Frevlers Haupt
Und stellt es auf, wo Euers Vaters steht.
Und nun nach London im Triumpheszug,
Als Englands König da gekrönt zu werden!
Dann setzt nach Frankreich Warwick übers Meer
Und wirbt dir Fräulein Bona zum Gemahl:
So wirst du diese Länder fest verknüpfen
Und darfst, im Bund mit Frankreich, nicht befürchten,
Daß der zerstreute Feind sich wieder sammle,
Wie er es hofft; denn ob sie schon nicht viel
Mit Stechen schaden können, wirst du doch
Sie um das Ohr dir lästig summen hören.
Zuvörderst wohn' ich Eurer Krönung bei,
Und dann die See hinüber nach Bretagne,
Die Eh' zu stiften, wenn's mein Fürst genehmigt.

EDUARD.
Ganz wie du willst, mein Warwick, soll es sein;
Auf deiner Schulterbau' ich meinen Sitz,
Und nimmer will ich etwas unternehmen,
Wobei dein Rat und Beistimmung mir fehlt.
Richard, ich mache dich zum Herzog Gloster,
Und George von Clarence; Warwick, wie wir selbst,
Soll tun und lassen, was ihm nur gefällt.
RICHARD.
Laß mich von Clarence, George von Gloster Herzog sein,
Denn Glosters Herzogtum ist unglückdeutend.
WARWICK.
Pah! Das ist eine törichte Bemerkung:
Richard, seid Herzog Gloster; nun nach London,
Um in Besitz der Würden uns zu setzen.

Alle ab.

Dritter Aufzug

Erste Szene

Ein Jagdrevier im Norden von England. Zwei Förster treten auf, mit Armbrusten in der Hand.

ERSTER FÖRSTER.
Hier im verwachsnen Buschwerk laß uns lauren,
Denn über diesen Plan kommt gleich das Wild;
Wir nehmen hier im Dickicht unsern Stand
Und lesen uns die besten Stücke aus.
ZWEITER FÖRSTER.
Ich will dort oben auf die Anhöh' treten,
Daß jeder von uns beiden schießen kann.
ERSTER FÖRSTER.
Das darf nicht sein: der Lärm von deiner Armbrust
Verscheucht das Rudel, und mein Schuß ist hin.
Hier laß uns beide stehn und bestens zielen,
Und, daß die Zeit uns nicht so lange währt,
Erzähl' ich, was mir eines Tags begegnet
An eben diesem Platz, wo jetzt wir stehn.
ZWEITER FÖRSTER.
Da kommt ein Mann, laß den vorüber erst.
König Heinrich kommt verkleidet, mit einem Gebetbuche.

KÖNIG HEINRICH.
Von Schottland stahl ich weg mich, bloß aus Liebe,
Mit sehnsuchtsvollem Blick mein Land zu grüßen.
Nein, Heinrich, Heinrich! Dies ist nicht dein Land,
Dein Platz besetzt, dein Szepter dir entrungen,
Das Öl, das dich gesalbt hat, weggewaschen.
Kein biegsam Knie wird jetzt dich Cäsar nennen,
Kein Bitter drängt sich, für sein Recht zu sprechen,
Nein, niemand geht um Herstellung mich an:
Wie sollt' ich andern helfen und nicht mir?
ERSTER FÖRSTER.
Das ist ein Wild, des Haut den Förster lohnt;
Der weiland König ist's: laßt uns ihn greifen!
KÖNIG HEINRICH.
Der herben Trübsal will ich mich ergeben,
Denn Weise sagen, weise sei's getan.
ZWEITER FÖRSTER.

Was zögern wir? Laß Hand uns an ihn legen!
ERSTER FÖRSTER.
Halt noch ein Weilchen, hören wir noch mehr.
KÖNIG HEINRICH.
Nach Frankreich ging mein Weib und Sohn um Hülfe,
Auch hör' ich, der gewalt'ge große Warwick
Sei hin, um des französischen Königs Tochter
Für Eduard zur Gemahlin zu begehren.
Ist dies gegründet, arme Königin
Und Sohn! so ist verloren eure Müh'.
Denn Warwick ist ein feiner Redner, Ludwig
Ein Fürst den leicht beredte Worte rühren.
Margareta kann ihn rühren, demzufolge;
Sie ist ein so beklagenswertes Weib:
Sie wird mit Seufzern seine Brust bestürmen,
Mit Tränen dringen in ein marmorn Herz.
Der Tiger selbst wird milde, wenn sie trauert,
Und Nero reuig, wenn er ihre Klagen
Und ihre salzen Tränen hört und sieht.
Ja, doch sie kam zu flehn; Warwick zu geben:
Zur Linken sie, begehrt für Heinrich Hülfe,
Zur Rechten er, wirbt um ein Weib für Eduard.
Sie weint und sagt, ihr Heinrich sei entsetzt;
Er lächelt, sagt, sein Eduard sei bestallt;
Daß nichts vor Gram die Arme mehr kann sagen,
Weil Warwick seinen Anspruch zeigt, das Unrecht
Beschönigt, Gründe bringt von großer Kraft
Und schließlich ab von ihr den König lenkt,
Daß er die Schwester ihm verspricht und alles,
Was König Eduards Platz befest'gen kann.
O Margareta! So wird's sein: du Arme
Bist dann verlassen, wie du hülflos gingst.
ZWEITER FÖRSTER.
Sag, wer du bist, der du von Kön'gen da
Und Königinnen sprichst?
KÖNIG HEINRICH.
Mehr als ich scheine
Und wen'ger als ich war durch die Geburt;
Ein Mensch, denn wen'ger kann ich doch nicht sein;
Und Menschen können ja von Kön'gen reden:
Warum nicht ich?
ZWEITER FÖRSTER.

Ja, doch du sprichst, als ob du König wärst.
KÖNIG HEINRICH.
Ich bin's auch, im Gemüt; das ist genug.
ZWEITER FÖRSTER.
Bist du ein König, wo ist deine Krone?
KÖNIG HEINRICH.
Im Herzen trag' ich sie, nicht auf dem Haupt,
Nicht mit Demanten prangend und Gestein,
Noch auch zu sehn: sie heißt Zufriedenheit,
Und selten freun sich Kön'ge dieser Krone.
ZWEITER FÖRSTER.
Gut, seid Ihr König der Zufriedenheit,
Muß Eure Kron' Zufriedenheit und Ihr
Zufrieden sein, mit uns zu gehn; wir denken,
Ihr seid's, den König Eduard abgesetzt,
Und wir als Untertanen, die ihm Treue
Geschworen, greifen Euch als seinen Feind.
KÖNIG HEINRICH.
Doch schwort ihr nie, und brachet euren Eid?
ZWEITER FÖRSTER.
Nie solchen Eid, und wollen's jetzt auch nicht.
KÖNIG HEINRICH.
Wo wart ihr, als ich König war von England?
ZWEITER FÖRSTER.
Hier in der Gegend, wo wir jetzo wohnen.
KÖNIG HEINRICH.
Neun Monden alt war ich gesalbter König,
Mein Vater, mein Großvater waren Kön'ge;
Ihr habt mir Untertanenpflicht geschworen:
So sagt denn, bracht ihr eure Eide nicht?
ERSTER FÖRSTER.
Nein, denn wir waren Untertanen nur,
Solang' Ihr König wart.
KÖNIG HEINRICH.
Nun, bin ich tot? Atm' ich nicht wie ein Mensch?
Ach, töricht Volk! Ihr wißt nicht, was ihr schwört.
Seht, wie ich diese Feder von mir blase,
Und wie die Luft zu mir zurück sie bläst,
Die, wenn ich blase, meinem Hauch gehorcht
Und einem andern nachgibt, wenn er bläst,
Vom stärkern Windstoß immerfort regiert:
So leichten Sinns seid ihr geringen Leute.

Doch brecht die Eide nicht; mit dieser Sünde
Soll meine milde Bitt' euch nicht beladen.
Führt, wie ihr wollt: der König folgt Befehlen;
Seid Kön'ge ihr, befehlt, ich will gehorchen.
ERSTER FÖRSTER.
Wir sind des Königs treue Untertanen,
Des Königs Eduard.
KÖNIG HEINRICH.
Ihr würdet's auch von Heinrich wieder sein,
Wenn er an König Eduards Stelle säße.
ERSTER FÖRSTER.
In Gottes und des Königs Namen mahnen
Wir Euch, zu den Beamten mitzugehn.
KÖNIG HEINRICH.
So führt mich denn in Gottes Namen hin:
Dem Namen eures Königs sei gehorcht.
Und was Gott will, mag euer König tun;
Und was er will, dem füg' ich mich in Demut.

Alle ab.

Zweite Szene

London. Ein Zimmer im Palast. König Eduard, Gloster, Clarence und Lady Grey treten auf.

KÖNIG EDUARD.
Bruder von Gloster, auf Sankt-Albans Feld
Fiel dieser Frauen Gatte, Sir John Grey,
Und seine Güter fielen an den Sieger.
Sie sucht nun an um Wiedereinsetzung,
Was wir ihr billig nicht verweigern können,
Weil in dem Streite für das Haus von York
Der würd'ge Mann sein Leben eingebüßt.
GLOSTER.
Eu'r Hoheit täte wohl, es zu gewähren;
Es wäre schimpflich, ihr es abzuschlagen.
KÖNIG EDUARD.
Das wär' es auch, doch schieb' ich es noch auf.
GLOSTER *beiseit zu Clarence.*
Ei, steht es so?
Die Dame, seh' ich, hat was zu gewähren,
Bevor der König ihr Gesuch gewährt.
CLARENCE *beiseit.*

Er kennt die Jagd: wie bleibt er bei der Fährte!
GLOSTER *beiseit.*
Still!
KÖNIG EDUARD.
Witwe! Wir wollen Eu'r Gesuch erwägen,
Und kommt ein andermal um den Bescheid.
LADY GREY.
Ich kann Verzug nicht dulden, gnäd'ger Fürst:
Belieb' Eu'r Hoheit, jetzt mich zu bescheiden,
Und was Euch nur gefällt, soll mir genügen.
GLOSTER *beiseit.*
So, Witwe? Dann verbürg' ich Euch die Güter,
Wenn das, was ihm gefällt, Euch Freude macht.
Gebt besser acht, sonst wird Euch eins versetzt.
CLARENCE *beiseit.*
Ich sorge nicht, wenn sie nicht etwa fällt.
GLOSTER *beiseit.*
Verhüt' es Gott! Er nähm' den Vorteil wahr.
KÖNIG EDUARD.
Wie viele Kinder hast du, Witwe? Sag mir.
CLARENCE *beiseit.*
Ich glaub', er denkt sie um ein Kind zu bitten.
GLOSTER *beiseit.*
Dann nennt mich Schelm; er gibt ihr lieber zwei.
LADY GREY.
Drei, mein sehr gnäd'ger Fürst.
GLOSTER *beiseit.*
Er schafft Euch vier, wenn Ihr ihm folgen wollt.
KÖNIG EDUARD.
Hart wär's, wenn sie des Vaters Land verlören.
LADY GREY.
Habt Mitleid, hoher Herr, gewährt es ihnen!
KÖNIG EDUARD.
Laßt uns, ihr Lords: ich will den Witz der Witwe prüfen.
GLOSTER.
Wir lassen euch, ihr bleibt euch überlassen,
Bis Jugend euch der Krücke überläßt.

Gloster und Clarence treten auf die andre Seite zurück.

KÖNIG EDUARD.
Sagt, liebt Ihr Eure Kinder, edle Frau?
LADY GREY.

Ja, so von Herzen, wie ich selbst mich liebe.
KÖNIG EDUARD.
Und wolltet Ihr nicht viel tun für ihr Wohl?
LADY GREY.
Ich wollte für ihr Wohl ein Übel dulden.
KÖNIG EDUARD.
Erwerbt Euch denn die Güter für ihr Wohl!
LADY GREY.
Deswegen kam ich zu Eu'r Majestät.
KÖNIG EDUARD.
Ich sag' Euch, wie sie zu erwerben sind.
LADY GREY.
Das wird mich Euer Hoheit Dienst verpflichten.
KÖNIG EDUARD.
Was tust du mir zum Dienst, wenn ich sie gebe?
LADY GREY.
Was Ihr befehlt, das bei mir steht zu tun.
KÖNIG EDUARD.
Ihr werdet Euch an meinem Antrag stoßen.
LADY GREY.
Nein, gnäd'ger Herr, ich müßte denn nicht können.
KÖNIG EDUARD.
Du kannst das aber, was ich bitten will.
LADY GREY.
So will ich tun, was Eure Hoheit fodert.
GLOSTER *beiseit.*
Er drängt sie scharf; viel Regen höhlt den Marmor.
CLARENCE *beiseit.*
So rot wie Feu'r! Da muß ihr Wachs wohl schmelzen.
LADY GREY.
Was stockt mein Fürst? Soll ich den Dienst nicht wissen?
KÖNIG EDUARD.
Ein leichter Dienst: nur einen König lieben.
LADY GREY.
Das kann ich leicht als Untertanin tun.
KÖNIG EDUARD.
Dann geb' ich gleich dir deines Gatten Güter.
LADY GREY.
Und ich empfehle mich mit tausend Dank.
GLOSTER *beiseit.*
's ist richtig; sie besiegelt's mit dem Knicks.
KÖNIG EDUARD.

Verziehe noch: der Liebe Früchte mein' ich.
LADY GREY.
Der Liebe Früchte mein' ich, bester Fürst.
KÖNIG EDUARD.
Ja, doch ich fürcht', in einem andern Sinn.
Um welche Liebe, glaubst du, werb' ich so?
LADY GREY.
Lieb' in den Tod, Dank und Gebet für Euch;
Wie Tugend Liebe bittet und gewährt.
KÖNIG EDUARD.
Nein, solche Liebe mein' ich nicht, mein' Treu'.
LADY GREY.
Nun wohl, dann meint Ihr nicht so, wie ich dachte.
KÖNIG EDUARD.
Nun aber merkt Ihr meinen Sinn zum Teil.
LADY GREY.
Mein Sinn gibt nimmer zu, was, wie ich merke,
Eu'r Hoheit denket, denk' ich anders recht.
KÖNIG EDUARD.
Bei dir zu liegen denk' ich, grad' heraus.
LADY GREY.
Und grad' heraus, ich läg' im Kerker lieber.
KÖNIG EDUARD.
Nun, so bekommst du nicht des Mannes Güter.
LADY GREY.
So sei die Ehrbarkeit mein Leibgedinge;
Um *den* Verlust will ich sie nicht erkaufen.
KÖNIG EDUARD.
Du tust damit den Kindern sehr zu nah.
LADY GREY.
Eu'r Hoheit tut hiemit es mir und ihnen.
Doch diese muntre Neigung, hoher Herr,
Stimmt nicht zu meinem Ernst bei dem Gesuch.
Entlaßt mit Ja mich gütigst oder Nein.
KÖNIG EDUARD.
Ja, wenn du ja auf meinen Wunsch willst sagen;
Nein, wenn du nein auf mein Begehren sagst.
LADY GREY.
Dann nein, mein Fürst, und mein Gesuch ist aus.
GLOSTER *beiseit*.
Die Witwe mag ihn nicht, sie runzelt ihre Stirn.
CLARENCE *beiseit*.

Kein Mensch in Christenlanden wirbt wohl plumper.
KÖNIG EDUARD.
Nach ihren Blicken ist sie voller Sittsamkeit,
Ihr Witz nach ihren Worten unvergleichlich;
All ihre Gaben fodern Herrscherrang,
So oder so ist sie für einen König:
Sie wird mein Liebchen oder mein Gemahl. –
Setz', König Eduard nähm' dich zum Gemahl?
LADY GREY.
Das läßt sich besser sagen, Herr, als tun:
Ich Untertanin tauge wohl zum Scherz,
Doch taug' ich längst nicht, Herrscherin zu sein.
KÖNIG EDUARD.
Bei meinem Thron schwör' ich dir, holde Witwe,
Ich sage nur, was meine Seele wünscht:
Das ist, dich als Geliebte zu besitzen.
LADY GREY.
Und das ist mehr, als ich will zugestehn.
Ich weiß, ich bin zu niedrig, Eu'r Gemahl,
Und doch zu gut, Eu'r Kebsweib nur zu sein.
KÖNIG EDUARD.
Stecht Silben nicht: ich meinte als Gemahl.
LADY GREY.
Wenn meine Söhne nun Euch Vater nennen,
Das wird Eu'r Hoheit kränken.
KÖNIG EDUARD.
Nein, nicht mehr,
Als wenn dich meine Töchter Mutter nennen.
Du bist 'ne Witwe und hast mehre Kinder;
Ich, bei der Mutter Gottes! der ich noch
Ein Junggeselle bin, hab' ihrer auch:
Wie schön, der Vater vieler Kinder sein!
Erwidre nichts, du wirst nun mein Gemahl.
GLOSTER *beiseit.*
Der Geistliche hat seine Beicht' vollbracht.
CLARENCE *beiseit.*
Zum Beicht'ger hat ihn Leibliches gemacht.
KÖNIG EDUARD.
Euch wundert's, Brüder, was wir zwei geflüstert?
GLOSTER.
Der Witwe steht's nicht an, sie sieht verdüstert.
KÖNIG EDUARD.

Ihr fändet's fremd, wenn ich zur Frau sie wählte?
CLARENCE.
Für wen, mein Fürst?
KÖNIG EDUARD.
Ei, Clarence, für mich selbst.
GLOSTER.
Das wär' zum Wundern auf zehn Tage mind'stens.
CLARENCE.
Das ist ein Tag mehr, als ein Wunder währt.
GLOSTER.
So endlos würde dieses Wundern sein.
KÖNIG EDUARD.
Gut, Brüder, spaßt nur fort: ich kann euch sagen,
Gewährt ist das Gesuch ihr um die Güter.

Ein Edelmann tritt auf.

EDELMANN.
Mein Fürst, Eu'r Gegner Heinrich ward ergriffen;
Gefangen bringt man ihn vor Euer Schloß.
KÖNIG EDUARD.
So sorgt, daß man ihn schaffe nach dem Turm; –
Und sehn wir, Brüder, den, der ihn ergriff,
Ihn über die Verhaftung zu befragen.
Ihr, Witwe, geht mit uns. – Lords, haltet sie in Ehren!

König Eduard, Lady Grey, Clarence und der Edelmann ab.

GLOSTER.
Ja, Eduard hält die Weiber wohl in Ehren.
Wär' er doch aufgezehrt, Mark, Bein und alles,
Damit kein blüh'nder Sproß aus seinen Lenden
Die Hoffnung kreuze meiner goldnen Zeit!
Doch zwischen meiner Seele Wunsch und mir, –
Ist erst des üpp'gen Eduards Recht begraben, –
Steht Clarence, Heinrich und sein Sohn, Prinz Eduard,
Samt ihrer Leiber ungehofften Erben,
Um einzutreten, eh' ich Platz gewinne:
Ein schlimmer Vorbedacht für meinen Zweck!
So träum' ich also nur von Oberherrschaft,
Wie wer auf einem Vorgebirge steht
Und späht ein fernes, gern erreichtes Ufer
Und wünscht, sein Fuß käm' seinem Auge gleich;
Er schilt die See, die ihn von dorten trennt,

Ausschöpfen will er sie, den Weg zu bahnen:
So wünsch' ich auch die Krone, so weit ab,
Und schelte so, was mich von ihr entfernt,
Und sag', ich will die Hindernisse tilgen,
Mir selber schmeichelnd mit Unmöglichkeiten.
Mein Auge blickt, mein Herz wähnt allzukühn,
Kann Hand und Kraft nicht ihnen gleich es tun.
Gut! Setzt, es gibt kein Königreich für Richard:
Was kann die Welt für Freude sonst verleihn?
Ich such' in einer Schönen Schoß den Himmel,
Mit munterm Anputz schmück' ich meinen Leib,
Bezaubre holde Frau'n mit Wort und Blick.
O kläglicher Gedank', und minder glaublich,
Als tausend goldne Kronen zu erlangen!
Schwor Liebe mich doch ab im Mutterschoß,
Und, daß ihr sanft Gesetz für mich nicht gölte,
Bestach sie die gebrechliche Natur
Mit irgendeiner Gabe, meinen Arm
Wie einen dürren Strauch mir zu verschrumpfen,
Dem Rücken einen neid'schen Berg zu türmen,
Wo Häßlichkeit, den Körper höhnend, sitzt,
Die Beine von ungleichem Maß zu formen,
An jedem Teil mich ungestalt zu schaffen
Gleich wie ein Chaos oder Bärenjunges,
Das, ungeleckt, der Mutter Spur nicht trägt.
Und bin ich also wohl ein Mann zum Lieben?
O schnöder Wahn, nur den Gedanken hegen!
Weil denn die Erde keine Lust mir beut
Als herrschen, meistern, andre unterjochen,
Die besser von Gestalt sind wie ich selbst,
So sei's mein Himmel, von der Krone träumen
Und diese Welt für Hölle nur zu achten,
Bis auf dem mißgeschaffnen Rumpf mein Kopf
Umzirkelt ist mit einer reichen Krone.
Doch weiß ich nicht, wie ich die Kron' erlange,
Denn manches Leben trennt mich von der Heimat;
Und ich, wie ein im dorn'gen Wald Verirrter,
Die Dornen reißend und davon gerissen,
Der einen Weg sucht und vom Wege schweift
Und weiß nicht, wie zur freien Luft zu kommen,
Allein verzweifelt ringt, hindurchzudringen, –
So martr' ich mich, die Krone zu erhaschen,

Und will von dieser Marter mich befrein,
Wo nicht, den Weg mit blut'ger Axt mir haun.
Kann ich doch lächeln, und im Lächeln morden,
Und rufen: schön! zu dem, was tief mich kränkt,
Die Wangen netzen mit erzwungnen Tränen
Und mein Gesicht zu jedem Anlaß passen.
Ich will mehr Schiffer als die Nix' ersäufen,
Mehr Gaffer töten als der Basilisk;
Ich will den Redner gut wie Nestor spielen,
Verschmitzter täuschen, als Ulyß gekonnt,
Und, Sinon gleich, ein zweites Troja nehmen;
Ich leihe Farben dem Chamäleon,
Verwandle mehr als Proteus mich und nehme,
Den mörd'rischen Machiavell in Lehr'.
Und kann ich das, und keine Kron' erschwingen?
Ha! Noch so weit, will ich herab sie zwingen.

Ab.

Dritte Szene

Frankreich. Ein Zimmer im Palast. Pauken und Trompeten. König Ludwig und Bona treten auf mit Gefolge. Der König setzt sich auf den Thron. Hierauf Königin Margareta, Prinz Eduard und der Graf von Oxford.

KÖNIG LUDWIG *aufstehend.*
Setzt, schöne Königin von England, Euch
Hier, würd'ge Margareta, zu uns her:
Es ziemt nicht Eurem Range noch Geburt,
Daß Ihr so steht, indessen Ludwig sitzt.
MARGARETA.
Nein, großer König Frankreichs! Margareta
Muß nun ihr Segel streichen und für jetzt,
Wo Könige gebieten, dienen lernen.
Ich war vom großen Albion Königin,
Gesteh' ich, in vergangnen goldnen Tagen.
Doch Mißgeschick trat meine Rechte nieder
Und streckte schimpflich auf den Boden mich,
Wo ich mich gleich muß setzen meinem Glück
Und meinem niedern Sitze mich bequemen.
KÖNIG LUDWIG.
Wie, so verzweifelt, schöne Königin?
MARGARETA.

Um das, was mir die Augen füllt mit Tränen,
Die Zunge hemmt, das Herz in Gram ertränkt.
KÖNIG LUDWIG.
Was es auch sei, sei du dir immer gleich
Und setz' dich neben uns; beug' nicht den Nacken

setzt sie neben sich

Dem Joch des Glücks, dein unverzagter Mut
Muß über jeden Unfall triumphieren.
Sei offen, Königin, und sag dein Leid:
Wenn Frankreich helfen kann, so soll's geschehn.
MARGARETA.
Dein gnädig Wort hebt den gesunknen Geist
Und läßt den stummen Gram zur Sprache kommen.
Zu wissen sei daher dem edlen Ludwig,
Daß Heinrich, meines Herzens ein'ger Herr,
Aus einem König ein Verbannter ward
Und muß als Flüchtling jetzt in Schottland leben,
Indes der stolze Eduard, Herzog York,
Sich angemaßt des Titels und des Throns
Von Englands echtgesalbtem, wahrem König.
Dies ist's, warum ich arme Margareta,
Mit meinem Sohn, Prinz Eduard, Heinrichs Erben,
Dich um gerechten Beistand flehend komme.
Wenn du uns fehlst, ist unsre Hoffnung hin.
Schottland hat Willen, doch nicht Macht zu helfen;
Mißleitet ist so unser Volk wie Pairs,
Der Schatz genommen, auf der Flucht das Heer,
Und wie du siehst, wir selbst in Ängsten schwer.
KÖNIG LUDWIG.
Berühmte Fürstin, sänft'ge mit Geduld
Den Sturm, indes wir sinnen ihn zu dämpfen.
MARGARETA.
Je mehr wir zögern, wird der Feind verstärkt.
KÖNIG LUDWIG.
Je mehr ich zögre, leist' ich Beistand dir.
MARGARETA.
Ach, Ungeduld begleitet wahre Leiden,
Und seht, da kommt der Stifter meiner Leiden.

Warwick tritt auf mit Gefolge.

KÖNIG LUDWIG.
Wer ist's, der kühn in unsre Nähe tritt?
MARGARETA.
Der Graf von Warwick, Eduards größter Freund.
KÖNIG LUDWIG.
Willkommen, tapfrer Warwick! Sag, was führt dich her?

Er steigt vom Thron. Margareta steht auf.

MARGARETA.
Ja, nun beginnt ein zweiter Sturm zu toben,
Denn dieser ist's, der Wind und Flut bewegt.
WARWICK.
Der würd'ge Eduard, König Albions,
Mein Herr und Fürst und dein geschworner Freund,
Hat mich gesandt aus ungeschminkter Liebe,
Erst, deine fürstliche Person zu grüßen,
Dann, einen Bund der Freundschaft zu begehren,
Und endlich, diese Freundschaft zu befest'gen
Durch ein Vermählungsband, wenn du geruhst,
Die tugendsame Schwester, Fräulein Bona,
Zur Eh' dem König Englands zu gewähren.
MARGARETA.
Wenn das geschieht, ist Heinrichs Hoffnung hin.
WARWICK *zur Bona.*
Und, gnäd'ges Fräulein, von des Königs wegen
Bin ich befehligt, mit Vergünstigung
In aller Demut Eure Hand zu küssen
Und meines Fürsten Herz zu offenbaren,
Wo jüngst der Ruf, ins wache Ohr ihm dringend,
Aufstellte deiner Schönheit Bild und Tugend.
MARGARETA.
Vernehmt mich, König Ludwig, Fräulein Bona,
Eh' ihr zur Antwort schreitet. Warwicks Bitte
Kommt nicht von Eduards wohlgemeinter Liebe,
Sie kommt vom Truge her, aus Not erzeugt.
Kann ein Tyrann zu Hause sicher herrschen,
Wenn er nicht auswärts mächtig sich verbündet?
Er sei Tyrann, beweist genugsam dies,
Daß Heinrich ja noch lebt; und wär' er tot,
Hier steht Prinz Eduard, König Heinrichs Sohn.
Drum, Ludwig, sieh, daß dieses Heiratsbündnis
Dich nicht in Schaden bring' und in Gefahr!

Denn, wenn der Usurpator auch ein Weilchen
Das Szepter führt, der Himmel ist gerecht,
Und von der Zeit wird Unrecht unterdrückt.
WARWICK.
Schmähsücht'ge Margareta!
PRINZ.
Warum nicht Königin?
WARWICK.
Dein Vater Heinrich war ein Usurpator,
Du bist nicht Prinz, wie sie nicht Königin.
OXFORD.
Den großen Gaunt vernichtet Warwick denn,
Der Spaniens größten Teil bezwungen hat;
Und nach Johann von Gaunt, Heinrich *den* Vierten,
An dessen Weisheit Weise sich gespiegelt;
Und nach dem weisen Herrn, Heinrich den Fünften,
Des Heldenkraft ganz Frankreich hat erobert:
Von dieser Reih' stammt unser Heinrich ab.
WARWICK.
Oxford, wie kommt's bei dieser glatten Rede,
Daß Ihr nicht sagtet, wie der sechste Heinrich
All das verloren, was der fünfte schaffte?
Mich dünkt, das müßten diese Pairs belächeln.
Doch ferner zählt Ihr einen Stammbaum auf
Von zweiundsechzig Jahren: eine dürft'ge Zeit
Für die Verjährung eines Königreichs.
OXFORD.
So, Warwick, sprichst du wider deinen Fürsten,
Dem du gehorcht hast sechsunddreißig Jahr,
Und kein Erröten zeiht dich des Verrats?
WARWICK.
Kann Oxford, der von je das Recht geschirmt,
Mit einem Stammbaum Falschheit nun bemänteln?
Pfui, laß von Heinrich und nenn' Eduard König!
OXFORD.
Ihn König nennen, dessen harter Spruch
Den ältern Bruder mir, Lord Aubrey Vere,
Zum Tod geführt? Ja mehr noch, meinen Vater,
Recht in dem Abfall seiner mürben Jahre,
Als an des Todes Tor Natur ihn brachte?
Nein, Warwick, nein! Solang' mein Arm sich hält,
Hält er das Haus von Lancaster empor.

WARWICK.
Und ich das Haus von York.
KÖNIG LUDWIG.
Geruhet, Königin, Prinz Eduard, Oxford,
Auf unsre Bitte doch beiseit zu treten,
Weil ich mit Warwick ferner mich bespreche.
MARGARETA.
Daß Warwicks Worte nur ihn nicht bezaubern!

Sie tritt mit dem Prinzen und Oxford zurück.

KÖNIG LUDWIG.
Nun, Warwick, sag mir, recht auf dein Gewissen,
Ob Eduard euer wahrer König ist?
Denn ungern möcht' ich mich mit dem verknüpfen,
Der nicht gemäß dem Rechte wär' erwählt.
WARWICK.
Darauf verpfänd' ich Ehr' und Glauben dir.
KÖNIG LUDWIG.
Dann ferner, alle Falschheit abgetan,
Sag mir in Wahrheit seiner Liebe Maß
Zu unsrer Schwester Bona.
WARWICK.
Sie erscheint
Ganz würdig eines Fürsten, so wie er.
Oft hört' ich selbst ihn sagen und beschwören:
Ein ew'ger Baum sei diese seine Liebe,
Der in der Tugend Boden fest gewurzelt,
Dem Laub und Frucht der Schönheit Sonne treibt;
Von Tücke frei, nicht von verschmähter Wahl,
Bis Fräulein Bona löset seine Qual.
KÖNIG LUDWIG.
Nun, Schwester, sagt uns Euren festen Schluß.
BONA.
Eu'r Jawort, Euer Weigern sei auch meins.

Zu Warwick.

Jedoch bekenn' ich, daß schon oft vor heute,
Wenn man von Eures Königs Wert berichtet,
Mein Ohr das Urteil zum Verlangen lockte.
KÖNIG LUDWIG.
So hör' denn, Warwick: meine Schwester wird
Gemahlin Eduards, und entwerfen soll

Man Punkte nun sogleich, das Leibgedinge
Betreffend, das Eu'r König machen muß,
Um ihren Brautschatz damit aufzuwägen.
Kommt, Königin Margareta, seid hier Zeugin,
Daß Bona sich verlobt mit Englands König.
PRINZ.
Mit Eduard, aber nicht mit Englands König.
MARGARETA.
Betrügerischer Warwick! Deine List
War's, mein Gesuch durch diesen Bund zu hindern.
Bevor du kamst, war Ludwig Heinrichs Freund.
KÖNIG LUDWIG.
Und ist noch sein und Margaretens Freund.
Doch ist Eu'r Anspruch an die Krone schwach,
Wie es nach Eduards gutem Fortgang scheint,
Dann ist's nur billig, daß ich freigesprochen
Vom Beistand werde, den ich jüngst verhieß.
Ihr sollt von mir noch alle Güt' erfahren,
Die Euer Los verlangt und meins gewährt.
WARWICK.
Heinrich lebt jetzt in Schottland, ganz nach Wunsch,
Und da er nichts hat, kann er nichts verlieren.
Ihr selber, unsre weiland Königin,
Habt einen Vater, Euch zu unterhalten,
Und solltet dem, statt Frankreich, lästig fallen.
MARGARETA.
Still, frecher, unverschämter Warwick! Still!
Der Kön'ge stolzer Schöpfer und Vernichter!
Ich will nicht fort, bis meine Wort' und Tränen
Voll Wahrheit König Ludwig deine Tücke
Und deines Herren falsche Lieb' entdeckt:
Denn ihr seid Wesen von demselben Schlag.

Man hört draußen ein Posthorn.

KÖNIG LUDWIG.
Warwick, an dich kommt Botschaft, oder uns.

Ein Bote tritt auf.

BOTE.
Mein Herr Gesandter, dieser Brief hier ist an Euch,
Von Eurem Bruder, Markgraf Montague;
Vom König dieser an Eu'r Majestät;

zu Margareten
Der, gnäd'ge Frau, an Euch: von wem, das weiß ich nicht.
Alle lesen ihre Briefe.
OXFORD.
Mir steht es an, daß unsre holde Herrin
Mit Lächeln liest, da Warwick finster sieht.
PRINZ.
Seht nur, wie Ludwig stampft vor Ungeduld:
Ich hoff', es geht noch gut.
KÖNIG LUDWIG.
Nun, Warwick, wie ist deine Neuigkeit?
Und wie die Eure, schöne Königin?
MARGARETA.
Die mein' erfüllt mich unverhofft mit Freude.
WARWICK.
Die meine bringt mir Leid und Mißvergnügen.
KÖNIG LUDWIG.
Was? Nahm Eu'r König Lady Grey zur Eh',
Und, Eu'r und seine Falschheit zu beschönen,
Rät er Geduld mir an durch diesen Zettel?
Ist das der Bund, den er mit Frankreich sucht?
Darf er es wagen, so uns zu verhöhnen?
MARGARETA.
Ich sagt' es Euer Majestät voraus,
Dies zeugt von Eduards Lieb' und Warwicks Redlichkeit.
WARWICK.
Hier, König Ludwig, vor des Himmels Antlitz
Und bei der Hoffnung auf mein himmlisch Heil,
Schwör' ich mich rein an diesem Frevel Eduards;
Nicht meines Königs mehr, denn er entehrt mich,
Sich selbst am meisten, säh' er seine Schande.
Vergaß ich, daß mein Vater seinen Tod
Unzeitig durch das Haus von York gefunden?
Ließ hingehn meiner Nichte Mißhandlung?
Umgab ihn mit der königlichen Krone?
Stieß Heinrich aus dem angestammten Recht?
Und wird zuletzt mir so gelohnt mit Schande?
Schand' über ihn! Denn ich bin Ehre wert:
Und die für ihn verlorne herzustellen,
Sag' ich ihm ab und wende mich zu Heinrich.
Laß, edle Königin, den alten Groll:

Ich will hinfort dein treuer Diener sein,
Sein Unrecht an der Fräulein Bona rächen
Und Heinrich wieder setzen auf den Thron.
MARGARETA.
Warwick, dein Wort hat meinen Haß in Liebe
Verkehrt, und ich vergebe und vergesse
Die alten Fehler ganz und bin erfreut,
Daß du der Freund von König Heinrich wirst.
WARWICK.
So sehr sein Freund, ja sein wahrhafter Freund,
Daß, wenn der König Ludwig wenig Scharen
Erlesnen Volks uns zu verleihn geruht,
So unternehm' ich, sie bei uns zu landen
Und den Tyrann mit Krieg vom Thron zu stoßen.
Nicht seine neue Braut beschirmt ihn wohl,
Und Clarence, wie mir meine Briefe melden,
Steht auf dem Punkte, von ihm abzufallen,
Weil er gefreit nach üpp'ger Lust, statt Ehre
Und unsers Landes Stärk' und Sicherheit.
BONA.
Wie findet Bona Rache, teurer Bruder,
Hilfst du nicht der bedrängten Königin?
MARGARETA.
Berühmter Fürst, wie soll mein Heinrich leben,
Errettest du ihn von Verzweiflung nicht?
BONA.
Mein Streit und dieser Königin sind eins.
WARWICK.
Und meiner tritt, Prinzessin, eurem bei.
KÖNIG LUDWIG.
Und meiner eurem, deinem und Margretens.
Deswegen bin ich endlich fest entschlossen,
Euch beizustehn.
MARGARETA.
Laßt untertänig mich für alle danken.
KÖNIG LUDWIG.
Dann, Englands Bote, kehre schleunig heim
Und sage deinem eingebild'ten König,
Dem falschen Eduard, daß ihm Ludewig
Von Frankreich Masken will hinübersenden
Zum Tanz mit ihm und seiner neuen Braut.
Du siehst, was vorgeht: geh, damit ihn schrecken.

BONA.
Sag ihm, in Hoffnung seiner bald'gen Witwerschaft
Trag' ich den Weidenkranz um seinetwillen.
MARGARETA.
Sag ihm, die Trauer sei beiseit' geschafft,
Und kriegerische Rüstung leg' ich an.
WARWICK.
Sag ihm von mir, er habe mich gekränkt,
Drum woll' ich ihn entkrönen, eh' er's denkt.
Hier ist dein Lohn, und geh!

Der Bote ab.

KÖNIG LUDWIG.
Nun, Warwick,
Du und Oxford, mit fünftausend Mann,
Sollt übers Meer und Krieg dem Falschen bieten,
Und diese edle Fürstin und ihr Prinz
Soll, wie's die Zeit gibt, mit Verstärkung folgen.
Doch, eh' du gehst, lös' *einen* Zweifel mir:
Was dient zum Pfand für deine feste Treu'?
WARWICK.
Dies soll Euch sichern meine stete Treu':
Wenn unsre Königin genehm es hält
Und dieser junge Prinz, will ich alsbald
Ihm meine ält'ste Tochter, meine Lust,
Verknüpfen durch der Trauung heil'ges Band.
MARGARETA.
Ich halt's genehm und dank' Euch für den Antrag. –
Sohn Eduard, sie ist weis' und tugendsam,
Drum zögre nicht, gib deine Hand an Warwick
Und mit ihr dein unwiderruflich Wort,
Daß Warwicks Tochter einzig dein soll sein.
PRINZ.
Ich nehme gern sie an, denn sie verdient es;
Und hier zum Pfande biet' ich meine Hand.

Er gibt Warwick die Hand.

KÖNIG LUDWIG.
Was zögern wir? Man soll die Mannschaft werben,
Und, Bourbon, du, Großadmiral des Reichs,
Sollst sie mit unsrer Flotte übersetzen;

Denn mich verlangt, daß er sei ausgerottet,
Weil ein französisch Fräulein er verspottet.

Alle ab außer Warwick.

WARWICK.
Ich kam von Eduard als Gesandter her,
Doch kehr' ich heim als sein geschworner Feind;
Zur Heiratsstiftung gab er Auftrag mir,
Doch droh'nder Krieg erfolgt auf sein Begehren.
Hatt' er zum Spielzeug niemand sonst als mich?
So will nur ich den Spaß in Leid verkehren:
Ich war voraus, zur Kron' ihn zu erheben,
Und will voraus sein, wieder ihn zu stürzen:
Nicht, daß mir Heinrichs Elend kläglich sei,
Doch rächen will ich Eduards Neckerei.

Ab.

Vierter Aufzug

Erste Szene

London. Ein Zimmer im Palast. Gloster, Clarence, Somerset,
Montague und andre treten auf.

GLOSTER.
Nun sagt mir, Bruder Clarence, was denkt Ihr
Von dieser neuen Eh' mit Lady Grey?
Traf unser Bruder keine würd'ge Wahl?
CLARENCE.
Ach, wie Ihr wißt, 's ist weit nach Frankreich hin;
Wie konnt' er Warwicks Wiederkunft erwarten?
SOMERSET.
Mylords, laßt dies Gespräch: da kommt der König.

Trompeten und Pauken.

König Eduard mit Gefolge, Lady Grey als Königin, Pembroke,
Stafford, Hastings und andre treten auf.

GLOSTER.
Und seine wohlgewählte Braut.
CLARENCE.
Ich sag' ihm, was ich denke, grad' heraus.
KÖNIG EDUARD.
Nun, Bruder Clarence, wie dünkt Euch die Wahl,
Daß Ihr nachdenklich steht, halb mißvergnügt?
CLARENCE.
So gut wie Ludwig und dem Grafen Warwick,
Die von so schwachem Mut und Urteil sind,
Daß unsre Mißhandlung sie nicht beleidigt.
KÖNIG EDUARD.
Setzt, daß sie ohne Grund beleidigt wären,
Sie sind nur Ludwig, Warwick; ich bin Eduard,
Eu'r Herr und Warwicks, und muß schalten können.
GLOSTER.
Und sollt auch schalten, weil Ihr unser Herr;
Doch übereilte Eh' tut selten gut.
KÖNIG EDUARD.
Ei, Bruder Richard, seid Ihr auch beleidigt?
GLOSTER.
Ich nicht:

Verhüte Gott, daß ich geschieden wünschte,
Die Gott verbunden; ja und es wäre schade,
Ein Paar zu trennen, das so schön sich paßt.
KÖNIG EDUARD.
Vom Hohn und Widerwillen abgesehn,
Sagt mir, weswegen Lady Grey mein Weib
Und Englands Königin nicht werden sollte?
Ihr gleichfalls, Somerset und Montague,
Sprecht offen, was ihr denkt.
CLARENCE.
So ist dies meine Meinung: König Ludwig
Wird Euer Feind, weil Ihr ihn mit der Heirat
Der Fräulein Bona zum Gespött gemacht.
GLOSTER.
Und Warwick, der nach Eurem Auftrag tat,
Ist nun entehrt durch diese neue Heirat.
KÖNIG EDUARD.
Wie, wenn ich beide nun durch neue Mittel,
Die ich ersinnen kann, zufrieden stelle?
MONTAGUE.
Doch solchen Bund mit Frankreich einzugehn,
Hätt' unsern Staat geschirmt vor fremden Stürmen,
Mehr als es eine Landesheirat kann.
HASTINGS.
Weiß Montague denn nicht, daß England sicher
Für sich schon ist, bleibt es sich selbst nur treu?
MONTAGUE.
Ja, doch gedeckt von Frankreich, sichrer noch.
HASTINGS.
's ist besser, Frankreich nutzen als vertraun.
Laßt uns durch Gott gedeckt sein und das Meer,
Das Gott uns gab zu einem festen Walle,
Und wehren wir mit ihrer Hülf' uns bloß;
Sie und wir selbst sind unsre Sicherheit.
CLARENCE.
Für diese Rede schon verdient Lord Hastings
Zur Eh' die Erbin des Lord Hungerford.
KÖNIG EDUARD.
Nun gut, was soll's? Es war mein Will' und Wort,
Und diesmal gilt mein Wille für Gesetz.
GLOSTER.
Doch dünkt mich, Eure Hoheit tat nicht wohl,

Die Tochter und die Erbin des Lord Scales
Dem Bruder Eurer teuren Braut zu geben;
Mir oder Clarence käm' sie besser zu:
Doch Bruderlieb' ist in der Braut begraben.

CLARENCE.
Sonst hättet Ihr die Erbin des Lord Bonville
Nicht Eures neuen Weibes Sohn verliehn
Und Eure Brüder sonst wo freien lassen.

KÖNIG EDUARD.
Ach, armer Clarence! Bist du mißvergnügt
Nur um ein Weib? Ich will dich schon versorgen.

CLARENCE.
Die Wahl für Euch verriet schon Euer Urteil;
Und da es seicht ist, so erlaubt mir nur,
Den Unterhändler für mich selbst zu spielen,
Wozu ich nächstens denk' Euch zu verlassen.

KÖNIG EDUARD.
Geht oder bleibt, Eduard will König sein
Und nicht gebunden an der Brüder Willen.

LADY GREY.
Mylords, eh' Seine Majestät beliebte,
Mich zu erhöhn zum Rang der Königin,
Seid gegen mich so billig, zu bekennen,
Daß ich von Abkunft nicht unedel war
Und daß Gering're gleiches Glück gehabt.
Doch wie der Rang mich und die Meinen ehrt,
So wölket ihr, die ich gewinnen möchte,
Mir abhold, mit Gefahr und Leid die Freude.

KÖNIG EDUARD.
Mein Herz, laß ab, den Mürrischen zu schmeicheln.
Was für Gefahr und Leid kann dich betreffen,
Solang' nur Eduard dein beständ'ger Freund
Und ihr Monarch, dem sie gehorchen müssen?
Ja, und gehorchen werden und dich lieben,
Wenn sie nicht Haß von mir verdienen wollen.
Und tun sie das, dich stell' ich sicher doch,
Sie sollen meines Grimmes Rache fühlen.

GLOSTER *beiseit.*
Ich sage wenig, denke desto mehr.

Ein Bote tritt auf.

KÖNIG EDUARD.
   Nun, Bote, was für Brief' und Neuigkeiten
   Aus Frankreich?
BOTE.
   Mein König, keine Brief' und wenig Worte,
   Doch die ich ohn' Begnadigung von Euch
   Nicht melden darf.
KÖNIG EDUARD.
   Gut, wir begnad'gen dich; drum sage kürzlich,
   So gut du dich entsinnst, mir ihre Worte.
   Was gab der König unserm Brief zur Antwort?
BOTE.
   Dies waren seine Worte, da ich schied:
   »Geh, sage deinem eingebild'ten König,
   Dem falschen Eduard, daß ihm Ludewig
   Von Frankreich Masken will hinübersenden
   Zum Tanz mit ihm und seiner neuen Braut.«
KÖNIG EDUARD.
   Ist er so brav? Er hält mich wohl für Heinrich.
   Doch was sagt Fräulein Bona zu der Heirat?
BOTE.
   Dies waren ihre sanft unwill'gen Worte:
   »Sag ihm, in Hoffnung seiner bald'gen Witwerschaft
   Trag' ich den Weidenkranz um seinetwillen.«
KÖNIG EDUARD.
   Ich tadle drum sie nicht, sie konnte wohl
   Nicht wen'ger sagen: sie verlor dabei.
   Was aber sagte Heinrichs Eh'gemahl?
   Denn, wie ich hörte, war sie da zugegen.
BOTE.
   »Sag ihm«, sprach sie, »die Trau'r sei abgetan,
   Und kriegerische Rüstung leg' ich an.«
KÖNIG EDUARD.
   Es scheint, sie will die Amazone spielen.
   Was aber sagte Warwick zu dem Hohn?
BOTE.
   Er, wider Eure Majestät entrüstet,
   Mehr als sie all', entließ mich mit den Worten:
   »Sag ihm von mir, er habe mich gekränkt,
   Drum woll' ich ihn entkrönen, eh' er's denkt.«
KÖNIG EDUARD.
   Ha! Wagte der Verräter so zu freveln?

Nun wohl, ich will mich rüsten, so gewarnt:
Krieg soll'n sie haben und den Hochmut büßen.
Doch sag, ist Warwick Freund mit Margareten?
BOTE.
Ja, gnäd'ger Fürst; so innig ist die Freundschaft,
Daß sich ihr Prinz vermählt mit Warwicks Tochter.
CLARENCE.
Wohl mit der ältern, Clarence will die jüngste.
Lebt wohl nun, Bruder König! Sitzt nur fest,
Denn ich will fort zu Warwicks andrer Tochter,
Damit ich, fehlt mir schon ein Königreich,
In der Vermählung Euch nicht nachstehn möge. –
Wer mich und Warwick liebt, der folge mir.

Clarence ab, und Somerset folgt ihm nach.

GLOSTER *beiseit.*
Nicht ich, mein Sinn geht auf ein weitres Ziel:
Ich bleibe, Eduard nicht, der Krone nur zu lieb.
KÖNIG EDUARD.
Clarence und Somerset, zum Warwick beide!
Doch bin ich auf das Äußerste gewaffnet,
Und Eil' ist nötig bei der großen Not. –
Pembroke und Stafford, geht, bringt Mannschaft auf
Zu unserm Dienst, macht Zurüstung zum Krieg:
Sie sind gelandet oder werden's nächstens;
Ich selbst will schleunig in Person euch folgen.

Pembroke und Stafford ab.

Doch eh' ich geh', Hastings und Montague,
Löst meinen Zweifel. Ihr, vor allen andern,
Seid Warwick nah durch Blut und Freundschaftsbund:
Sagt, ob ihr Warwick lieber habt als mich?
Wenn dem so ist, so scheidet hin zu ihm,
Statt falscher Freunde wünsch' ich euch zu Feinden.
Doch wenn ihr denkt, mir treue Pflicht zu halten,
Verbürgt es mir mit freundlicher Verheißung,
Daß ich nie Argwohn hege wider euch.
MONTAGUE.
Gott helfe Montague nach seiner Treu'!
HASTINGS.
Und Hastings, wie er Eduards Sache führt!
KÖNIG EDUARD.

Nun, Bruder Richard, wollt Ihr bei uns stehn?
GLOSTER.
Ja, trotz jedwedem, der Euch widersteht.
KÖNIG EDUARD.
Nun wohl, so bin ich meines Siegs gewiß.
Drum laßt uns fort; und keine Müh' vergessen,
Bis wir mit Warwicks fremder Macht uns messen.

Alle ab.

Zweite Szene

Eine Ebne in Warwickshire. Warwick und Oxford treten auf,
mit französischen und andern Truppen.

WARWICK.
Glaubt mir, Mylord, bis jetzt geht alles gut;
Das geringe Volk strömt uns in Haufen zu.

Clarence und Somerset treten auf.

Doch seht, da kommen Somerset und Clarence. –
Sagt schleunig, Mylords: sind wir sämtlich Freunde?
CLARENCE.
Sorgt darum nicht, Mylord!
WARWICK.
Willkommen dann dem Warwick, lieber Clarence!
Willkommen, Somerset! Ich halt's für Feigheit,
Argwöhnisch bleiben, wo ein edles Herz
Die offne Hand als Liebespfand gereicht;
Sonst könnt' ich denken, Clarence, Eduards Bruder,
Sei ein verstellter Freund nur unsers Tuns:
Doch sei willkommen; ich geb' dir meine Tochter.
Was ist nun übrig, als im Schutz der Nacht,
Da sorgenlos dein Bruder sich gelagert,
Rings in den Städten seine Scharen liegen
Und eine bloße Wach' ihn nur umgibt,
Ihn überfallen und nach Wunsche fangen?
Die Späher fanden leicht dies Unternehmen,
Daß, wie Ulysses und Held Diomed
Zu Rhesus' Zelten schlau und mannhaft schlichen,
Und Thraziens verhängnisvolle Rosse
Von dannen führten: so auch wir, gedeckt
Vom Mantel schwarzer Nacht, ganz unversehens
Die Wachen Eduards mögen niederhaun

Und greifen ihn, – ich sage nicht, ihn töten,
Denn ihn zu überfallen denk' ich nur.
Ihr, die ihr zu dem Abenteu'r mir folgt,
Mit eurem Führer jubelt Heinrichs Namen.

Alle rufen: »Heinrich!«

Nun denn, laßt schweigend unsern Weg uns ziehn:
Gott und Sankt George für Warwick und die Seinen!

Alle ab.

Dritte Szene

*Eduards Lager in der Nähe von Warwick. Schildwachen vor
des Königs Zelt treten auf.*

ERSTE SCHILDWACHE.
Kommt, Leute, nehme jeder seinen Stand,
Der König hat sich schon zum Schlaf gesetzt.
ZWEITE SCHILDWACHE.
Was? Will er nicht zu Bett?
ERSTE SCHILDWACHE.
Nein, er hat einen hohen Schwur getan,
Niemals zu liegen noch der Ruh' zu pflegen,
Bis Warwick oder er ganz unterlegen.
ZWEITE SCHILDWACHE.
Vermutlich wird das morgen sein am Tag,
Wenn Warwick schon so nah ist, wie es heißt.
DRITTE SCHILDWACHE.
Doch bitte, sagt, wer ist der Edelmann,
Der bei dem König hier im Zelte ruht?
ERSTE SCHILDWACHE.
Lord Hastings ist's, des Königs größter Freund.
DRITTE SCHILDWACHE.
O wirklich? Doch warum befiehlt der König,
Daß all sein Anhang rings in Städten herbergt,
Indes er selbst im kalten Felde bleibt?
ZWEITE SCHILDWACHE.
Es ist mehr Ehre, weil's gefährlicher.
DRITTE SCHILDWACHE.
Ja, aber gebt mir Achtbarkeit und Ruh',
Das lieb' ich mehr als Ehre mit Gefahr.
Wenn Warwick wüßt', in welcher Lag' er ist.
's ist zu befürchten, daß er wohl ihn weckte.

ERSTE SCHILDWACHE.
Wenn's unsre Hellebarden nicht ihm wehren.
ZWEITE SCHILDWACHE.
Ja, wozu sonst bewachen wir sein Zelt,
Als ihn vor nächt'gem Anlauf zu beschützen?

Warwick, Clarence, Oxford und Somerset treten auf mit Truppen.

WARWICK.
Dies ist sein Zelt, seht seine Wachen stehn.
Auf, Leute! Mut! Nun oder nimmer Ehre!
Folgt mir, und Eduard soll unser sein.
ERSTE SCHILDWACHE.
Wer da?
ZWEITE SCHILDWACHE.
Steh, oder du bist des Todes.

Warwick und alle übrigen rufen: »Warwick! Warwick!« und greifen die Wachen an, welche fliehen und schrein: »Zu den Waffen! Zu den Waffen!« während ihnen Warwick und die andern nachsetzen.

Unter Trommeln und Trompeten kommen Warwick und die übrigen zurück und bringen den König im Schlafrock, in einem Lehnstuhl sitzend, heraus. Gloster und Hastings fliehn über die Bühne.

SOMERSET.
Wer sind sie, die da flohn?
WARWICK.
Richard und Hastings; laßt sie, hier ist der Herzog.
KÖNIG EDUARD.
Herzog! Wie, Warwick? Da wir schieden, nanntest
Du König mich.
WARWICK.
Ja, doch der Fall ist anders.
Als Ihr bei der Gesandtschaft mich beschimpft,
Da hab' ich Euch der Königswürd' entsetzt,
Und nun ernenn' ich Euch zum Herzog York.
Wie solltet Ihr ein Königreich regieren,
Der Ihr nicht wißt, Gesandte zu behandeln,
Nicht wißt, mit *einem* Weib Euch zu begnügen,
Nicht wißt, an Brüdern brüderlich zu handeln,
Nicht wißt, auf Eures Volkes Wohl zu sinnen,

Nicht wißt, vor Euren Feinden Euch zu bergen?
KÖNIG EDUARD.
Ei, Bruder Clarence, bist du auch dabei?
Dann seh' ich wohl, daß Eduard sinken muß. –
Ja, Warwick, allem Mißgeschick zum Trotz,
Dir selbst und allen Helfern deiner Tat,
Wird Eduard stets als König sich betragen:
Stürzt gleich des Glückes Bosheit meine Größe,
Mein Sinn geht über seines Rades Kreis.
WARWICK *nimmt ihm die Krone ab.*
Sei Eduard Englands König dann im Sinn,
Doch Heinrich soll nun Englands Krone tragen
Und wahrer König sein: du nur der Schatte. –
Mylord von Somerset, auf mein Begehren
Sorgt, daß man gleich den Herzog Eduard schaffe
Zu meinem Bruder, Erzbischof von York.
Wann ich gekämpft mit Pembroke und den Seinen,
So folg' ich Euch und melde, was für Antwort
Ihm Ludwig und das Fräulein Bona senden.
Leb wohl indessen, guter Herzog York!
KÖNIG EDUARD.
Was Schicksal auflegt, muß der Mensch ertragen,
Es hilft nicht, gegen Wind und Flut sich schlagen.

König Eduard wird abgeführt, Somerset begleitet ihn.

OXFORD.
Was bleibt für uns, Mylords, nun noch zu tun,
Als daß wir mit dem Heer nach London ziehn?
WARWICK.
Ja wohl, das müssen wir zuvörderst tun:
Um König Heinrich vom Verhaft zu lösen
Und auf den Königsthron ihn zu erhöhn.

Alle ab.

Vierte Szene

London. Ein Zimmer im Palast. Königin Elisabeth und Rivers treten auf.

RIVERS.
Was hat Euch, gnäd'ge Frau, so schnell verwandelt?
KÖNIGIN ELISABETH.
Wie, Bruder Rivers? Müßt Ihr's erst erfahren,

Welch Unglück König Eduard jüngst betroffen?
RIVERS.
Verlust von einem Treffen gegen Warwick?
KÖNIGIN ELISABETH.
Nein, seiner fürstlichen Person Verlust.
RIVERS.
So ward mein Fürst erschlagen?
KÖNIGIN ELISABETH.
Ja, fast erschlagen: denn er ward gefangen,
Sei's, daß der Wachen Falschheit ihn verriet,
Sei's, daß der Feind ihn jählings überfallen;
Und, wie man ferner meldet, ist er nun
Beim Erzbischof von York in Haft, dem Bruder
Des grimmen Warwick, folglich unserm Feind.
RIVERS.
Ich muß gestehn, die Zeitung ist betrübt.
Doch, gnäd'ge Fürstin, müßt Ihr nicht verzagen:
Vom Warwick kann der Sieg zu uns sich schlagen.
KÖNIGIN ELISABETH.
Bis dahin muß mein Leben Hoffnung tragen.
Und der Verzweiflung wehr' ich gern aus Liebe
Zu Eduards Sprößling unter meinem Herzen.
Das ist's, was Leidenschaft mich zügeln lehrt
Und milde tragen meines Unglücks Kreuz;
Ja, darum zieh' ich manche Träne ein
Und hemme Seufzer, die das Blut wegsaugen,
Damit sie nicht ertränken und verderben
Den Sprößling Eduards, Englands echten Erben.
RIVERS.
Doch, gnäd'ge Frau, wo kam denn Warwick hin?
KÖNIGIN ELISABETH.
Man meldet mir, daß er nach London zieht,
Nochmals die Kron' auf Heinrichs Haupt zu setzen.
Das Weitere magst du selber raten nun:
Die Freunde König Eduards müssen fallen.
Doch der Gewalt des Wütrichs vorzubeugen
(Denn dem trau' nie, der einmal Treue brach),
Will ich von hier sogleich zur Freistatt hin,
Von Eduards Recht den Erben mind'stens retten;
Da bleib' ich sicher vor Gewalt und Trug.
Komm also auf die Flucht, weil sie noch offen:

Von Warwicks Hand ist nur der Tod zu hoffen.
Beide ab.

Fünfte Szene

Ein Tiergarten in der Nähe der Burg Middleham in Yorkshire.
Gloster, Hastings, Sir William Stanley und andre treten auf.

GLOSTER.
Nun, Mylord Hastings und Sir William Stanley,
Erstaunt nicht mehr, warum ich euch hieher
In des Geheges tiefstes Dickicht zog.
So steht's: Ihr wißt, mein Bruder, unser König,
Ist als Gefangner bei dem Bischof hier,
Der gut ihn hält und ihm viel Freiheit läßt,
Und oft, von wenig Wache nur begleitet,
Kommt er hieher, sich jagend zu ergötzen.
Ich hab' ihm Nachricht insgeheim erteilt,
Daß, wenn er diesen Weg um diese Stunde
Mit der gewohnten Übung Vorwand nimmt,
Er hier die Freunde finden soll, mit Pferden
Und Mannschaft, vom Verhaft ihn zu befrein.

König Eduard und ein Jäger treten auf.

JÄGER.
Hieher, mein Fürst; hier liegt das Wild versteckt.
KÖNIG EDUARD.
Nein, hieher, Mann: sieh da die Jäger stehn. –
Nun, Bruder Gloster, Lord Hastings und ihr andern,
Steckt ihr so hier, des Bischofs Wild zu stehlen?
GLOSTER.
Bruder, die Zeit und Lage fodert Eil';
An des Geheges Ecke steht Eu'r Pferd.
KÖNIG EDUARD.
Doch wohin sollen wir?
HASTINGS.
Nach Lynn, Mylord, von da nach Flandern schiffen.
GLOSTER.
Fürwahr, getroffen! Das war meine Meinung.
KÖNIG EDUARD.
Stanley, ich will den Eifer dir vergelten.
GLOSTER.
Was zögern wir? Zum Reden ist nicht Zeit.

KÖNIG EDUARD.
Was sagst du, Jäger? Willst du mit mir gehn?
JÄGER.
Besser als bleiben und mich hängen lassen.
GLOSTER.
So kommt denn, fort! und macht kein Wesen weiter.
KÖNIG EDUARD.
Leb wohl denn, Bischof! Warwicks Zorn entrinne,
Und bete, daß ich meinen Thron gewinne!

Alle ab.

Sechste Szene

*Ein Zimmer im Turm. König Heinrich, Clarence, Warwick,
Somerset, der junge Richmond, Oxford, Montague, der
Kommandant des Turmes und Gefolge.*

KÖNIG HEINRICH.
Herr Kommandant, da Gott und Freunde nun
Eduard vom königlichen Sitz gestoßen,
In Freiheit mein Gefängnis, meine Furcht
In Hoffnung und mein Leid in Lust verkehrt:
Was sind wir bei der Loslassung dir schuldig?
KOMMANDANT.
Der Untertan kann nichts vom Fürsten fodern;
Doch, wenn demüt'ge Bitten etwas gelten,
Wünsch' ich Verzeihung von Eu'r Majestät.
KÖNIG HEINRICH.
Wofür? Daß du mich gut behandelt hast?
Nein, sei gewiß, ich lohne deine Güte,
Die den Verhaft mir umschuf in Vergnügen,
Ja solch Vergnügen, wie im Käfig Vögel
Empfinden, wenn nach langem Trübsinn sie
Zuletzt bei häuslichen Gesanges Tönen
An den Verlust der Freiheit sich gewöhnen. –
Doch, Warwick, du nächst Gott hast mich befreit,
Drum bin ich dir nächst Gott zum Dank bereit:
Er war Urheber und das Werkzeug du.
Auf daß ich nun des Glückes Neid besiege,
Klein lebend, wo es mir nicht schaden kann,
Und daß mein widerwärt'ger Stern das Volk
In diesem Land des Segens nicht bestrafe,
Warwick, wiewohl ich noch die Krone trage,

So übergeb' ich dir mein Regiment:
Du bist beglückt in allem deinem Tun.
WARWICK.
Eu'r Hoheit war für Tugend stets berühmt
Und zeigt sich nun so weis' als tugendhaft,
Des Schicksals Tücke spähend und vermeidend;
Denn wen'ge richten sich nach ihrem Stern.
In *einem* nur muß ich Euch Unrecht geben,
Daß Ihr mich wählt, da Clarence steht daneben.
CLARENCE.
Nein, Warwick, du bist würdig der Gewalt,
Du, dem den Ölzweig und den Lorbeerkranz
Bei der Geburt der Himmel zugesprochen.
Du wirst im Krieg und Frieden Segen haben,
Drum geb' ich willig meine Stimme dir.
WARWICK.
Und ich erwähle Clarence zum Protektor.
KÖNIG HEINRICH.
Warwick und Clarence, gebt die Hand mir beide,
Fügt sie in eins nun, und zugleich die Herzen,
(Damit kein Zwiespalt die Verwaltung hemme:)
Ich mach' euch beide zu des Reichs Protektorn.
Ein stilles Leben führ' ich selbst indes,
Verbring' in Andacht meiner Laufbahn Ende,
Daß ich den Schöpfer preis' und Sünde wende.
WARWICK.
Was sagt auf seines Fürsten Willen Clarence?
CLARENCE.
Daß er drein willigt, wenn es Warwick tut:
Denn auf dein gutes Glück verlass' ich mich.
WARWICK.
So muß ich's, ungern zwar, zufrieden sein.
Wir woll'n uns wie ein Doppelschatten fügen
An Heinrichs Leib und seinen Platz vertreten;
Ich meine bei der Last des Regiments:
Er soll die Ehr' und seine Ruh' genießen.
Und, Clarence, nun ist's mehr als dringend, gleich
Für Hochverräter Eduard zu erklären
Und alle seine Güter einzuziehn.
CLARENCE.
Was sonst? Und dann das Erbrecht zu bestimmen.
WARWICK.

Ja, und dabei soll Clarence ja nicht fehlen.
KÖNIG HEINRICH.
Doch vor den dringendsten Geschäften, laßt
Euch bitten (ich befehle ja nicht mehr),
Daß nach Margreta, Eurer Königin,
Und meinem Eduard werde hingesandt,
Aus Frankreich schleunig sie zurückzurufen:
Denn bis ich hier sie seh', hält banger Zweifel
Die Lust an meiner Freiheit halb verfinstert.
CLARENCE.
Es soll, mein Fürst, in aller Eil' geschehn.
KÖNIG HEINRICH.
Mylord von Somerset, wer ist der Knabe,
Für den so zärtlich Ihr zu sorgen scheint?
SOMERSET.
Mein Fürst, der junge Heinrich, Graf von Richmond.
KÖNIG HEINRICH.
Komm, Englands Hoffnung! Wenn geheime Mächte

legt ihm die Hand auf das Haupt

In den prophet'schen Sinn mir Wahrheit flößen,
So wird dies feine Kind des Landes Segen.
Sein Blick ist voll von sanfter Majestät,
Sein Haupt geformt von der Natur zur Krone,
Die Hand zum Szepter, und er selbst in Zukunft
Zur Zierde eines königlichen Throns.
Ihn haltet hoch, Mylords: er ist geboren,
Euch mehr zu helfen, als durch mich verloren.

Ein Bote tritt auf.

WARWICK.
Was bringst du Neues, Freund?
BOTE.
Daß Eduard Eurem Bruder ist entwischt
Und nach Burgund geflohn, wie er vernommen.
WARWICK.
Mißfäll'ge Neuigkeit! Doch wie entkam er?
BOTE.
Er ward entführt durch Richard, Herzog Gloster,
Und den Lord Hastings, die im Hinterhalt
Auf ihn gewartet an des Waldes Ende
Und von des Bischofs Jägern ihn befreit,
Denn täglich war die Jagd sein Zeitvertreib.

WARWICK.
Mein Bruder war zu sorglos bei dem Auftrag.
Doch laßt uns fort, mein Fürst, nach Mitteln sehn
Für jeden Schaden, welcher mag geschehn.

König Heinrich, Warwick, Clarence, der Kommandant und Gefolge ab.

SOMERSET.
Mylord, ich mag nicht diese Flucht des Eduard;
Denn ohne Zweifel steht Burgund ihm bei,
Und dann gibt's neuen Krieg in kurzer Zeit.
Wie Heinrichs jüngst gesprochne Weissagung
Mit Hoffnung mir auf diesen jungen Richmond
Das Herz erquickt, so drückt es Ahnung nieder,
Was ihm zu seinem Schaden und zu unserm
In dem Zusammenstoß begegnen mag.
Drum wollen wir, dem Schlimmsten vorzubeugen,
Lord Oxford, schnell ihn nach Bretagne senden,
Bis sich der Bürgerfeindschaft Stürme enden.
OXFORD.
Ja, denn kommt Eduard wieder auf den Thron,
So teilte Richmond wohl der andern Lohn.
SOMERSET.
Gut, in Bretagne wohn' er dann geborgen.
Kommt also, laßt uns gleich das Wert besorgen!

Ab.

Siebente Szene

Vor York. König Eduard, Gloster und Hastings treten auf mit Truppen.

KÖNIG EDUARD.
Nun, Bruder Richard, Lord Hastings und ihr andern:
So weit macht doch das Glück es wieder gut,
Daß ich noch einmal den gesunknen Stand
Mit Heinrichs Herrscherkrone soll vertauschen.
Ich setzte zweimal glücklich übers Meer
Und brachte von Burgund erwünschte Hülfe.
Was ist nun übrig, da von Ravenspurg
Wir vor den Toren Yorks so angelangt,
Als einziehn, wie in unser Herzogtum?
GLOSTER.

Das Tor verschlossen? Das gefällt mir nicht;
Denn manchen, welcher an der Schwelle stolpert,
Verwarnt dies, drinnen laure die Gefahr.
KÖNIG EDUARD.
Pah, Freund! Jetzt dürfen Zeichen uns nicht schrecken:
Ich muß hinein im Guten oder Bösen,
Denn hier versammeln sich zu uns die Freunde.
HASTINGS.
Mein Fürst, noch einmal klopf' ich an und mahne.

Der Schultheiß von York und seine Räte erscheinen auf der Mauer.

SCHULTHEISS.
Mylords, wir wußten schon von eurer Ankunft,
Und uns zu sichern, schlossen wir das Tor;
Denn jetzo sind wir Heinrich Treue schuldig.
KÖNIG EDUARD.
Wenn Heinrich Euer König ist, Herr Schultheiß,
Ist Eduard mind'stens Herzog doch von York.
SCHULTHEISS.
Ja, bester Herr, dafür erkenn' ich Euch.
KÖNIG EDUARD.
Nun, und ich fodre bloß mein Herzogtum.
GLOSTER *beiseit.*
Doch hat der Fuchs die Nase erst hinein,
So weiß er bald den Leib auch nachzubringen.
HASTINGS.
Herr Schultheiß, nun? Was steht Ihr zweifelnd noch?
Das Tor auf! Wir sind König Heinrichs Freunde.
SCHULTHEISS.
Ah, so? Das Tor soll euch geöffnet werden.

Von oben ab.

GLOSTER.
Ein weiser, tücht'ger Hauptmann, und bald beredet!
HASTINGS.
Der gute Alte läßt gern alles gut sein,
Bleibt er nur aus dem Spiel; doch sind wir drinnen,
So zweifl' ich nicht, wir werden baldigst ihn
Samt seinen Räten zur Vernunft bereden.

Der Schultheiß kommt mit zwei Aldermännern aus der Stadt.

KÖNIG EDUARD.
Herr Schultheiß, dieses Tor ist nicht zu schließen
Als bei der Nacht und in der Zeit des Kriegs.
Freund, fürchte nichts und gib die Schlüssel ab:

Er nimmt die Schlüssel.

Denn Eduard will die Stadt und dich verfechten
Und alle die, so hold sind unsern Rechten.

Trommeln. Montgomery kommt mit Truppen auf dem Marsch begriffen.

GLOSTER.
Bruder, das ist Sir John Montgomery,
Wo ich nicht irre, unser biedrer Freund.
KÖNIG EDUARD.
Sir John, willkommen! Doch warum in Waffen?
MONTGOMERY.
In seiner stürm'schen Zeit dem König Eduard
Zu helfen, wie ein treuer Untertan.
KÖNIG EDUARD.
Dank, teuerster Montgomery! Aber nun
Vergessen wir den Anspruch an die Krone
Und fodern unser Herzogtum allein,
Bis Gott beliebt, das andre auch zu senden.
MONTGOMERY.
Gehabt Euch wohl denn! Ich will wieder fort:
Dem König, keinem Herzog wollt' ich dienen.
Trommeln gerührt! und laßt uns weiter ziehn.

Die Trommeln fangen einen Marsch an.

KÖNIG EDUARD.
Ein Weilchen haltet noch; laßt uns erwägen,
Wie man zur Krone sicher kommen möchte.
MONTGOMERY.
Was sprecht Ihr von Erwägen? Kurz und gut,
Erklärt Ihr Euch nicht hier für unsern König,
So überlass' ich Eurem Schicksal Euch
Und breche auf, um die zurückzuhalten,
Die Euch zu helfen kommen; denn warum,
Wenn Ihr kein Recht behauptet, föchten wir?
GLOSTER.
Wozu doch, Bruder, die Bedenklichkeiten?

KÖNIG EDUARD.
Wenn wir erst stärker sind, dann wollen wir
An unsre Fodrung denken; bis dahin
Ist's Weisheit, unsre Meinung zu verbergen.
HASTINGS.
Jetzt fort mit scheuem Witz! Das Schwert regiere!
GLOSTER.
Und kühner Mut erklimmt am ersten Thronen.
Bruder, wir rufen auf der Stell' Euch aus;
Der Ruf davon wird viele Freund' Euch schaffen.
KÖNIG EDUARD.
So sei es, wie ihr wollt: denn 's ist mein Recht,
Und Heinrich maßt das Diadem sich an.
MONTGOMERY.
Ja, jetzo spricht mein Fürst ganz wie er selbst,
Und jetzo will ich Eduards Kämpfer sein.
HASTINGS.
Trompeten, blast! Wir rufen Eduard aus.
Komm, Kamerad, verrichte du den Ausruf.

Gibt ihm einen Zettel. Trompetenstoß.

SOLDAT *liest.* »Eduard der Vierte, von Gottes Gnaden König von
England und Frankreich und Herr von Irland, u.s.w.«
MONTGOMERY.
Und wer da leugnet König Eduards Recht,
Den fodr' ich durch dies Zeichen zum Gefecht.

Wirft seinen Handschuh nieder.

ALLE.
Lang' lebe Eduard der Vierte!
KÖNIG EDUARD.
Dank, tapferer Montgomery! Dank euch allen!
Hilft mir das Glück, so lohn' ich eure Güte.
Jetzt, auf die Nacht, laßt hier in York uns rasten,
Und wenn die Morgensonne ihren Wagen
Am Rande dieses Horizonts erhebt,
Auf Warwick los und seine Mitgenossen,
Denn, wie bekannt, ist Heinrich kein Soldat.
Ach, störr'ger Clarence! Wie übel es dir steht,
Daß du vom Bruder läßt und Heinrich schmeichelst!
Doch dich und Warwick treff' ich, wie ich kann.

Auf, tapfre Scharen! Zweifelt nicht am Siege
Und nach dem Sieg am reichen Lohn der Kriege!

Alle ab.

Achte Szene

*London. Ein Zimmer im Palast. König Heinrich, Warwick,
Clarence, Montague, Exeter und Oxford treten auf.*

WARWICK.
Lords, was zu tun? Aus Belgien hat Eduard
Mit hast'gen Deutschen, plumpen Niederländern
In Sicherheit den schmalen Sund durchschifft
Und zieht mit Heeresmacht auf London zu,
Und viel betörtes Volk schart sich zu ihm.
OXFORD.
Man werbe Mannschaft, ihn zurückzuschlagen.
CLARENCE.
Leicht wird ein kleines Feuer ausgetreten,
Das, erst geduldet, Flüsse nicht mehr löschen.
WARWICK.
In Warwickshire hab' ich ergebne Freunde,
Im Frieden ruhig, aber kühn im Krieg,
Die ich versammeln will; und du, Sohn Clarence,
Bemühst dich in Suffolk, Norfolk und in Kent,
Die Edelleut' und Ritter aufzubieten;
Du, Bruder Montague, wirst Leute finden
In Buckingham, Northampton, Leicestershire,
Was du befiehlst, zu hören wohl geneigt;
Du, tapfrer Oxford, wunderbar beliebt,
Sollst deine Freund' in Oxfordshire versammeln.
Mein Fürst soll in der treuen Bürger Mitte,
Wie dieses Eiland, von der See umgürtet,
Wie in der Nymphen Kreis die keusche Göttin,
In London bleiben, bis wir zu ihm kommen.
Nehmt Abschied, Lords, erwidert weiter nicht. –
Lebt wohl, mein Fürst!
KÖNIG HEINRICH.
Leb wohl, mein Hektor! Meines Troja Hoffnung!
CLARENCE.
Zum Pfand der Treu' küss' ich Eu'r Hoheit Hand.
KÖNIG HEINRICH.
Mein wohlgesinnter Clarence, sei beglückt!

MONTAGUE.
Getrost, mein Fürst! Und somit nehm' ich Abschied.
OXFORD *indem er Heinrichs Hand küßt.*
Und so versiegl' ich meine Treu' und scheide.
KÖNIG HEINRICH.
Geliebter Oxford, bester Montague
Und all' ihr andern, nochmals lebet wohl!
WARWICK.
Auf, Lords! Wir treffen uns zu Coventry.

Warwick, Clarence, Oxford und Montague ab.

KÖNIG HEINRICH.
Hier im Palast will ich ein wenig ruhn.
Vetter von Exeter, was denket Ihr?
Mich dünkt, das Heer, das Eduard aufgebracht,
Muß meinem nicht die Spitze bieten können.
EXETER.
Ja, wenn er nur die andern nicht verführt.
KÖNIG HEINRICH.
Das fürcht' ich nicht, mir schaffte Ruhm mein Tun.
Ich stopfte ihren Bitten nicht mein Ohr,
Schob die Gesuche nicht bei Seit' mit Zögern;
Mein Mitleid war ein Balsam ihren Wunden,
Des vollen Jammers Lind'rung meine Milde,
Mit Gnade trocknet' ich die Tränenströme.
Ich habe ihren Reichtum nicht begehrt
Noch sie mit großen Steuern schwer geschatzt,
Nicht schnell zur Rache, wie sie auch geirrt.
Warum denn sollten sie mir Eduard vorziehn?
Nein, Exeter, Gunst heischet diese Gunst,
Und wenn dem Lamm der Löwe liebekost,
So hört das Lamm nie auf, ihm nachzugehn.

Draußen Geschrei: »Lancaster hoch!«

EXETER.
Hört, hört, mein Fürst! Welch ein Geschrei ist das?
König Eduard, Gloster und Soldaten treten auf.
KÖNIG EDUARD.
Ergreift den blöden Heinrich, führt ihn fort
Und ruft mich wieder aus zum König Englands! –
Ihr seid der Quell, der kleine Bäche nährt;
Ich hemm' ihn, meine See soll auf sie saugen

Und durch ihr Ebben um so höher schwellen. –
Fort mit ihm in den Turm, laßt ihn nicht reden!

Einige ab mit König Heinrich.

Und, Lords, wir wenden uns nach Coventry,
Wo der gebieterische Warwick steht.
Jetzt scheint die Sonne heiß: wenn wir vertagen,
Wird Frost uns die gehoffte Ernte nagen.
GLOSTER.
Bei Zeiten fort, eh' sich sein Heer vereint,
Fangt unversehns den großgewachsnen Frevler.
Auf, wackre Krieger! Frisch nach Coventry!

Alle ab.

Fünfter Aufzug

Erste Szene

Coventry. Auf der Mauer erscheinen Warwick, der Schultheiß von Coventry, zwei Boten und andre.

WARWICK.
Wo ist der Bote von dem tapfern Oxford?
Wie weit ist noch dein Herr, mein guter Freund?
ERSTER BOTE.
Bei Dunsmore eben, auf dem Marsch hieher.
WARWICK.
Wie weit ist unser Bruder Montague?
Wo ist der Bote, der von ihm uns kam?
ZWEITER BOTE.
Bei Daintry eben, mit gewalt'ger Schar.

Sir John Somerville tritt auf.

WARWICK.
Sag, Somerville, was sagt mein lieber Sohn?
Wie nah vermutest du den Clarence jetzt?
SOMERVILLE.
Zu Southam ließ ich ihn mit seinen Truppen,
Und hier erwart' ich in zwei Stunden ihn.

Man hört Trommeln.

WARWICK.
So ist er nah, ich höre seine Trommeln.
SOMERVILLE.
Nicht seine, gnäd'ger Herr; Southam liegt hier,
Von Warwick ziehn die Trommeln, die Ihr hört.
WARWICK.
Wer möcht' es sein? Wohl unverhoffte Freunde.
SOMERVILLE.
Sie sind ganz nah, Ihr werdet's bald erfahren.

Trommeln.

König Eduard und Gloster nebst Truppen auf dem Marsch.

KÖNIG EDUARD.
Trompeter, lade sie zur Unterhandlung!
GLOSTER.

Seht auf der Mau'r den finstern Warwick hausen!
WARWICK.
Verhaßter Streich! Der üpp'ge Eduard hier?
Wo schliefen unsre Späher, wer bestach sie,
Daß wir von seiner Ankunft nichts gehört?
KÖNIG EDUARD.
Nun, Warwick, tust du uns das Stadttor auf,
Gibst gute Worte, beugst dein Knie in Demut,
Nennst Eduard König, flehst um Gnad' ihn an,
So wird er diese Frevel dir verzeihn.
WARWICK.
Vielmehr, willst du hier wegziehn deine Scharen,
Bekennen, wer dich hob und niederstürzte,
Den Warwick Gönner nennen und bereun,
So sollst du ferner Herzog sein von York.
GLOSTER.
Ich glaubt', er würde mind'stens König sagen;
Wie, oder spaßt' er wider seinen Willen?
WARWICK.
Ist nicht ein Herzogtum ein schön Geschenk?
GLOSTER.
Ja wahrlich, wenn's ein armer Graf vergibt.
Ich will dir ein so gut Geschenk vergelten.
WARWICK.
Ich war's ja, der das Königreich ihm gab.
KÖNIG EDUARD.
Nun, so ist's mein, wenn auch durch Warwicks Gabe.
WARWICK.
Du bist kein Atlas für so große Last,
Dem Schwächling nimmt die Gabe Warwick wieder,
Und Heinrich ist mein Herr, Warwick sein Untertan.
KÖNIG EDUARD.
Doch Warwicks Herr ist Eduards Gefangner,
Und, tapfrer Warwick, sage mir nur dies:
Was ist der Körper, wenn das Haupt ihm fehlt?
GLOSTER.
Ach, daß doch Warwick nicht mehr Vorsicht hatte,
Daß, da er bloß die Zehne wollt' entwenden,
Der König schlau gefischt ward aus den Karten.
Ihr ließt den Armen im Palast des Bischofs:
Zehn gegen eins, Ihr trefft ihn nun im Turm.
KÖNIG EDUARD.

So ist es auch, doch bleibt Ihr Warwick stets.
GLOSTER.
Komm, Warwick! Nimm die Zeit wahr! Kniee nieder!
Wann wird's? Jetzt schmiede, weil das Eisen glüht!
WARWICK.
Ich wollte lieber abhaun diese Hand
Und mit der andern ins Gesicht dir schleudern,
Als daß ich dir die Segel streichen sollte.
KÖNIG EDUARD.
Ja, segle, wie du kannst, mit Wind und Flut!
Die Hand hier, um dein kohlschwarz Haar gewunden,
Soll, weil dein abgehauner Kopf noch warm,
Mit deinem Blut dies schreiben in den Staub:
»Der wetterwend'sche Warwick wechselt nun nicht mehr.«

Oxford kommt mit klingendem Spiel und fliegenden Fahnen.

WARWICK.
O freudenreiche Fahnen! Oxford kommt.
OXFORD.
Oxford, Oxford, für Lancaster!

Zieht mit seinen Truppen in die Stadt.

GLOSTER.
Das Tor steht offen, laßt uns auch hinein!
KÖNIG EDUARD.
Ein andrer Feind könnt' uns in Rücken fallen.
Nein, stehn wir wohl gereiht; denn sicher brechen
Sie bald heraus und bieten uns die Schlacht.
Wo nicht, da sich die Stadt nicht halten kann,
Sind die Verräter drin bald aufzuscheuchen.
WARWICK.
Willkommen, Oxford! Wir bedürfen dein.

Montague kommt mit klingendem Spiel und fliegenden Fahnen.

MONTAGUE.
Montague, Montague, für Lancaster!

Zieht mit seinen Truppen in die Stadt.

GLOSTER.
Du und dein Bruder sollen den Verrat
Mit eurer Leiber bestem Blut bezahlen.
KÖNIG EDUARD.

Je stärkrer Gegenpart, je größrer Sieg;
Glück und Gewinn weissagt mir mein Gemüt.

Somerset kommt mit klingendem Spiel und fliegenden Fahnen.

SOMERSET.
Somerset, Somerset, für Lancaster!
Zieht mit seinen Truppen in die Stadt.

GLOSTER.
Zwei Herzöge von Somerset wie du
Verkauften an das Haus von York ihr Leben:
Du sollst der dritte sein, hält nur dies Schwert.

Clarence kommt mit klingendem Spiel und fliegenden Fahnen.

WARWICK.
Seht da, wie George von Clarence zieht einher
Mit Macht genug, dem Bruder Schlacht zu bieten;
Ihm gilt ein biedrer Eifer für das Recht
Mehr als Natur und brüderliche Liebe. –
Komm, Clarence, komm! Du wirst's, wenn Warwick ruft.
CLARENCE.
Weißt du, was dies bedeutet, Vater Warwick?
Nimmt die rote Rose von seinem Hut.

Sieh hier, ich werfe meine Schmach dir zu!
Nicht stürzen will ich meines Vaters Haus,
Des eignes Blut die Steine festgekittet,
Und Lancaster erhöhn. Wie? Meinst du, Warwick,
Clarence sei so verhärtet, unnatürlich,
Das tödliche Gerät des Kriegs zu wenden
Auf seinen Bruder und rechtmäß'gen König?
Du rückst vielleicht den heil'gen Eid mir vor?
Ruchloser wär' ich, hielt' ich diesen Eid,
Als Jephta, seine Tochter hinzuopfern.
So nah geht meine Übertretung mir,
Daß, um mit meinem Bruder gut zu stehn,
Ich hier für deinen Todfeind mich erkläre,
Mit dem Entschluß, wo ich dich treffen mag
(Und treffen werd' ich dich, wenn du dich rührst),
Für dein so frech Mißleiten dich zu plagen.
Und so, hochmüt'ger Warwick, trotz' ich dir
Und wend' errötend mich dem Bruder zu. –
Verzeih' mir, Eduard, ich will's besser machen;

Und, Richard, zürne meinen Fehlern nicht:
Ich will hinfort nicht unbeständig sein.
KÖNIG EDUARD.
Willkommen nun, und zehnmal mehr geliebt,
Als hätt'st du niemals unsern Haß verdient.
GLOSTER.
Willkommen, Clarence! Das ist brüderlich.
WARWICK.
O Erzverräter, falsch und ungerecht!
KÖNIG EDUARD.
Nun, Warwick, willst du aus der Stadt und fechten?
Sonst fliegen bald die Stein' um deinen Kopf.
WARWICK.
Ach, bin ich doch nicht eingesperrt zur Wehr.
Ich will nach Barnet unverzüglich fort
Und, Eduard, wo du darfst, die Schlacht dir bieten.
KÖNIG EDUARD.
Ja, Warwick, Eduard darf und zieht voran.
Lords, in das Feld hinaus! Sankt George und Sieg!

Ein Marsch. Alle ab.

Zweite Szene

*Ein Schlachtfeld bei Barnet. Getümmel und Angriffe, König
Eduard bringt den verwundeten Warwick.*

KÖNIG EDUARD.
So, lieg' du da; stirb du und unsre Furcht,
Denn Warwick war uns allen eine Scheuche.
Nun, Montague, sitz' fest! Dich such' ich auf
Und bringe dein Gebein ihm in den Kauf.

Ab.

WARWICK.
Ach, wer ist nah? Freund oder Feind, er komme
Und sage, wer gesiegt: York oder Warwick?
Weswegen frag' ich? Mein zerstückter Leib,
Mein Blut, mein krankes Herz, die Ohnmacht zeigt,
Daß ich den Leib der Erde lassen muß
Und meinem Feind den Sieg durch meinen Fall.
So weicht der Axt die Zeder, deren Arme
Dem königlichen Adler Schutz verliehn,
In deren Schatten schlafend lag der Leu,

Die mit dem Wipfel Jovis breiten Baum
Weit überschauet hat und niedre Stauden
Vor dem gewalt'gen Wintersturm gedeckt.
Die Augen, jetzt vom Todesschlei'r umdüstert,
Sind hell gewesen wie die Mittagssonne,
Den heimlichen Verrat der Welt zu spähn.
Die Falten meiner Stirn, jetzt voller Blut,
Sind Königsgrüften oft verglichen worden:
Denn weiches Königs Grab konnt' ich nicht graben?
Wer lächelte, wenn Warwick finster sah?
Nun ist mein Glanz befleckt mit Staub und Blut.
Die Lustgeheg' und Güter, die ich hatte,
Verlassen mich; von allen Länderei'n
Bleibt nichts mir übrig als des Leibes Länge.
Was ist Pomp, Hoheit, Macht, als Erd' und Staub?
Lebt, wie ihr könnt, ihr seid des Todes Raub.

Oxford und Somerset treten auf.

SOMERSET.
Ach, Warwick, Warwick! Wärst du, wie wir sind,
Wir könnten ganz noch den Verlust ersetzen.
Die Königin hat eine große Macht
Aus Frankreich mitgebracht, die Zeitung hörten
Wir eben jetzt: ach, könntest du nur fliehn!
WARWICK.
Dann wollt' ich doch nicht fliehn. – Ach, Montague,
Nimm meine Hand, bist du da, lieber Bruder,
Halt' meine Seele auf mit deinen Lippen!
Du liebst mich nicht, sonst wüschen deine Tränen
Dies kalte, starre Blut weg, das die Lippen
Mir so verklebt und mich nicht reden läßt.
Komm schleunig, Montague, sonst bin ich tot.
SOMERSET.
Ach, Warwick! Montague ist hingeschieden,
Und Warwick rief er bis zum letzten Hauch
Und sagt': »Empfiehl mich meinem tapfern Bruder!«
Mehr wollt' er sagen, und er sprach auch mehr,
Das scholl wie in Gewölben ein Geschütz,
Es war nicht zu vernehmen; doch zuletzt
Hört' ich mit Stöhnen deutlich ausgesprochen:
»Oh, leb wohl, Warwick!«
WARWICK.

Ruh' seiner Seele! – Flieht und rettet euch,
Denn Warwick sagt euch Lebewohl bis auf den Himmel.

Stirbt.

OXFORD.
Fort! Fort! dem Heer der Königin entgegen!

Alle ab mit Warwicks Leiche.

Dritte Szene

Ein andrer Teil des Schlachtfeldes. Trompetenstoß. König Eduard kommt triumphierend mit Clarence, Gloster und den übrigen.

KÖNIG EDUARD.
So weit hält aufwärts unser Glück den Lauf,
Und mit des Sieges Kranz sind wir geziert.
Doch mitten in dem Glanze dieses Tags
Erspäh' ich eine schwarze, droh'nde Wolke,
Die unsrer lichten Sonne wird begegnen,
Eh' sie ihr ruhig Bett im West erreicht.
Ich meine Lords, das Heer der Königin,
In Gallien angeworben, hat gelandet
Und zieht, so hören wir, zum Kampf heran.

CLARENCE.
Ein Lüftchen wird die Wolke bald zerstreun
Und zu dem Quell sie wehn, woher sie kam:
Schon deine Strahlen trocknen diese Dünste;
Nicht jede Wolk' erzeugt ein Ungewitter.

GLOSTER.
Man schätzt die Königin auf dreißigtausend,
Und Somerset und Oxford flohn zu ihr.
Glaubt, wenn man sie zu Atem kommen läßt,
So wird ihr Anhang ganz so stark wie unsrer.

KÖNIG EDUARD.
Wir sind berichtet von getreuen Freunden,
Daß sie den Lauf nach Tewksbury gewandt.
Da wir bei Barnet jetzt das Feld behauptet,
Laßt gleich uns hin, denn Lust verkürzt den Weg,
Und unterwegs wird unsre Macht sich mehren
In jeder Grafschaft, wie wir weiter ziehn.
So rührt die Trommel, ruft: wohlauf! und fort!

Alle ab.

Vierte Szene

Ebne bei Tewksbury. Ein Marsch. Königin Margareta, Prinz Eduard, Somerset, Oxford und Soldaten.

MARGARETA.
Ihr Lords, kein Weiser jammert um Verlust,
Er sucht mit freud'gem Mut ihn zu ersetzen.
Ist schon der Mast nun über Bord gestürzt,
Das Tau gerissen, eingebüßt der Anker,
Die halbe Mannschaft in der Flut verschlungen,
Doch lebt noch der Pilot; wär's recht, daß er
Das Steu'r verließe, wie ein banger Knabe
Die See vermehrte mit betränten Augen
Und das verstärkte, was zu stark schon ist,
Indes das Schiff bei seinem Jammern scheitert,
Das Fleiß und Mut noch hätte retten mögen?
Ach, welche Schande, welch Vergeh'n wär' das!
War Warwick unser Anker auch: was tut's?
Und Montague der große Mast: was schadet's?
Erschlagne Freunde unser Tauwerk: nun?
Sagt, ist nicht Oxford hier ein andrer Anker?
Und Somerset ein andrer wackrer Mast?
Die Freund' aus Frankreich Tau- und Segelwerk?
Und warum dürften Eduard und ich,
Zwar ungeübt, für diesmal nicht das Amt
Des wohlgeübten Steuermanns versehn?
Wir wollen nicht vom Ruder weg und weinen,
Wir lenken (sagt der Wind schon nein) die Fahrt
Von Sand und Klippen weg, die Schiffbruch drohn.
Die Wellen schelten, hilft so viel als loben,
Und was ist Eduard als ein wütend Meer?
Was Clarence, als ein Triebsand des Betrugs?
Und Richard, als ein tödlich schroffer Fels?
Sie alle unsers armen Fahrzeugs Feinde.
Setzt, ihr könnt schwimmen: ach, das währt nicht lange;
Den Sand betretet: schleunig sinkt ihr da;
Den Fels erklimmt: die Flut spült euch hinweg,
Sonst sterbt ihr Hungers, das ist dreifach Tod.
Dies sag' ich, Lords, um euch zu überzeugen,
Wenn euer einer fliehen wollte, sei

Mehr Gnade nicht zu hoffen von den Brüdern
Als von ergrimmten Wellen, Bänken, Klippen.
Getrost denn! *Das* bejammern oder fürchten,
Was unvermeidlich ist, wär' kind'sche Schwäche.
PRINZ.
Mich dünkt, ein Weib von solchem tapfern Geist,
Wenn ein Verzagter so sie reden hörte,
Müßt' ihm die Brust mit Heldenmut erfüllen,
Daß nackt er einen Mann in Waffen schlüge.
Dies sag' ich nicht, als zweifelt' ich an wem,
Denn hätt' ich jemand in Verdacht der Furcht,
So wär' ihm zeitig wegzugehn vergönnt,
Daß er in unsrer Not nicht einen andern
Anstecke und ihm gleichen Mut einflöße.
Wenn hier ein solcher ist, was Gott verhüte!
So zieh' er fort, bevor wir sein bedürfen.
OXFORD.
Weiber und Kinder von so hohem Mut
Und Krieger zaghaft, – ew'ge Schande wär's!
O wackrer Prinz! Dein rühmlicher Großvater
Lebt wieder auf in dir; lang' mögst du leben,
Sein Bild erhalten, seinen Glanz erneu'n.
SOMERSET.
Und wer für solche Hoffnung nicht will fechten,
Geh heim ins Bett, so wie bei Tag die Eule,
Beim Aufstehn dann verhöhnt und angestaunt!
MARGARETA.
Dank, lieber Somerset und werter Oxford!
PRINZ.
Nehmt dessen Dank, der noch nichts weiter hat.

Ein Bote tritt auf.

BOTE.
Bereitet euch, ihr Lords, denn Eduard naht
Zum Schlagen fertig: also seid entschlossen.
OXFORD.
Das dacht' ich wohl: 's ist seine Politik,
Zu eilen, um uns außerstand zu finden.
SOMERSET.
Allein er irrt sich, denn wir sind bereit.
MARGARETA.
So eifrig euch zu sehn, erfrischt mein Herz.

OXFORD.
Reih'n wir uns hier zur Schlacht und weichen nicht!

Ein Marsch. In der Entfernung erscheinen König Eduard,
   Clarence und Gloster mit ihren Truppen.

KÖNIG EDUARD.
Dort, Kriegsgefährten, steht der dorn'ge Wald,
Der, mit des Himmels Hülf' und eurer Kraft,
Vor nachts gefällt muß an der Wurzel sein.
Mehr Zunder braucht's für euer Feuer nicht,
Ich weiß, ihr lodert auf, sie zu verbrennen.
Gebt das Signal zur Schlacht, und frisch ans Werk!

MARGARETA.
Lords, Ritter, Edle! Was ich sagen sollte,
Versagen Tränen; denn bei jedem Wort,
Seht ihr, trink' ich das Wasser meiner Augen.
Drum dies nur: Heinrich, euer König, ist
Des Feinds Gefangner und sein Thron besetzt,
Sein Reich ein Schlachthaus, seine Bürger Opfer,
Sein Schatz vergeudet, sein Gebot vernichtet;
Dort ist des Wolf, der die Verheerung macht.
Ihr kämpft fürs Recht: drum, Lords, in Gottes Namen,
Seid tapfer, gebt das Zeichen zum Gefecht!

Alle ab.

Fünfte Szene

Getümmel, Angriffe, dann ein Rückzug. Hierauf kommen König
   Eduard, Clarence, Gloster, von Truppen begleitet, mit Königin
   Margareta, Oxford und Somerset als Gefangenen.

KÖNIG EDUARD.
So hat nun der Empörer-Zwist ein Ende.
Mit Oxford gleich zur Burg von Hammes fort,
Dem Somerset den schuld'gen Kopf herunter!
Geht, schafft sie fort, ich will die zwei nicht hören.

OXFORD.
Ich will mit Worten nicht dir lästig fallen.

SOMERSET.
Noch ich, mein Los ertrag' ich in Geduld.

Oxford und Somerset werden mit Wache abgeführt.

MARGARETA.
> Wir scheiden traurig hier im Jammertal,
> In Lust vereint das Paradies uns wieder.

KÖNIG EDUARD.
> Ist ausgerufen, dem, der Eduard findet,
> Sei großer Lohn geschenkt, und ihm sein Leben?

GLOSTER.
> Man tat's, und seht, da kommt der junge Eduard.
> > *Soldaten kommen mit Prinz Eduard.*

KÖNIG EDUARD.
> Führt mir den Braven vor, laßt uns ihn hören! –
> Ei, fängt ein Dorn so jung zu stechen an?
> Eduard, wie kannst du mir dafür genugtun,
> Daß du mein Volk empört hast, Krieg geführt,
> Und all das Unheil, das du mir gestiftet?

PRINZ.
> Sprich wie ein Untertan, ehrsücht'ger York!
> Nimm an, mein Vater rede jetzt aus mir.
> Entsag' dem Thron und knie' du, wo ich stehe,
> Weil ich an dich dieselben Worte richte,
> Worauf du, Frevler, Antwort willst von mir.

MARGARETA.
> Ach, wär' dein Vater doch so fest gewesen!

GLOSTER.
> So hättet Ihr den Weiberrock behalten
> Und Lancastern die Hosen nicht gestohlen.

PRINZ.
> Äsop mag wohl in Winternächten fabeln,
> Hier passen seine groben Rätsel nicht.

GLOSTER.
> Beim Himmel, Brut, dafür will ich dich plagen.

MARGARETA.
> Du bist geboren zu der Menschen Plage.

GLOSTER.
> Schafft doch das lose Maul von Weibe weg!

PRINZ.
> Nein, lieber stopft dem Bucklichten das Maul!

KÖNIG EDUARD.
> Still, trotzig Kind! Sonst will ich stumm dich machen.

CLARENCE.
> Du bist zu vorlaut, unerzogner Knabe.

PRINZ.

Ich kenne meine Pflicht, ihr brecht sie alle.
Wollüst'ger Eduard und meineid'ger George
Und mißgeschaffner Richard! Alle wißt,
Verräter, wie ihr seid, ich bin eu'r Obrer.
Du maßest meines Vaters Recht und meins dir an.
KÖNIG EDUARD *durchsticht ihn.*
Nimm dies, du Abbild jener Schmäherin!
GLOSTER *durchsticht ihn.*
Zuckst du? Nimm dies, um deine Qual zu enden!
CLARENCE *durchsticht ihn.*
Dies hier, weil du mit Meineid mich gezwackt.
MARGARETA.
Oh, tötet mich mit ihm!
GLOSTER *im Begriff sie umzubringen.*
Fürwahr, das wollen wir.
KÖNIG EDUARD.
Halt, Richard, halt! Wir taten schon zu viel.
GLOSTER.
Warum soll sie die Welt mit Worten füllen?
KÖNIG EDUARD.
Sie fällt in Ohnmacht? Bringt sie wieder zu sich.
GLOSTER.
Clarence, entschuld'ge mich bei meinem Bruder.
In London gibt's ein dringendes Geschäft:
Eh' Ihr dahin kommt, sollt Ihr Neues hören.
CLARENCE.
Was? Was?
GLOSTER.
Der Turm! Der Turm!

Ab.

MARGARETA.
Mein Eduard! Sprich mit deiner Mutter, Kind!
Kannst du nicht sprechen? – O Verräter! Mörder!
Kein Blut vergossen die, so Cäsarn fällten,
Verbrachen nichts, verdienten keinen Schimpf,
Wär' diese Untat zum Vergleich daneben.
Er war ein Mann, dies gegen ihn ein Kind:
Kein Mann läßt seine Wut an Kindern aus.
Gibt's Ärgres noch als Mörder, daß ich's nenne?
Nein, nein! Mein Herz wird bersten, wenn ich rede,
Und reden will ich, daß das Herz mir berste.

Schlächter und Buben! Blut'ge Kannibalen!
Welch süße Pflanze mähtet ihr zu früh!
Nein, ihr habt keine Kinder, der Gedanke
An sie hätt' eu'r Gewissen sonst gerührt:
Doch wird euch je ein Kind zu teil, erwartet,
Daß man es so in seiner Blüte wegrafft,
Wie diesen holden Prinz ihr Henker jetzt.
KÖNIG EDUARD.
Fort mit ihr! Geht, bringt mit Gewalt sie weg!
MARGARETA.
Nein, bringt nicht weg mich, gebt mir hier den Rest!
Hier birg dein Schwert, mein Tod sei dir verziehn.
Du willst nicht? Wie? – Dann, Clarence, tu es du!
CLARENCE.
Bei Gott, ich will dir nicht so Liebes tun.
MARGARETA.
Nun, bester Clarence! lieber Clarence, tu's doch!
CLARENCE.
So hast du nicht gehört, wie ich's verschwur?
MARGARETA.
Ja wohl, doch pflegst du deinen Schwur zu brechen:
Sonst war es Sünde, jetzt Barmherzigkeit.
Wie, willst du nicht? Wo ist der Höllenschlächter,
Der finstre Richard? Richard, sag, wo bist du?
Du bist nicht da; Mord ist Almosen dir,
Du weisest kein Gesuch um Blut zurück.
KÖNIG EDUARD.
Fort, sag' ich! Ich befehl' euch, bringt sie weg!
MARGARETA.
Euch und den Euren geh's wie diesem Prinzen!

Sie wird abgeführt.

KÖNIG EDUARD.
Wo ist nur Richard hin?
CLARENCE.
Nach London, ganz in Eil', und wie ich rate,
Ein blutig Abendmahl im Turm zu halten.
KÖNIG EDUARD.
Er säumt nicht, wenn was durch den Kopf ihm fährt.
Nun ziehn wir fort, entlassen die Gemeinen
Mit Sold und Dank, und laßt uns hin nach London

Und sehn, was unsre teure Gattin macht.
Sie hat schon, hoff' ich, einen Sohn für mich.

Alle ab.

Sechste Szene

London. Ein Zimmer im Turm. Man sieht König Heinrich mit einem Buch in der Hand sitzen, der Kommandant des Turmes steht neben ihm. Zu ihnen Gloster.

GLOSTER.
Guten Tag, Herr! Wie? So eifrig bei dem Buch?
KÖNIG HEINRICH.
Ja, guter Mylord; – Mylord, sollt' ich sagen:
Schmeicheln ist Sünde, »gut« war nicht viel besser,
Denn »guter Gloster« wär' wie »guter Teufel«
Und gleich verkehrt; also nicht »guter Mylord«.
GLOSTER.
Laßt uns allein, wir müssen uns besprechen.

Der Kommandant ab.

KÖNIG HEINRICH.
So flieht der Schäfer achtlos vor dem Wolf,
So gibt das fromme Schaf die Wolle erst,
Dann seine Gurgel an des Schlächters Messer.
Will Roscius neue Todesszenen spielen?
GLOSTER.
Verdacht wohnt stets im schuldigen Gemüt;
Der Dieb scheut jeden Busch als einen Häscher.
KÖNIG HEINRICH.
Der Vogel, den die Rut' im Busche fing,
Mißtraut mit bangem Flügel jedem Busch,
Und ich, das arme Männchen in dem Nest,
Worin ein süßer Vogel ward gebrütet,
Hab' itzt den grausen Gegenstand vor mir,
Der meines Jungen Fang und Tod bewirkt.
GLOSTER.
Ei, welch ein Geck war der von Kreta nicht,
Der keck den Sohn als Vogel fliegen lehrte,
Da trotz den Flügeln doch der Geck ertrank.
KÖNIG HEINRICH.
Ich, Dädalus; mein Knabe, Ikarus;
Dein Vater, Minos, der den Lauf uns hemmte;

Die Sonne, die des Knaben Schwingen senkte,
Dein Bruder Eduard; und du selbst die See,
Die in den neid'schen Tiefen ihn verschlang.
Ach, töte mit dem Schwert mich, nicht mit Worten!
Den Dolchstoß duldet eher meine Brust,
Als wie mein Ohr die tragische Geschichte. –
Doch warum kommst du? meines Lebens wegen?
GLOSTER.
Denkst du, ich sei ein Henker?
KÖNIG HEINRICH.
Ja, ein Verfolger bist du, wie ich weiß;
Ist Unschuld morden eines Henkers Tat,
So bist du ja ein Henker.
GLOSTER.
Deinen Sohn
Hab' ich für seinen Hochmut umgebracht.
KÖNIG HEINRICH.
Oh, hätte man dich umgebracht, als du
Zuerst dich überhobst, so wärst du nicht
Am Leben, meinen Sohn mir umzubringen.
Und also prophezei' ich, daß viel Tausend,
Die nicht ein Teilchen meiner Furcht noch ahnden,
Und manches Greisen, mancher Witwe Seufzer
Und mancher Waise überschwemmtes Auge
(Die Greis' um Söhne, Frau'n um ihre Gatten,
Die Waisen um der Eltern frühen Tod)
Die Stunde noch, die dich gebar, bejammern.
Die Eule schrie dabei, ein übles Zeichen;
Die Krähe krächzte, Unglückszeit verkündend;
Der Sturm riß Bäume nieder, Hunde heulten,
Der Rabe kauzte sich auf Feueressen,
Und Elstern schwatzten in mißhell'gen Weisen.
Mehr als der Mutter Wehen fühlte deine,
Und keiner Mutter Hoffnung kam ans Licht:
Ein roher, mißgeformter Klumpe nur,
Nicht gleich der Frucht von solchem wackern Baum.
Du hattest Zähn' im Kopf bei der Geburt,
Zum Zeichen, daß du kämst, die Welt zu beißen,
Und ist das andre wahr, was ich gehört,
Kamst du –
GLOSTER.
Nichts weiter! Stirb, Prophet, in deiner Rede!

Durchsticht ihn.

Dazu ward unter anderm ich berufen.
KÖNIG HEINRICH.
Ja, und zu vielem Metzeln noch. – O Gott,
Vergib mir meine Sünden, ihm verzeih'!

Stirbt.

GLOSTER.
Wie? Sinkt der Lancaster hochstrebend Blut
Doch in den Grund? Ich dacht', es würde steigen.
Seht, wie mein Schwert weint um des Königs Tod!
Oh, stets vergieße solche Purpurtränen,
Wer irgend unsers Hauses Umsturz wünscht!
Wenn noch ein Funken Leben übrig ist,
Hinab zur Höll'! und sag, ich sandte dich,

durchsticht ihn noch einmal

Ich, der nichts weiß von Mitleid, Lieb' und Furcht. –
Ja, es ist wahr, wovon mir Heinrich sprach,
Denn öfters hört' ich meine Mutter sagen,
Daß ich zur Welt, die Beine vorwärts, kam.
Was meint ihr, hatt' ich keinen Grund zur Eil',
Die unser Recht sich angemaßt, zu stürzen?
Die Wehemutter staunt', es schrien die Weiber.
»Hilf Jesus! Zähne bringt er auf die Welt.«
Die hatt' ich auch, das zeigte klärlich an,
Ich sollte knurren, beißen wie ein Hund.
Weil denn der Himmel meinen Leib so formte,
Verkehre demgemäß den Geist die Hölle.
Ich habe keinen Bruder, gleiche keinem,
Und Liebe, die Graubärte göttlich nennen,
Sie wohn' in Menschen, die einander gleichen,
Und nicht in mir: ich bin ich selbst allein.
Clarence, gib acht! Du stehst im Lichte mir,
Doch einen schwarzen Tag such' ich dir aus;
Denn solche Weissagung flüstr' ich umher,
Daß Eduard für sein Leben fürchten soll,
Und dann, ihn zu befrein, werd' ich dein Tod.
Der König Heinrich und sein Prinz sind hin:
Clarence, dich trifft die Reih'; die andern dann.
Ich achte nichts mich, bis ich alles kann.

Die Leiche werf' ich in die nächste Kammer;
Triumph ist, Heinrich, mir dein letzter Jammer!

Ab mit der Leiche.

Siebente Szene

Ein Zimmer im Palast. Man sieht König Eduard auf seinem Thron sitzen, Königin Elisabeth mit dem kleinen Prinzen, Clarence, Gloster, Hastings und andre um ihn her.

KÖNIG EDUARD.
Noch einmal sitzen wir auf Englands Thron,
Zurückgekauft mit unsrer Feinde Blut.
Wie tapfre Gegner mähten wir nicht nieder,
Wie herbstlich Korn, in ihrem höchsten Stolz!
Drei Herzöge von Somerset, dreifältig
Berühmt als kühne, zuverläss'ge Krieger;
Zwei Cliffords, so den Vater wie den Sohn;
Und zwei Northumberlands, so brave Ritter
Ihr Roß je bei Trompetenklang gespornt;
Alsdann die beiden wackern Bären, Warwick
Und Montague, sie, die in ihren Ketten
Den königlichen Leu'n gefesselt haben,
Vor deren Brüllen oft der Wald erbebt.
So scheuchten wir Verdacht von unserm Thron
Und machten Sicherheit zum Schemel uns. –
Komm, Betty, her, laß meinen Sohn mich küssen. –
Mein Kind, für dich bin ich und meine Brüder
Die Winternacht gerüstet wach geblieben,
Zu Fuß gewandert in des Sommers Glut,
Daß dein die Kron' in Frieden wieder wäre,
Und ernten sollst du unsrer Mühen Frucht.
GLOSTER *beiseit.*
Wenn Ihr zur Ruh' Euch legt, verderb' ich sie,
Denn noch bemerkt man kaum mich in der Welt.
Zum Heben ward die Schulter mir getürmt,
Und heben soll sie Lasten, oder brechen. –
Du, bahne mir den Weg, und dies vollbringe!
KÖNIG EDUARD.
Clarence und Gloster, liebet mein Gemahl,
Und küßt den königlichen Neffen, Brüder!
CLARENCE.
Die Treu', die Euer Majestät gebührt,

Versiegl' ich auf des holden Säuglings Lippen.
KÖNIG EDUARD.
Dank, edler Clarence! Würd'ger Bruder, Dank!
GLOSTER.
Daß ich den Baum, von dem du sprossest, liebe,
Bezeuge dieser Kuß, der Frucht gegeben. –

Beiseit.

So küßt', in Wahrheit, Judas seinen Meister
Und rief ihm Heil zu, da er Unheil meinte.
KÖNIG EDUARD.
Nun thron' ich, wie mein Herz begehrt: mir ward
Des Landes Frieden und der Brüder Liebe.
CLARENCE.
Was ist mit Margareten Euer Schluß?
Reignier, ihr Vater, hat an Frankreichs König
Sizilien und Jerusalem verpfändet,
Das sandten sie zur Lösung für sie her.
KÖNIG EDUARD.
Fort mit ihr, setzet sie nach Frankreich über!
Was ist nun übrig, als die Zeit verbringen
Mit stattlichem Gepräng' und lust'gen Spielen,
Geschickt für die Ergötzung eines Hofs? –
Tönt, Pauken und Trompeten! Leid, fahr' hin!
Wir hoffen dauerhaften Glücks Beginn.

Alle ab.

Geschichten aus dem Sturm und Drang

Zwischen 1765 und 1785 geht ein Ruck durch die deutsche Literatur. Sehr junge Autoren lehnen sich auf gegen den belehrenden Charakter der - die damalige Geisteskultur beherrschenden - Aufklärung. Mit Fantasie und Gemütskraft stürmen und drängen sie gegen die Moralvorstellungen des Feudalsystems, setzen Gefühl vor Verstand und fordern die Selbstständigkeit des Originalgenies.

Lenz Zerbin oder Die neuere Philosophie **Wezel** Silvans Bibliothek oder die gelehrten Abenteuer **Moritz** Andreas Hartknopf. Eine Allegorie **Schiller** Der Geisterseher **Goethe** Die Leiden des jungen Werther **Klinger** Fausts Leben, Taten und Höllenfahrt
ISBN 978-1489596925, 468 Seiten, 19,80 €

Geschichten aus dem Sturm und Drang II

Wezel Kakerlak oder die Geschichte eines Rosenkreuzers **Bürger** Münchhausen **Schiller** Der Verbrecher aus verlorener Ehre **Moritz** Andreas Hartknopfs Predigerjahre **Lenz** Der Waldbruder **Klinger** Geschichte eines Teutschen der neusten Zeit
ISBN 978-1489597106, 424 Seiten, 19,80 €

Dekadente Geschichten

Im kulturellen Verfall des Fin de siècle wendet sich die Dekadenz ab von der Natur und dem realen Leben, hin zu raffinierten ästhetischen Empfindungen zwischen ausschweifender Lebenslust und fatalem Überdruss. Gegen Moral und Bürgertum frönt sie mit überfeinen Sinnen einem subtilen Schönheitskult, der die Kunst nichts anderem als ihr selbst verpflichtet sieht.

Rilke Die Aufzeichnungen des Malte Laurids Brigge **Huysmans** Gegen den Strich **Bahr** Die gute Schule **Hofmannsthal** Das Märchen der 672. Nacht **Rilke** Die Weise von Liebe und Tod des Cornets Christoph Rilke
ISBN 978-1489596833, 392 Seiten, 16,80 €